天下雜誌
觀念領先

史丹佛大學行為設計實驗室精研

設計你的小習慣

Tiny Habits The Small Changes That Change Everything

全球瘋IG背後的行為設計學家
教你慣性動作養成的技術

史丹佛大學行為設計實驗室創辦人

BJ·福格博士 BJ Fogg, PhD—— 著 劉復苓——譯

獻給

十

鼓勵我探索

的

美好人們

目錄

慶祝創造美好感覺對建立習慣最有效

慶祝是連接小習慣到巨大改變的橋樑

＋令自己感覺「發光」的小練習

習慣會長大並繁衍

高頻率小成功加速習慣成長

改變是技巧也能系統練習

五大技巧實現行為大改變

＋改變技巧的小練習

三階段終止不想要的習慣

從提示、能力、調整動機來終止習慣

過程本身就是技巧

＋練習停止與替換壞習慣的小練習

透過流程而非規則，改變團體行為

想改變他人建議堅持兩項準則

設計團體改變流程

兩個案例：在家庭與職場的實用方法

＋增強團體改變技巧的小練習

前言➕

改變行為習慣很容易、又好玩

小習慣更強大！ 至少對做出改變是如此。

　　過去 20 年來，我發現幾乎人人都想做出某些改變：吃得更健康、甩掉幾公斤體重、更常運動、減低壓力、改善睡眠品質等等。我們想當更稱職的父母和更體貼的伴侶。我們想要能幹又有創意。但無論是媒體報導，還是我在史丹佛大學實驗室裡的觀察，都顯示現今人們承受肥胖、失眠與壓力的程度令人擔憂，這讓我了解到，想要與實際去做之間存有痛苦的差距，而「想要」無法促成「去做」歸咎於許多因素，但人們多半認為是他們自己的問題。他們深受文化價值觀的影響：「全都是你的錯！你應該多運動，但卻做不到，真丟臉！」

　　讓我告訴你：這不是你的錯。而且造就正面改變並不如你想的困難。長久以來，我們周遭充滿各種迷思、謬論，以及毫無科學根據的善意勸言，在這種環境下你注定失敗。若你曾嘗試改變卻未見效果，則你很可能認定改變非常困難，或是你缺乏動機所以無法成功。這些想法都不對。**問題出在方法本身、與你無關。** 這麼想好了：如果你按照錯誤的說明書來拼裝抽屜櫃，而且零件也不齊全，你一定會感到很挫折，但你可能不會責怪自己，對不對？你會責怪製造商。然而，當我們嘗試改變而失敗，就不會責怪「製造商」，只會一味責怪自己。

當結果不如預期，內心的自我批評就找到了出口，走到台前。我們多半相信，如果我們沒能增加產能、減掉幾公斤體重、或固定運動，就一定是自己的問題。要是當初更上進些、就不會失敗；要是謹遵計畫、或信守對自己的承諾，就會成功了。我們只需要振作起來、發憤圖強就行了，對不對？

不對，很抱歉，一點都不對。問題不在我們身上；問題在我們做出改變所採行的方法，**這是設計缺陷，不是個人缺陷。**

養成習慣並創造正向改變可以很簡單，前提是你要有一套正確的方法、以人類心理學實際運作為基礎的系統，以及不依賴猜測或錯誤原則的工具。

世俗對於習慣養成與改變的看法促使我們訂出不切實際的期望。我們明白習慣很重要：只要好習慣再多一點、壞習慣再少一點就好了。但我們依舊為了改變而傷透腦筋，依舊以為一切都是自己的錯。我的研究和親身經驗全都顯示這種心態大錯特錯。若想設計出成功的習慣並改變既有行為，你應該做到以下三件事：

+ 停止苛責自己。
+ 把你的願望分解成數個微小行為。
+ 把每次的錯誤看成是新發現，作為改進的參考。

這也許不符直覺，我知道並非每個人都能自然做到，自我批評是一種習慣，對某些人來說，責怪自己不過是大腦的自然反應——就像雪橇在雪地順勢滑到山腳下的破爛道路。

若能遵循「小習慣」流程，你便走上一條截然不同的道路。雪花很快就能覆蓋那些自我懷疑的舊軌跡，新路線立刻成

為預設路線。一切都發生於頃刻之間，因為採行「小習慣法」之後，成效最佳的改變來自於感覺美好、而非感覺難受。這段過程完全不靠意志力、不用訂定問責措施、也不需要用獎勵來敦促自己，更沒有某件事一定得做多久的神奇天數。那些舊有的方法並不符合習慣的運作方式，所以不是做出改變的可靠方法，而且還會讓我們難過。

　　本書揮別人們對於改變的所有恐懼，更重要的是告訴你如何輕鬆愉悅地拉近現狀和理想之間的距離（無論有多大）。《設計你的小習慣》將指引你破除舊方法、換成全新的改變框架。

　　我與你分享的這套系統不是憑空臆測，它經過多年來的研究與精進，已有四萬人接受實測。我親自指導這些人、每週搜集數據，因此知道「小習慣法」的確卓有成效。它用有效原則取代誤解、並以具體流程替換籠統建議。IG 合夥創辦人、同時也是我以前的學生將與你分享他設計全新 app 時，對於人類行為的發現，你將能使用一樣的方法，為自己與他人的人生創造出突破性的改變。最棒的是，你能樂在其中。一旦移除所有主觀判斷因素，你的行為全然成為科學實驗。具備探索和發現的精神是成功的必要條件，而非只是意外收穫。

建立習慣的行為設計，要這樣做

　　歡迎來到行為設計的世界！這是一套綜合系統，我用它來釐清人類行為，並設計出簡單的方法來改變人生。我早期在行為設計上的成果，成功協助創新者創造出無數產品，供數百萬人每日用來健身、省錢、增進行車效能等等。親眼見證用這些方法來設計商務解決方案的功效後，我把研究重點轉到個人層

面：該如何改變我們自己的行為？於是我改而專攻一般人想要
做出的改變。我攬鏡自照，看到許多可以改進之處。我決定嘗
試每一位「共好」（gung-ho）科學家都曾做過的事——用我自
己來實驗。

　　我為修正自己想要融入生活的行為，做了不少愚蠢、但後
來都非常成功的事情，像是每次上完廁所就要做兩次伏地挺
身。我也做了看來合理、卻一敗塗地的事情，像是每天午餐吃
一顆柳丁。遇到事情行不通，我就回到我的理論模型、把發生
的事情分析一番。我開始看出模式、相信我的預感、調整方
向，並不斷重複實踐。

　　即使我本身是行為科學家，我還是得去學習如何在生活中
創造習慣。對我來說，這並非顯而易見、自然而然，而是個得
刻意執行的流程。但我透過不斷練習，把我的弱點一一變成優
勢，六個月後，我的人生有了重大改變。我減掉了九公斤，覺
得自己更健康、更強壯。在工作上，我比以前更有成績、更有
效率。我開始在早上吃雞蛋和菠菜，並把白花菜沾芥末醬當下
午點心，凡是對我沒好處的食物我都不吃。我每天起床後，就
先進行一連串振奮精神的習慣，還精心設計（並不斷修正）生
活與環境，以改善睡眠品質。我在跌跌撞撞中有所體悟，發現
我做出改變的能力日增、動力不斷提升。我累積了幾十個新習
慣（多半是小習慣），它們以聚沙成塔之勢創造轉變。維持這
些小習慣感覺不難，用這種方式來追求改變不但自然、居然還
蠻好玩。

　　我非常樂見這些結果，於是我從 2011 年開始教其他人使
用我的方法。讓我驚訝又興奮的是，我一開始只想在行為設計

領域做個異想天開的自我實驗，沒想到卻成為正名為「小習慣」的有效方法，堪為個人轉變最快又最簡單的工具。

在繼續介紹之前，容我先澄清事實：光有資訊不保證一定能改變行為。這是人們常犯的錯誤，就連熱心的專家也不例外。他們的想法是：如果我們提供人們正確的資訊，就能改變他們的態度、進而改變他們的行為。我將此稱為「資訊—行動悖論」。許多產品和計畫（以及熱心的專家）都直接把教育人們當作改變人們的方法。這些專家會在專業研討會中說這樣的話：「要是人們知道事實就好了，他們就會做出改變！」

檢視你自身的經驗，就會知道光有資訊並無法改變你的人生。這當然不是你的錯。我從 2009 年就開始研究習慣的形成，這一路以來，我發現**只有三件事情能夠創造持久改變：大徹大悟、改變周遭環境，或從細微處改變自身習慣**。讓自己或別人突然頓悟很困難，甚至不大可能，除非我們擁有神力（我沒有），否則應該先刪去這一項。但好消息是：其他兩項的可行性很高，只要能遵照對的計畫，就能造成持久改變，而「小計畫」是讓環境與小步驟發揮最大力量的新方法。

創造好習慣是好的開始，而創造超小的好習慣則是發展更大習慣的途徑。一旦了解「小習慣」是如何奏效以及它為什麼奏效，就能一口氣做出大改變。你可以終止不良習慣，更可以著手列出像是跑馬拉松之類的願望清單。

我會指引你度過每一種你改變行為時可能會遇到的場景。「小習慣」的基本做法是：找個你想要做到的行為、從超小規模做起、自然融入生活中、然後把它養大。若想創造出長遠的改變，則最好從小處做起。原因如下：

小習慣做起來快

　　時間。它永遠不夠，我們總想要更多。我們在車裡吃漢堡、哪怕是醬汁滴得到處都是，陪小孩到海邊玩、還會一面開視訊會議，這都是因為我們覺得時間不夠用。這種壓力導致匱乏心態，也就是說我們認定時間永遠不夠，不可能會有額外時間來培養新的好習慣，因此拒絕改變。每天運動 30 分鐘？每晚烹煮健康菜餚？天天寫心情日記？別想了。誰。會。有。時。間。

　　你大可責備自己無法改變。或者，你可以讓日子過得更輕鬆，就從小習慣開始。運用「小習慣法」，做到 30 秒內能夠完成的小動作，便能迅速養成新習慣，然後讓它們自然而然擴大規模。從小處著手，不用擔心時間夠不夠，就能開始創造巨大改變。執行「小習慣」時，我建議人們先找三個非常微小的行為開始做起，就算是一個也可以。壓力越大、時間越少，這套方法就越適合你。無論你有多渴望培養某個健康習慣，要是你一開始野心太大，就根本就無法達成。野心太大，則新習慣難以持續。在許多人的日常生活中，小習慣不僅是最佳選擇，很可能也是唯一選擇。

小習慣能馬上做

　　從小處著手對你和你的生活都是最實際的方式。小習慣讓你能立刻開始，無論你的人生是處於絕望漩渦，或是除了過勞之外還算幸運，它都能夠配合你。每個人都有需要面對的生活際遇、不甚理想的思考模式，以及逃避現實的心理，在在讓我

們綁手綁腳。我們可以對此感到沮喪羞愧、或者，可以利用「小習慣法」來破解現狀。

我不會在書中列出具體習慣，我只是分享這套方法，讓你能培養出任何你想要的習慣。你自己挑選你要的習慣。不過，現在我只在此破例一次，邀請你開始在起床後練習一個新習慣。它非常簡單，而且只要三秒鐘。我稱它為「茂宜習慣」（Maui Habit）。每天早上一起床立刻說這句話：「今天會是很棒的一天。」且說的時候，盡量感覺樂觀與正向。「小習慣」的配方如下：

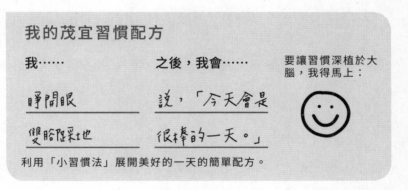

我的茂宜習慣配方

我……   之後，我會……   要讓習慣深植於大腦，我得馬上：

睜開眼   說，「今天會是

雙腳踩地   很棒的一天。」

利用「小習慣法」展開美好的一天的簡單配方。

多年來，我幫助數千人把「茂宜習慣」融入生活，成效斐然，我自己也身受其惠。茂宜習慣養成後，你便能立即而且毫不費力邁向更美好的未來。

你也可以把這項習慣稍作變化。有些人每天早上必說的話內容有點不一樣，像是「今天會是很讚的一天。」如果你覺得改換其他字詞會比較有效，就依需要調整。

有些人改變說這句話的時間。有人早上在鏡子前面說這句話，而我很確定我沒辦法這麼做。（我盡量不在起床後馬上去

照鏡子，太邋遢了！）但如果你每天起床都會去照鏡子，就改成這樣做吧！我建議你先從上述配方卡上的經典版本開始說起，然後再視需要加以調整。

我每早進行茂宜習慣時，說完這句話以後會停頓兩到三秒，這時我還睡眼惺忪，而我想讓自己充分理解箇中意義。

如果你說這句話時並不覺得今天會很棒，我建議你還是說出來。我有時覺得對新的一天感到疲累、茫然或焦慮，但我早上還是會說這句話。當下我坐在床邊，努力感受樂觀。但如果這種感覺很假，那麼我會調整句子內容和說它時的語調：「今天會是很棒的一天──從某種角度來看。」

我發現即使在糟透的情況下，這麼做居然有幫助。我煩惱一整天是否能安然度過，而這句話（即便我說它的口氣充滿質疑）似乎小開門縫，可望通往很棒的一天。結果，實際情況往往是這個樣子。

請把茂宜習慣想成每天早上三秒就能完成的簡單訓練，它能讓你了解開始一個新習慣有多簡單，而且也能幫助你學會行為改變唯一最重要的技巧──覺得成功。

小習慣不易失敗

我的一位朋友有個 18 個月大的嬰兒名叫薇拉、最近剛開始會走路。前幾天，薇拉在我家門口追逐我的狗，米利，我眼看著薇拉絆倒好幾次。鋪磚人行道和水溝蓋對於蹣跚學步的幼兒是一大挑戰，但她摔倒後總是立刻爬起來。薇拉不時發出尖叫聲，但沒受什麼傷，所以何不繼續跑？如果是我，剛學會走路又一直在硬石磚地上摔倒，我一定滿身是傷。以我的身高

（我 180 幾公分）摔倒會更痛。

　　把同樣的概念用在展開新行為或習慣。如果你是瑜伽新手，則可以從許多地方開始，但風險程度各有不同。你可以從初階的拜日式開始、購買附近瑜伽教室不限制上課次數的月票，或搭飛機到印度進行一個禮拜的瑜伽之旅。每一種選項所投注的時間、金錢和期望大不相同。很少有人會在沒上過瑜珈課就直接去印度朝聖，為什麼呢？我們如蜥蜴大小的大腦本能就知道這麼做的風險有多高，一開始野心太大，會覺得很難執行。如果我連在茂伊島灣區公園都不大會衝浪，則我更不敢直接挑戰另一邊的巨浪，我很可能會受傷，也許就此失去信心，甚至連小浪都不敢嘗試。我何苦這麼折磨自己呢？這聽起來一點都不好玩，還是繼續在灣區公園衝浪比較妥當。

　　採行「小習慣法」，就可以把風險因素從等式中剔除。小習慣也可以暗中進行，不讓人發現就能開始改變。沒有人會對你冷嘲熱諷，你不會因此承受太多壓力。

　　這些行為極其微小、執行計畫又具彈性，不會有什麼情緒風險。「小習慣法」沒有真正的失敗，頂多會有小挫折，但如果你重振旗鼓，那就不是失敗——而是新習慣正在形成。

小習慣終會長大

　　20 年來，我發現想讓規模變大的唯一可靠方式，就是從小處做起。我以前的學生，艾咪，是個全職母親，她想成立一家教育媒體公司，想到自己當老闆、從事自己喜歡的工作，她備感興奮。但有太多事情需要考慮：招募新員工、尋找辦公室、了解稅法。她想拖延法律協議這類要事、選她喜歡的事情先

做，像是設計商標等等。但她光是撰寫創業計畫就花了太多時間，而且想到一手創立的事業可能瓦解讓她感到無力。艾咪一心想要自創公司，而且不斷承諾自己會盡快處理大挑戰——但幾個月之後，她還是只說不做。

關於改變有個普遍的迷思讓艾咪裹足不前，那就是：不做到最好就乾脆不做。我們活在一個重視即時獎勵、抱負至上的文化裡，很難做到甚或接受循序漸進，但這才是培養有意義的長期改變所需要的。人們會因事情進展太慢而心灰意冷，這很自然、而且正常，但也會讓我們註定失敗。

當艾咪得知「小習慣法」後，她發現要吃掉大鯨魚，就要效法謝爾・希爾佛斯坦（Shel Silverstein）詩裡的小姑娘梅琳達・梅一樣，一口一口的咬。艾咪拋開要做就做到最好的想法，決定從小處著手。她每天早上把女兒送到幼稚園以後，就把車停在路邊，在便利貼寫下一件必做事項。只寫一件事。每一件事都是她可以立刻完成的：寄一封宣傳電郵、排定專案會議、草擬病患指南的前言等等。專心寫下一件事情，這個簡單的動作造成連鎖反應、鞭策自己一整天，最後她終於成功創辦事業。看著儀表板上的便利貼，開車回家時，成功感也一路追隨。她開到家門口後，就撕起那張亮粉紅色的小紙條，拿進家裡造就立即的成功。

一個小動作或一小口食物，一開始也許感覺沒什麼大不了，但卻能賜予你動能、讓你追尋更大的挑戰與更快速的進步。沒多久，你就已經吃掉一整條鯨魚了。

小習慣不靠動機或意志力也做得到

外界關於行為改變的言論多半會誤導你，得特別小心。即使是常被引用的學術理論往往也無法在現實中改變人們的生活。如你所知，動機和意志力受到廣泛討論，人們總在尋求奮發振作與持久不懈的方法。問題是，動機和意志力天生易變，一點都不可靠。

讓我舉個實例說明：來自芝加哥的茱妮是我見過最有改變動機的人，她嗜糖成癮，已威脅到她的健康、家庭和工作。茱妮是廣播電台晨間節目主持人，每天行程滿檔，總是來匆匆去匆匆。午間她不吃正餐，只喝星巴克的焦糖瑪奇朵。廣播工作步調緊湊，她認為她需要補充足夠糖分才有力氣。茱妮堅信刺激性食物能讓她精力充沛，而冰淇淋就是最好的選擇，而且是泡泡糖與餅乾麵糰口味的冰淇淋。她每天回到家總是完全虛脫、倒臥在沙發上，只能放任兩個孩子打電動。

在我認識茱妮的幾年以前，她母親因糖尿病去世。這對她應該是當頭棒喝，是她做出改變的動機。可是，茱妮卻用更多的泡泡糖冰淇淋來麻醉失去至親的痛苦，光是那年夏天就重了快七公斤。沒多久，她的兩個姊姊都被診斷出糖尿病，接著她的外婆也死於糖尿病。病魔一一找上她的家人。多年來，茱妮認為自己只是愛吃甜食、不算成癮，此時她才驚覺事態嚴重，她已經失控了。

她改變的動機高漲，數度戒糖，最多只撐一天，也許兩天，然後她又會心情低落、難過，開始狂吃甜食，眼看著體重計的數字繼續增加。

　　茱妮認為戒糖成功的關鍵在於意志力，一定是她拒絕甜食的決心不夠。她因此感到沮喪挫折，因為她一向認為自己意志堅定，畢竟要不是擁有這樣的特質，她也做不出手上那個大型行銷廣播節目。然而，戒除某個習慣全靠意志力的想法大錯特錯。後來，茱妮因工作需要而參加行為設計訓練營，有機會仔細檢視她的生活，這才發現她嗜糖成癮根本是設計問題、而非個性缺陷。她的動機一直搖擺不定並不是她的錯，不是道德的問題。

　　茱妮了解到，行為設計有句關鍵準則：簡單才能改變行為，於是把努力重心轉為創造眾多小習慣，這些習慣規模極小、但影響甚大，能幫助她一舉消滅她愛吃甜食的習慣。她重新設計生活環境，把甜食全部丟掉，換成糖分較少、但她還是愛吃的零食，而不是芹菜和紅蘿蔔這類不好吃的健康替代品。她培養出一連串的運動和飲食習慣，讓她無暇產生吃甜食的慾望。茱妮還發現她一直走不出悲傷也和甜食癮有關，所以她又再創造了幾個習慣，從小處做起，來幫助她用更正面的方式來處理情緒。當悲傷湧現、眼看要將她淹沒，她會去寫日記或找朋友，而不再隨手把糖果塞進嘴裡。也許最重要的是，茱妮能夠以開放與善待自己的心態來進行每一個新習慣。她偶爾也會破戒，但她不再認為是自己個性上的失敗，而是能用來改進未來的行為設計。

　　讓改變維持小規模、並放低期望，才能不受動機和意志力這類口惠不實的因素所影響。小習慣很容易完成，你也就不需要倚賴不可靠的動機。

小習慣才有改變能力

　　使用「小習慣法」，無論成功有多小，都還是令人振奮，藉此利用大腦的神經化學效應、將刻意行動迅速轉換為自動習慣。成功感幫助我們深植新習慣，並促使我們做更多。我每週都從我搜集的「小習慣」數據看到這些結果，而且不僅如此，「小習慣」能讓你學會如何在生活中感覺美好。讚美自己、而非鞭策自己，這種能力能為改變扎根。

　　琳達十年前在遭遇我所謂的颶風級人生劇變時、種下了她的第一顆「小習慣」種子。當時，在她成為「小習慣」教練之前，她不幸遭逢一連串悲劇。不過幾年的時間，她兒子死於藥物過量、女兒被診斷出躁鬱症、而家族企業幾近倒閉。在這段承受莫大痛苦的日子裡，琳達發現她先生出現阿茲海默症的早期徵兆。她勉力接下兩人事業，卻又發現先生的病讓他判斷力下降，幾次錯誤的決策、再加上景氣不佳，事業面臨走上破產法庭的命運。他們失去了積蓄、房子、還有琳達夢寐以求好不容易擁有的馬場。這一連串災難凡人難以承受，而且絲毫沒有沮喪或驚呆的餘地，她有孩子要養、有事業要拯救。她悲痛欲絕卻無暇宣洩情緒，因此很快便陷入憂鬱。

　　要如何讓自己走出來呢？琳達開始實行「小習慣法」時，曾告訴我，她每天早上睜開眼，會先躺在床上求主賜她力量。她想要振作精神、她想要起身下床、她想要為孩子堅強。但她連起床站起來都沒辦法。她執行「小習慣法」以後，終於能專心只做好一件事情：每天早晨的挑戰。她想要用希望迎接一天、而不是憂鬱。她實驗了許多習慣，終於發現最適合的一

個，那就是她聲稱「拯救了她人生」的茂宜習慣。這小小的調整，這關鍵的行為，居然是轉變的樞紐。現在，她每天早上起床，雙腳落地，大聲說出這句話：「今天會是美好的一天。」

一切開始感覺不一樣了。非常不一樣。

對琳達來說，小習慣是唯一的選項。她需要從小處做起、再逐漸擴大規模，而且她需要這種良好的感覺。這小小的習慣促成了其他讓她感覺成功的習慣，幫助她做事更有效率、保持健康、並為孩子堅強。但更重要的是，這些新習慣成為播撒在她生命裂縫中的小小種子，並且成長、茁壯。即使新裂縫不斷出現，琳達也能看出她擁有讓自己感覺成功的能力。她的確很成功，周遭成功的證據越來越顯著，她只要繼續澆灌就好。

六年後，琳達已經指導數千人使用「小習慣法」。她熱愛這份工作。如今，她不否認她的生活依舊艱苦，但她早上起床時不再遲疑。她知道小習慣才有改變能力，所以她起床後立刻站起來，說出這短短的一句話：「今天會是美好的一天。」

設計小習慣，從一把「鑰匙」開始

我並非突然在某一天決定要無所不用其極地推廣小步驟（baby step）。我首先是發現人類行為是如何運作的。

我花了十年的時間研究人類行為，一心想找出打開奧祕的鑰匙，終於在 2007 年找到了。答案居然非常簡單。起初我很難相信之前居然沒人發現，但現在我明白有些奧祕就像謎語，不知道答案時，似乎很難解開，一旦看出答案，解決方案就變得顯而易見。用我發現的答案，可以解讀行為。所有行為。

把牙刷放在新地方、每天早餐前清空洗碗機、傍晚到花園

澆花、早上等咖啡煮好時做兩下深蹲、每週三把垃圾拿出去、抽菸、不抽菸、看手錶現在幾點、看手機現在幾點、凌晨三點滑 IG、下班回家親吻另一半、鋪床、不鋪床、吃巧克力、不吃巧克力、讀這本書、不讀這本書、你努力多年想培養的那個習慣、你努力多年想戒除的那個習慣。

這些行為當中，有些是好習慣、有些不是。

我發現到，這些行為全都來自於相同的成分。它們的關係驅動我們每個行為與反應——它們是人類行為的基本元素。

我在本書與你分享我的行為設計模型，幫助你釐清對於行為的看法。我也會說明如何用我的方法，指引你設計你的習慣。書中提及的所有模型和方法整理於附錄「行為設計：模型、方法和準則。」

錨點—行為—慶祝（ABC 三步驟）

一、錨點時刻（Anchor moment）
提醒你去做新的小行為的關鍵時點，例如一個既有的慣例（像是刷牙）或發生的事件（比如電話鈴響）。

二、新小行為（new tiny Behavior）
錨點後立刻去做的行動，是新習慣的簡化版，好比用牙線清一顆牙或做兩下伏地挺身。

三、立即慶祝（instant Celebration）
完成新小行為後立刻做，任何能創造正面情緒的事情，像是說「我做得不錯！」

　　我的模型和方法有行為科學研究為憑、相關領域資料為據。你可以在 TinyHabits.com/references 找到龐大的參考資料。

　　接下來我會給你各種重新設計習慣所需的練習，如果你想更進一步，TinyHabits.com/resources 提供諸多練習表和其他資源。

　　當你知道要如何調整人類行為成分後，就能開始對付生活中任何行為改變的挑戰。也就是說，你不會再感到卡關、終於可以成為你想要成為的人。如果這聽起來很棒、很瘋狂又有點難以置信，我會一路陪伴你，與你分享我協助數萬人改變人生的經驗。

　　那麼，我們要從哪裡開始呢？就從打開奧祕的鑰匙開始吧！接著我們來看「福格行為模型」（Fogg Behavior Model）。

開始執行小習慣的小練習

　　學會「小習慣法」的最佳方式就是立刻開始執行。不要等待，馬上進行我之前說過的茂宜習慣。除此之外，再加入以下練習。所有的練習都不求盡善盡美，要調整成「習慣客」（Habiteer，專指執行小習慣的人）的心態：直接投入，邊做邊學。過程中完全不用有壓力或緊張，你要會變通、並樂在其中！

練習一：使用牙線的習慣

　　你已經知道如何用牙線清潔牙齒，而且是全口的牙齒，但如果你也和多數人一樣，尚未養成使用牙線的習慣，則這件事沒有在你的日常生活中自動進行。以下練習能幫助你做出改變，先專心讓這項習慣自動化，規模大小等之後再說。

我的小習慣法配方

我……　　　　　之後，我會……　　　　　要讓習慣深植於
　　　　　　　　　　　　　　　　　　　　大腦，我得馬上：

刷完牙　　　　　用牙線清一顆牙齒。

_____　　　　　_____

步驟 1：找一種你喜歡的牙線，你也許需要試用各種不同的款式，才知道哪一種最適合你。

步驟 2：把牙線放在浴室盥洗台上，最好是在牙刷旁邊。

步驟 3：放下牙刷後，拿起牙線盒、拔下一段牙線。

步驟 4：用牙線清一顆牙。

步驟 5：對鏡中的自己微笑，為自己創造了一個新習慣而感到高興。

注意：之後如果你想要，可以多清幾顆牙齒，但只要超過一顆牙都要視為加分。你已付出了額外的努力。

練習二：每天吃巧克力

每天吃少量的黑巧克力對健康有益，讓它成為你的每日習慣。

我的小習慣法配方

我……　　　　　之後，我會……　　　　　要讓習慣深植於
　　　　　　　　　　　　　　　　　　　　大腦，我得馬上：

早上吃下最後　　吃一小口健康的

一顆維他命　　　巧克力

步驟 1：購買你認為健康的黑巧克力。

步驟 2：每天早上把咖啡煮上或吃維他命時，吃一小口黑巧克力。行為順序可能如下：我早上吃下最後一顆維他命後、會吃一小口健康的巧克力。

步驟 3：好好品嚐巧克力的滋味，對於生活中增加了一個健康的習慣感到快樂。

注意：每天吃巧克力的習慣不宜擴大，把它想成養一株日本盆栽──超小但啟發人心。

練習三：提醒自己，感覺美好的改變效果最佳

若要從本書選出一個我希望你能全然接受的觀念，那會是：人們在感覺美好之下改變效果最佳，而不是感覺難過。為此，我幫你創造了以下練習。

步驟 1：在小紙條上寫下這句話：我在感覺美好之下改變效果最佳，而不是感覺難過。

步驟 2：把這張紙條貼在浴室鏡子、或任何你常會看見的地方。

步驟 3：常常唸這句話。

步驟 4：留意這個道理對你生活（以及周遭人們）的影響。

第 1 章

觸發行為的 3 要素

　　你心知肚明，改變行為就能改變人生；但你不知道，驅動這些行為的只有三項變數。福格行為模型是打開這項奧祕的鑰匙，它顯示了行為的三大通用要素，以及三者之間的關係。該模式所根據的原則能讓我們看出這些要素如何交互作用、驅使我們做出每一項行為——從用牙線清一顆牙齒到跑馬拉松。了解這套行為模型後，便能分析行為為何發生，因而不再把自己的行為歸罪於錯誤的原因（像是個性缺陷或自律不足等等）。你還能使用這套模型為自己或他人設計出能造成改變的行為。

$$B = MAP$$

行為　　　　　　　　　動機　&　能力　&　提示
（發生於）同時出現

　　行為發生於動機、能力和提示三要素同時出現。動機是去做某行為的慾望，能力是去做某行為的本事，而提示則是提醒你去做某行為的信號。讓我舉例說明。2010 年我在健身房（一邊踩著踏步機、一邊隨珍娜・傑克森的音樂搖擺）做了一件事，這對當下心跳超過一分鐘 120 下的人來說是個奇怪的行為，那就是捐錢給紅十字會。我捐錢是因為我收到募款簡訊。我把這僅此一次的行為分解如下：

行為：我透過簡訊捐錢給紅十字會海地大地震賑災專戶。
動機（Motivation）：我想幫助災難受害者。
能力（Ability）：透過回覆簡訊來捐款很簡單。
提示（Prompt）：紅十字會發送的簡訊提醒我捐錢。

在本例中，三項要素（M、A 和 P）同時出現，於是我做出了行為：捐款。如果三要素當中有任何一個強度不足，我很可能就不會去捐錢。

我對捐錢這項行動的動機很高，海地大地震的災情廣被報導、內容令人揪心。能力呢？要是紅十字會是直接打電話給我、請我提供信用卡資料呢？當時我正在踩踏步機，我的皮夾放在車裡，我要做出捐款的行為就會非常困難。提示呢？要是募款者根本不用電話呢？要是他們寄電子郵件給我、而我根本懶得讀、以為是垃圾郵件就直接刪除呢？那麼，我就不會看到募款請求。沒有提示，就沒有行為。很幸運地，紅十字會幫了我一個大忙。我早就想捐錢了，他們把它變得容易。無論負責人有意或無意，他們完美地設計出敦促人們做出捐款行為的 M、A 和 P。不光是我，該簡訊活動非常成功，頭 24 個小時就募得 300 多萬美元，一週後更超過 2100 萬美元。做得好，紅十字會！

行為設計	模型 如何清楚理解行為	方法 如何設計行為
	福格行為模型 B=MAP	小習慣

B=MAP 適用於所有人類行為

我剛開始傳授我的行為模型時，我告訴人們這是一套通用模型，他們往往心存懷疑。他們搞不懂這個只有四個英文字母的模型怎麼可能用來解釋所有文化裡的各種行為。畢竟，行為有好壞之分，怎麼可能一體適用？許多人很難理解他們的網路

購物行為會和健身方式有關聯。人們以為健身方式有很複雜的道理，因為那是一項挑戰。另一方面，如果某些改變很容易做到，像是把外套從欄杆改掛在衣櫃裡，則箇中道理一定跟健身很不一樣。

事實不然。行為就像自行車，外觀各有不同，但核心機制是一樣的：輪子、煞車、踏板。

儘管如此，雖然所有行為的基本要件相同，卻不代表它們感覺起來一樣、看起來一樣、或行動一樣。此外，令人愉快的行為給人的感受完全異於被視為有挑戰性的行為。有時感覺起來就像騎單輪車和自行車的差異，人們一開始會看不出來兩種不同的行為會有什麼關聯，這道理對於所有想要改變任何行為的人都很重要。

我大概每個月都會辦一場行為設計訓練營，我在這為期兩天的工作坊中、協助企業人士為他們的健康、財務安全、環境永續性等議題創造有效的解決方案。

我的訓練營學員多能吸收所學，應用在私人生活上，所以我常常一開始都會以個人為例，要學員們做個練習。我請他們說出一個不費力氣就養成的正面習慣，以及一個讓他們苦惱並且想要戒除的「壞」習慣。學員們說了許多關於個人習慣的精彩故事，但有一次一位叫做凱蒂的女學員點出了不同的行為看起來會有多大的不同。

凱蒂是個能力很強的企業主管，負責管理幾十名員工和一千萬美元的預算，她的「好」習慣和她的做事效率有關。凱蒂每天離開辦公室之前、一定會把桌上整理乾淨。她把電腦關

機，紙張疊整齊，並整理白板上「待做」、「完成」與「進行中」的便利貼。桌面收拾完畢，她便把椅子推進去，離開辦公室。等到隔天早上進來看到辦公桌，總能瞬時感到活力充沛。整齊的桌面讓她覺得已準備好面對新的一天。我問她這項習慣是否刻意養成，她說不是，某一天她就開始力行至今。

凱蒂對於她整理桌面的習慣不用多加思考，她甚至過了一陣子才發現自己有這個好習慣。但當我問到她有什麼不想要的習慣時，她幾乎從椅子上跳起來。

「在床上滑手機！我討厭這件事，但我停止不了。有時候我躺在床上看臉書，看到錯過了運動時間，」她說。

凱蒂告訴我，一開始是因為她用手機設鬧鐘，鬧鐘一響，她就拿起床頭櫃上的手機開始滑。我問她鬧鐘設幾點。

早上 4 點半。

「哇！」我說。

凱蒂年初發願要每天運動，有時做到，有時沒做到。不是因為她決定不去運動，而是因為她一醒來就陷入數位漩渦，無法自拔。手機上那些紅色的通知數字需要她去打開，手指一點就會看到一段影片，然後又看到不認識的人的留言、接著又連到另一段影片、然後 5 點半的鬧鈴響起。

又是錯失運動、失信於自己的一天，她滿心自責與罪惡感，她不喜歡自己陷入這樣的模式，但她確信自己在許多生活層面上都掌控得宜，也許只有在這件事情上就是做不到自律。

讓我們縱觀凱蒂的兩個習慣：整理桌面和猛滑手機。兩種行為，兩種極度不同的感受。

其一讓凱蒂感覺良好，幫助她達成高生產力的遠大志向。

這個整理的習慣變成自動進行，甚至不用經過她的大腦。反之，滑手機的習慣在當下很有意思，但卻讓她事後後悔不已。在床上滑手機快把她搞瘋了，但她往往克制不住。

　　這兩種行為讓凱蒂有迥然不同的感覺，可是箇中要素卻一模一樣。所有行為都受相同的三大要素所驅動。我要凱蒂了解，她的「自律」或「意志力」並沒有耗盡，她只是有了第三個習慣，滑手機的習慣，而這項習慣阻礙了她設計不良的運動習慣。

　　要記得，要讓行為（B）發生，需要三大要素同時出現：動機、能力和提示。這是個含義深遠的模型，每個人在不同情況下都有不同的動機、能力和提示。動機或能力的細節依文化或年齡而不同，這沒有影響。這世界本來就無限複雜，但我們可以觀察現象，把它分解為能用於每一種情況的基本原則。

　　以下 B=MAP 圖形顯示動機和能力互相影響的情況。

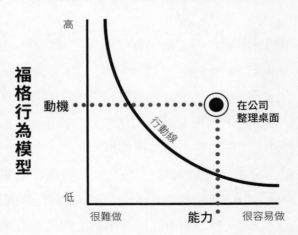

首先要注意的是圖中的大圓點，那是凱蒂整理辦公桌的習慣。圓點的位置告訴我們當她受提示要行動時，她的動機和能力在什麼位置。你可以看到她整理桌面的動機位於中間，而能

力偏向容易做。

　　現在，來檢視彎曲的行動線。行動線就像它微笑般的形狀一樣，是我們的好夥伴。如果我的墓碑上要刻字的話，我會刻上這個快樂的小曲線。

　　若行為提示位於行動線的上方，它會就發生。假設你有很高的動機但沒有能力（你體重只有 120 磅、但想要推舉 500 磅），被提示時，你將在曲線下方沮喪不已。另一方面，如果你有能力做這件事但動機是零，提示也不會讓你去做該行為；頂多成為縈繞腦中的煩惱。行為會位於曲線之上還是之下，必須同時取決於催促你的動機和可以做到的能力。關鍵點是：能成為習慣的行為會紮實地落在行動線之上。

　　讓我們來畫凱蒂的滑手機行為模型：

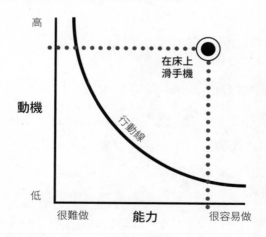

　　哎呀！請看那個大圓點，高動機加上高能力 —— 很容易做。除此之外，你知道凱蒂的提示非常固定可靠：她的手機鬧鈴每天早上 4 點半響起。

　　從模型中可以看出為什麼像凱蒂這樣成功又能幹的人居然

無法戒除滑手機的習慣。圖形顯示這項習慣為何如此根深蒂固。除非有所改變，否則她很可能會一直滑手機而不去運動。

我們得做兩件事情：重新設計她的滑手機習慣，然後重新設計她的運動習慣。首先要謹記的是行為挑戰沒有單一解決方案，我們的要務是調整箇中要素——M、A 和 P——並找出什麼樣的組合在個別情境下效果最好。我們得讓她滑手機變得很困難，或者改變她滑手機的動機，然後再檢視她的運動習慣。透過調整動機、能力和提示強弱度來分析行為時，可參考兩大核心原則。

動機和能力有互補關係

一旦了解這項原則的運作道理，就能設計出絕大部分你想要的行為。下圖的行動線顯示這項原則，不說自明，且讓我在用簡單的文字加以補充。

一、你對某一行為動機越高，就越可能去做這項行為

當動機高漲，人們不僅會依提示去行動，還能做出困難的事情。若你曾聽聞母親擊退黑熊拯救孩子、或某個平凡人在地鐵進站前把困在鐵軌上的人拉走，你就知道是怎麼回事了。

腎上腺激增、生死關頭，再難的事情也做得了。

若動機程度平平，則人們只有在行為簡單時才會去做——就像凱蒂整理桌面一樣。

二、行為越困難、你越不可能去做

若有人要你給他看你正在讀的這本書的封面，你會嗎？應

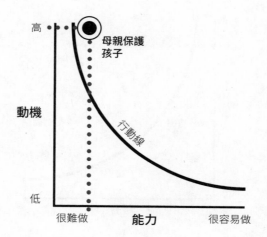

該會。你只需要轉個手腕、中斷閱讀就可以做到了，有點討厭、但不是什麼大問題。不過，如果有人要你把整本書大聲唸給他聽，則你的回答可能就很不一樣了。你需要很大的動機才會做這項行為。也許對方眼睛看不見、也許他給你一千塊要你這麼做，你才可能答應。重點是：你需要很強大的動機才能做到困難的事情。

以下見解可能開始轉變你的人生（它轉變了我的人生）：行為做起來越簡單，就越可能成為習慣。這個道理「好」「壞」習慣都適用，沒有差別。行為就是行為，作用原理相同。

以凱蒂在床上滑手機的習慣為例，鬧鈴響起，手機已經在手上，所以滑手機理所當然是下一步，做起來很簡單。

三、動機和能力如隊友般合作無間

行為同時需要動機和能力，才會落在行動線之上，而動機和能力可以互相合作，若其中一者較弱，則另一者需要非常強大才能把你拉到曲線之上。換句話說：你在其中一者具備的強

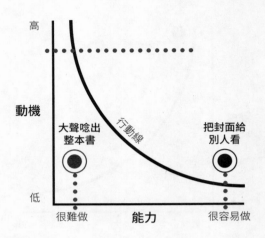

度，影響你在另一者所需的強度。了解動機與能力的關係後，便能用新方法來分析和設計行為。如果你在其中一者強度不大，則另一者就需要更多，也就是說，它們彼此互補。

　　來看凱蒂的例子，她整理桌面的習慣動機中等但做起來很簡單。她告訴我她只需要三分鐘就可以完成這項整理的慣例，不會讓她來不及接小孩放學。她做這項行為的能力一開始就很簡單，做得越久、過程更變得簡化順暢。一般來說，行為越做越簡單。

　　福格行為模型說明的是某一時點的行為：在特定時點上的特定行為。但我還用這項模型來顯示長時間的行為模式：行為一→行為二→行為三。這是本模式的強大延伸，但我現在只想要強調：多數行為不斷重複後都會變得比較簡單。

　　即使將來有一天凱蒂的動機下降，整理桌面這件事還是會因為很簡單而持續下去。重點在於：如果她一開始是從整理整間辦公室做起，則該行為就不會發展成習慣。當她趕時間的時候，就會略過不做。

四、沒有提示、就不會有行為

如果你沒有提示，再多的動機和能力也沒有用。受提示才會行動，沒有提示、沒有行為，簡單又有力。

動機和能力是連續變數，在任何行為上，你一定或多或少有動機和能力。當電話鈴響，你原本就具備接電話的動機和能力。但提示如同閃電，稍縱即逝，你若沒聽到鈴聲，就不會去接電話。你可以透過移除提示來中斷你不想要的行為。這不見得簡單，但移除提示是停止行為的最佳第一步。

大約一年以前，我到德州奧斯汀市參加西南偏南（South by Southwest）研討會。我走進旅館房間、把行李丟在床上。我環顧房內，看到書桌上有東西。

「哦！不！！！」我獨自大叫。

桌上放了一個堆滿零食的禮物籃，洋芋片、玉米片、巨型棒棒糖、燕麥能量棒、花生。我平日盡量吃健康食品，但鹹零食非常美味，我知道每天冗長的會議下來，這個禮物籃會是個大麻煩。它會是個提示：吃我！我知道如果這一籃零食留在這

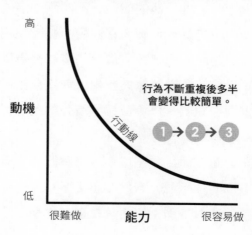

裡，我最後一定會屈服。我會先去吃玉米片，然後是花生。於是我問自己該如何阻止這種行為發生。我能夠讓自己失去動機嗎？不可能。我愛吃鹹零食。我能讓它變得困難嗎？也許可以。我可以請櫃檯提高這些零食的價錢、或請他們把它收走，可是這麼做有點奇怪。於是我選擇移除提示。我把這充滿誘惑的美麗籃子收到電視櫃的最底層，然後關上門。我知道禮物籃還在房裡，但那些零食不再放聲大叫「吃我」。到了第二天早上，我已經完全忘了那些鹹零食的存在。我很高興地向大家報告，我在奧斯汀三天都沒再開過電視櫃。

請注意，我這次透過了移除提示成功阻斷行為，如果這樣做沒有用，則我得調整其他兩項要素，但提示是行為設計中唾手可得的果實。

行為模型該這樣用

你已看到我的行為模型如何適用於各種行為，接下來，我將教你更多使用這套模型的方式。我在史丹佛大學授課、或訓練業界創新人士時，會教他們如何用不到兩分鐘的時間來說明我的行為模型。我先進行示範，在白板上畫圖說明每個部分。我完成兩分鐘的說明，列出效果最佳的步驟，還舉出建議使用的具體字詞。最後，我請每個人到白板前或拿出一張紙，對其他人當場邊畫圖邊說明。學會快速又清楚的說明行為模型，是行為設計學中最有用的技巧。

我無法面對面教你這項技巧，於是我設計了一項小練習，附在本章後方協助你學習。若你需要更多指導，你可以上網找到這項練習，並能看到別人如何解釋這套模型。花幾分鐘的時

間學會如何教授行為模式，這是非常值得的投資。

徹底學會行為模型後，就能把它用在許多實際狀況，包括購物或修復某個行為等等，我接下來會說明這一點。

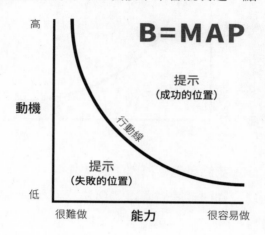

使用行為模型來中斷習慣

你已經知道動機和能力如何合作，以及提示對行為的重要性，讓我們回到凱蒂的例子。她該如何戒斷滑手機的習慣？她滑手機的動機很高，這項行為也很容易，因此這項習慣高高掛在行動線之上。

她能改變什麼呢？

動機？

很難。看到有人按讚的愉悅是不會消失的；它根深蒂固在應用程式裡。凱蒂想隨時知道朋友的最新動態，臉書可以滿足她這一點。動機應該會居高不下。

能力呢？

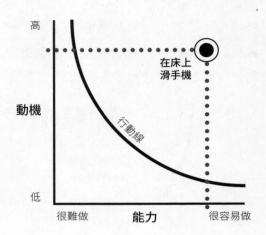

在這方面，我們發現有很大的改變機會。

　　凱蒂可以刪除臉書帳號，讓她無法看到最新動態，但這也許太極端了——她在其他時候可能還是想要滑一下臉書。還好，還有許多方法能讓凱蒂在床上看手機變得更困難。她可以刪除手機上的臉書程式。她可以把手機放在房間另一端的書桌上。她可以把手機放在女兒的門外，每天鬧鈴響起，為了怕吵醒女兒，她就會衝去關掉，或者也可以放在車裡。凱蒂滑手機的動機極高，因此她得實驗許多不同做法，最後終於找到這個雙管齊下的辦法：她晚上把手機放在廚房，臥室改用傳統鬧鐘。拉遠她和手機的距離讓她滑手機的行為變得困難，而用傳統鬧鐘叫她起床則完全移除了先前的提示。

　　如果你無法改變行為模式中的某個要素（凱蒂的例子是動機），則可把重心放在其他兩項（能力和提示）。那麼，她的運動習慣呢？結果她發現她完全不用調整，一旦移除讓她分心的滑手機行為後，她便依原訂計畫與方式開始運動了。

只要深思熟慮，你可以設計你想要做的各種行為，並中斷你不想要的行為。凱蒂輕鬆又成功地做到這一點，但她得先了解讓她養成在床上滑手機習慣的來龍去脈。

凱蒂參加行為設計訓練營的幾個月後，她告訴我她很開心終於養成了扎實的運動習慣。現在她偶爾還是會在早餐或排隊時滑手機滑到忘我，但這不會讓她像之前一樣深陷不拔。她早上多半能掌控一切，她感到身體更強健，但更重要的是，她學到人生中的任何領域都能透過行為設計加以改善。

一種模型能理解所有行為

若想極有效率地改變自己或任何人的行為，則學會行為模型是關鍵所在。一旦清楚了解行為的運作方式，便能解碼他人和自己的行為，這是一項很強大的技巧。你可以開始培養好習慣、終止你不喜歡的習慣，還能理解別人不甚理想的行為。

幾年前，我有次搭飛機、後面做了一個很好動的小孩，我一坐下來就感覺到他的小腳一直踢我的椅背。我知道他很可能整個航程都會踢個不停，畢竟，他是個孩子。於是，飛機起飛前，我問我自己該如何停止或減少他踢我椅背的行為。

我開始應用我的行為模型。

首先是提示，我能不能移除它？不行。我沒法控制他內心的慾望、無聊或任何促使他踢椅背的因素。然後是能力：我能讓他伸腳踢椅背更困難嗎？不行，於是我只剩下最後一個選項：動機。我該如何用冷靜又好玩的方式激勵這小孩少去踢椅背呢？

我決定使用互惠法則。當有人送你禮物時，你自然想要回

禮，這種互動幫助人們相處，也是我們能溫柔地影響動機的方式。我決定試試看。

我的電腦袋裡有個黃色笑臉按鈕。〔沒錯，我根本就是羅傑斯先生（Mister Rogers），讓我們現在就擺脫它！〕我把它拿出來給這名小乘客和他父母看。「嘿，」我說，「我想把這個笑臉按鈕送給你，希望能幫助你記得不要踢我的椅背。」

小孩說：「好！」他父母也以誠懇的微笑致意。

那段飛行很順利，沒有人踢我的椅背，而且我還交到幾個朋友。我們在行李轉盤處揮手道別。

在家裡使用行為模型，可以幫助家人來幫助你。與人長期共同生活難免對家務會有爭執，我和我的伴侶，丹尼，對打掃家裡有不同的看法，我是屬於「夠整齊就好」的人，而丹尼則是「每樣物品都要消毒」的人。多年來，清理浴室變成一大問題，丹尼無法忍受黴菌的存在，因此他一再要求我每次沖完澡都要把浴室擦乾。但我多半沒做到。事實上，我很少這麼做。

有一天，丹尼要我跟他一起去查看浴室，他實際運用了行為設計。

「我們倆都想要乾淨的浴室，」他說。

我贊同。

他看出我有某些程度的動機。然後他問及我的能力，擦乾浴室的困難點在哪裡？我告訴他我不懂他要我怎麼做。他希望我用我的毛巾還是刮刀？我該把牆面從上到下都擦一遍嗎？丹尼這時才頓悟，原來他沒說清楚他要我做什麼，抽象的行為才讓我覺得困難。接下來他做了一件絕妙又簡單的事，他示範給我看。他要我走進淋浴間，說：「好，蓮蓬頭關掉後，拿起架

上的毛巾，把它鋪在地上、用腳拖著它把地板抹乾，像這樣。然後把毛巾丟進髒衣籃就可以了。」丹尼示範給我的看事情非常簡單，幾乎讓我覺得我一直沒做實在很蠢。這是十秒鐘就能搞定的事情。他做給我看以後，我對於這件事的困難度看法立刻改變，突然間它變得非常簡單。

　　自從丹尼的示範演出之後，我每天都把淋浴間擦乾。為什麼呢？首先，我想要乾淨的浴室，而且我想讓他高興，所以我有一點動機，但這件行為似乎很困難。等到他親自示範，我看到這件事很簡單，我就馬上衝上行動線。時序快轉到今天：每當遇到家務事，這不是我擅長的領域，我會說：「你想要我怎麼做，示範給我看。」我看他做一遍，我的能力便增加。

　　以上是幾個能把行為模型用於他人的小小範例，等到我們的改變工具箱擁有更多工具後，我會再花一整個章節來詳述。

排除行為障礙三步驟

　　我們經常會想做出某個行為──或希望別人做出某個行為──但成效不彰。對於這些情況，我有個好消息：行為設計提供具體步驟來解決這常見的問題。這些步驟和你想的不一樣。假設你希望你的員工能準時參加每週小組會議，但他們還是每次都遲到幾分鐘。許多主管會因此惱怒、制定罰則、或對遲到的人狠狠瞪一眼。這些做法都是利用動機來激勵員工做到準時與會的行為，而它們全都是錯的。在排除問題的時候不能從動機下手。你應該採取以下步驟。依順序執行，若沒有效果，再移往下一個步驟。

1. 檢查是否有做出該行為的提示。

2. 看看此人是否有做出該行為的能力。

3. 看看此人是否有做出該行為的動機。

　　無論是為自己或為他人排除某行為的障礙時，都要先從提示做起。此人是否受到做出這項行為的提示？你可以問遲到的員工：你有沒有任何提醒你準時來開會的事物？如果他們沒有，要他們找個好提示。問題可能因此得到圓滿解決。沒有紛亂、沒有嫌棄的眼神。只要設計出一個好的提示就可以了。

　　如果這麼做沒有用，就移往下一個步驟。了解人們是否有做到這項行為的能力。問遲到的員工為什麼準時來開會那麼困難。（我會在第 3 章說明完整的做法，現在先知道可以問什麼樣的問題就好。）

　　你也許發現遲到的員工之前有另一場會議整點結束、怎麼樣也無法準時來參加你的會議。

　　如此一來，你找到答案了。這是能力問題、而非動機問題。但先假設他們有提示也有能力，遲到是動機的問題。因此你得設法讓他們準時。（要做到這一點的方法很多，好壞都有。）請注意，了解動機是排除障礙的最後一個步驟，而人們多半以為要做出某個行為就得先在動機上面下功夫。

　　這段排除障礙的過程能讓你在公私生活上少點挫折感。假設你叫你十幾歲的女兒放學回家途中幫你去買主日學需要的海報紙，她今天開你的車，你認為請她幫忙並不為過。

　　結果，她放學回到家沒有幫你買海報紙。你很生氣，並告訴她你非常需要海報紙。（兩者都是動機策略。）你女兒說：

「抱歉，我明天去買。」

　　但隔天她還是沒買。這時你很可能在客廳氣到跳腳、威脅不再讓她開車、並指責她很不可靠。（這三者也都是動機策略。）你應該知道，這場面並不好看。

　　現在讓我們將故事倒轉，想像你該如何排除障礙。當你女兒第一天回家忘記買海報紙時你不動怒，改而進入排除障礙模式：「你有任何事物來提醒你要買海報紙嗎？」

　　「沒有，我就以為我會記得。但我忘了。」

　　於是你為隔天設計了提示，你問她：「你覺得有什麼方法能提示你明天去買海報紙？」

　　她說她會記在手機裡的待做事項。

　　你猜怎麼著？隔天她笑嘻嘻地把海報紙交給你。

　　把這個排除障礙法用在自己的行為上，會發現自己不再自責。假設你未做到你想要的每日靜坐，先不要把責任歸咎於自己缺乏意志力或動機，進行以下步驟看看：有沒有提示你去靜坐的事物？是什麼讓這件事這麼困難？

　　許多時候，你會發現你沒做到某一行為根本就不是動機的問題。只要找到一個好提示、或讓該行為做起來簡單一點，問題就迎刃而解。

用行為模型看世界

　　請你練習用行為模型的濾鏡來觀察世界，這麼做有兩個目的。第一，它很有趣，第二，它能幫助你把問題區分出動機、能力和提示層面，以找出是什麼驅使你自己或別人做出特定行為。本章最後並附上幾個小練習，幫助你實際應用行為模型。

　　許多使用這套行為模型依序排除障礙的人表示，這套方法幫助他們看出人類行為機制。你將能夠拆解你為改變所做的努力，看出你是在做白工、還是有效果。你將會更了解為什麼你會做出讓自己後悔的行為。

　　我們都會做出自己討厭的事情：晚餐吃爆米花；對孩子咆哮；在網飛（Netflix）追劇。但我們不需要對這些行為睜一隻眼閉一隻眼、或感到挫敗。而且我們真的、真的不用責怪自己。

　　珍妮佛的例子讓我更確定這一點。她是個才華洋溢的平面藝術家、也是個稱職的母親，她還沒上網加入小習慣的行列、學會行為模型之前，對於自己無法持續運動感到挫敗。珍妮佛以前每天運動，她大學時代非常熱衷於跑步、甚至在當媽媽的前幾年和朋友跑過馬拉松。情況改變了，如今洗碗洗衣就已經是她最激烈的運動。她很想健身，但身材已經走樣。她知道她必須從緩慢與穩定的運動做起。

　　珍妮佛開始偶爾在自家辦公室做 15 分鐘瑜珈、有時也會跑步到街道盡頭。這些都是她做得到的運動，不會太吃力。但她沒法固定運動。有運動的日子就是「好」日子，沒運動的日子則是「多喝一杯酒」的日子。她後來告訴我，這讓她覺自己是個失敗的人。以前輕而易舉的事情如今卻是日復一日的掙扎。以前她跑五英里能為她帶來愉悅的成就感，如今她多半連走到門前信箱都做不到。她覺得自己有問題，為什麼她無法讓自己去運動呢？

　　珍妮佛描述的心情我們並不陌生──那是一種窒礙或抗拒的感覺。她每天告訴自己應該去重訓或出門跑步，但往往出現

不去運動的原因——幫孩子上網購物、為新接的案子做研究——然後一天過去，她覺得自己很失敗。她知道她找藉口不去做這件對她有益的事情。她鬱悶嗎？自怨自艾嗎？意志薄弱嗎？這到底是怎麼一回事？

幾個禮拜後，我寫電子郵件給珍妮佛，以了解她執行小習慣的狀況，她告訴我她已經解開自身運動習慣的謎題。首先，她檢視她的動機、能力和提示，她一步步分解個人行為，全心找出運動動機。結果發現動機幾乎不存在。她多半時間根本不想一個人在自家辦公室做瑜珈。於是珍妮佛撇開一人瑜珈的主意、另尋更適合她的運動。她列出吸引她的各種運動，意外發現一件珍貴的事實：她喜歡的運動有個共通點——都是團體運動。她越想越覺得獨自健身一點都不好玩，感覺很像一種義務，而且她沒有足夠的動機把這項行為拉到行動線之上。最後，珍妮佛完全放棄獨自運動的想法，開始找團體運動：她加入每週一次的飛輪課、每週一次的瑜珈課，以及媽咪跑步團體，沒多久，她便重拾以往的運動習慣。

這對珍妮佛來說是一大勝利，但解開行為謎題並不是最令她感到興奮的事，徹底改變她人生的是她破除了瞧不起自己的魔咒。以前她不知道行為的運作方式，只一味責怪自己為什麼不能像以前一樣持續運動，心中一直重複同一句話：「你做不到以前能做的事情；你是怎麼回事？」到頭來，只能幫自己倒杯酒，借酒澆愁。她絞盡腦汁尋找答案，也許她年紀大了，也許她需要吃抗憂鬱藥，也許她應該找私人教練。她為此心煩意亂，只得用做晚餐和收拾玩具讓自己忙碌不再亂想。直到她分析她的行為，才了解問題並不在她身上，而出在行為本身。她

把行為分解成組成要素後，看出了設計缺陷在哪裡。她有能力，但沒有足夠動機去獨自運動。更糟的是，她沒有可靠的事物提醒她在辦公室做瑜珈。

珍妮佛（和我們大家）都很幸運，因為行為模型的座標並沒有「懶惰」軸或「軟弱」軸，容不下她的自責叨念。它是一套模型，不是對個性的表決。一旦珍妮佛了解到她不等於她的行為，一切都不一樣了。她開始把她的習慣想成配方，如果成品不合她意，她就需要改變比例、調整成分，而不是打擊自己或放棄。

從現在開始，你看待你的行為得效法科學家觀察培養皿生物的方式──發揮好奇心、並保持客觀距離。這和你曾讀過的許多改變書籍裡提及的是完全不同的心態。我不會沉緬於意志力、也不會訂出嚴格要求讓你感到挫敗。我要你把你的人生是視為你個人的「改變實驗室」，一個能夠實驗你想要成為的那個人的地方，一個讓你感到安全、更感到任何事都可能發生的地方。

接下來的四個章節，我們將學會行為設計流程、並用它來展開我們的實驗。我們會專注在小習慣法上面，因為它不但是創造好習慣的基礎、更涵蓋你未來設計其他行為所需的關鍵原則。你將能一直使用相同流程來達成特定成效、做出偉大的單次行為、或戒斷不想要的行為。而創造眾多好習慣的第一步，就是決定要培養哪些習慣。

不過，在此之前，你得仔細檢視多年來是什麼羈絆了你。如果你正在閱讀本書，則你很可能已經有想要改變的事情、只是還

沒做到而已。那麼,是什麼阻礙了你做出改變呢?

　　是動機猴子。

　　動機猴子騙我們訂出不合理的目標。牠有時能幫助我們達到了不起的高度,但卻往往在我們最需要牠的時候遺棄我們。

福格行為模型的小練習

　　第一項練習很簡單。第二項則需要多下點工夫,但請別略過。我保證你付出的時間和精力絕對值得。

練習一:探究戒除習慣的方式

　　福格行為模型適用於各種行為改變,在本練習中,你將探究戒除某個習慣的簡單方式。

步驟 1:寫下三個你想要停止的習慣,盡量具體。例如,你可以寫:「停止在午餐買汽水喝」、而不是「停止午餐喝汽水」。

步驟 2:分別想出移除(或避免)這三種習慣提示的方式。想不出來也沒關係。直接進入下一個步驟。

步驟 3:分別想出讓每個習慣更難進行(能力)的方式。

步驟 4:分別想出降低每個習慣動機的方式。

步驟 5:分別選出步驟 2、步驟 3 和步驟 4 的最佳解決方案。

加分步驟:開始實行你的最佳解決方案。

練習二:福格行為模型的教學相長

　　學會某件事的最佳方法之一、就是去教別人。

步驟 1:請見本書附錄的福格行為模型教學腳本。

步驟 2:閱讀腳本時,一面畫出行為模型要素。一直練習到不用看腳本也能說明本模型為止。

步驟 3：找個人來教。

步驟 4：用你畫的要素來說明行為模型。（或者，能一面解釋一面畫更好。）

步驟 5：完成兩分鐘的說明後，問你的學生：「哪一部份令你意外？」這是我最喜歡的教學問題，因為它能開啟精彩對話，讓師生雙方都受益。

要素 1 有動機

讓志向匹配你的黃金行為

　　珊卓拉和阿卓安剛買下他們的第一棟房子。第一次看屋時，他們和房仲站在後陽台，查看這棟房子唯一的缺點——後院。後院亂七八糟，倒塌的石牆、及膝的雜草、還有嚇人的堆肥堆放在車庫後面。當時珊卓拉和阿卓安兩人一點都不在意，他們心中的美國夢高漲，眼中看到的只有後院的潛力，花園種滿各種蔬菜和花朵，兩棵枝葉茂盛的橡樹中間掛著吊床，一隻稀有鳥類棲息在檸檬樹上

　　他們拆下售出標誌的那天，欣喜若狂，開心地列出所有待做事項，就動手整修。他們從室內開始，打磨、油漆與洗刷所有牆面與地板。幾個禮拜以後，除了後院以外，其他所有待做事項都已完成。兩人肩並肩站在後陽台視察，這一次他們覺得事情非常棘手，他們裝修新屋的熱情已跌落懸崖。他們窮於應付，該從哪裡下手呢？珊卓拉自小就幫家裡除草，但她對於花園造景的經驗僅只於此。阿卓安從小住在公寓，所知更少。他們沒有任何園藝工具。新罕布夏州長得出檸檬樹嗎？他們知道他們想要什麼——一個能邀朋友共享美好時光、未來兩人的孩子在灑水器旁奔跑蓋城堡的美麗後院。但此時這一切只是遙遠的美夢，眼前有一大堆粗活要做。

　　多數人這時會選擇轉身進屋，告訴自己以後再說。或者，會捲起袖子全力投入、把自己累個半死，辛苦地工作了三個小時，最後完全放棄、不再回來。不管是哪一種情況，夢想都受阻礙，取而代之的是罪惡、沮喪或失敗的感受。

　　這是怎麼一回事呢？面對後院夢想時，珊卓拉和阿卓安把雞蛋全都放在動機的籃子裡。

動機不可靠

在家居修繕這件事情上面，動機往往不可靠。另外像是節食、創業、找工作、規劃會議等各種自我提升事項也一樣，都不能倚賴動機。動機猴子的陷阱鬼鬼祟祟地隱藏在各處，無論你正處理大型專案、還是嘗試改變習慣，它們都會引你誤入圈套。

不幸的是，人們多半相信動機是行為改變的真正驅動力。我們常常聽到「獎勵」和「誘因」這樣的字詞，因此以為只要在眼前掛上馬兒的紅蘿蔔，任何習慣都能順利養成。這種思維模式不難理解，但卻是錯的。

沒錯，動機是驅動行為的三大要素之一，問題是，動機往往是善變的，而本章將深度探討它帶來的挑戰。

動機就像你的酒肉朋友，適合通宵狂歡，但卻無法依賴他送你去機場。你必須了解動機的角色和限制，然後選出不那麼依賴這位善變友人的行為。

要做到這一點，我們得先一一破解動機猴子的把戲，再學會如何閃避這些圈套、以達到我們的目的。不用掛紅蘿蔔、也沒有自我加諸的罪惡感。

一、動機很複雜

讓我們從基本開始。動機是什麼？

動機是去做某一特定行為（今晚吃菠菜）或某一行為類別（每晚吃青菜和健康食物）的慾望。有些心理學家把動機分為外在與內在。我無意對這些學者不敬，但我發現這樣的區分很薄弱，對現實世界沒什麼幫助。我的研究把重點放在動機的三大來源：你自己（你已經想要的）、做這項行為會得到的好處

人物

已經想要做某
一行為的人

此人的情境所
造成的動機

情　境

行　動

做這項行動的
外在獎懲

或懲罰（紅蘿蔔與棍子），以及你的情境（例如，你朋友全都在做這件事）。我創造了叫做 PAC 人的小小人物，以幫助你具象理解。你會看到他一再出現——因為人物（Person）、動作（Action）和情境（Context）是了解人類行為的基礎。

　　如以上 PAC 人物圖形所示，動機可能來自三處。第一，動機可能來自一個人的內心：你已經想要做某一行為。例如，我們多半很想擁有吸引人的外表，這是人類天性使然。動機也可能來自於和某一行為相關的好處或懲罰。像是繳稅這件事，不會有人一早醒來就想繳稅，但不繳稅有懲罰，這促使我們去繳稅。最後，動機可以來自我們的情境（我們目前所處的環境）。假設你在慈善藝術品拍賣會現場，如果善舉很值得、大家都在喝酒、拍賣官很會帶動氣氛，則這一切——也就是情境（經過仔細設計）——會激勵你高價購買一幅簡單的畫作。

　　行為的動機來源不只一種，我將這些不同的動機視為把你推進或拉離某一行動的力量。也許是想被某一團體接受的慾望、或也許是對身體疼痛的恐懼。也許你的動機把你推向某一行動、或也許它們讓你遠離行動。不過，動機一直都在，視每

時每刻的強度而推升你到行動線之上、或拉你下來。

　　有時動機太過複雜、會形成天人交戰。舉例來說，珊卓拉和阿卓安也許有互相衝突的動機。他們想休息、好好享受新粉刷的房子，但又想要整理後院、把這件待做事項劃掉。這些<u>互相競爭的動機</u>驅使他們做出不同的行為。

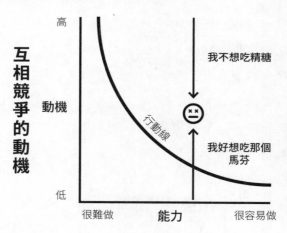

　　他們兩個也許還有互相衝突的動機，對同一行為持正反看法。互相衝突的動機會造成精神痛苦──「我想戒除飲食中的精緻糖分，但天哪！我好想吃巧克力馬芬。」這些衝突會依我們周遭的狀況互相消長。

　　更麻煩的是，大部分的時候，我們對某些動機都視而不見。我們也許不完全了解想吃某個食物的慾望從何而來。我真

的喜歡爆米花的鹹味、還是我每天必吃爆米花的習慣來自於懷念以前和家人看電影吃爆米花的時光呢？善變、無形、相左與相衝突的動機讓這項行為要素很難鎖定與控制，再加上，當我們努力激勵自己或別人做出改變還是失敗，就更令人沮喪了。

二、動機潮

沟湧澎湃的動機很適合用來做真正困難的事情──但只能做一次。

救你的孩子一命。

辭職。

丟光家裡所有垃圾食物。

在機場飛奔趕上飛機。

參加第一場戒酒互助會。

寫信給編輯。

十項新年新希望全部做到……僅維持一天。

但高動機容易亂槍打鳥且無法持久。珊卓拉和阿卓安不是

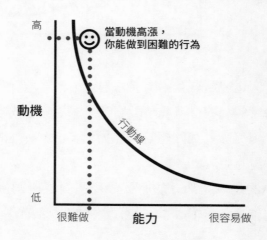

每天買房子，他們拿到鑰匙的第一天，修繕房屋的動機非常高，而且覺得自己有能力做出困難的行為，當下的確如此。事實上，動機幫了他們一陣子，讓他們完成困難又費時的內部整修。但他們在列出待做事項時，並未考量自己隔天、下個禮拜、或下個月的感受。他們的動機在某一刻已經消氣。

　　在行為設計領域，我們將這種暫時性的動機高漲稱為動機潮。我確定你有過這樣的經驗：你的動機到達巔峰、然後又跌落下來，也許你還怪罪自己未能它持續。錯不在你，這就是動機在日常生活中的運作方式。

　　每年將近有一千萬人註冊網路課程，但絕大多數都中途退課。多數課程顯示最後只有不到一成的人唸完。這些學生一開始都一樣興奮與投入，但後來他們的動機消退。即使不管唸完與否都要付學費，也無法促使學生完成學業。這類情況隨處可見。如果你買過肩膀按摩器（電視購物台），則我很遺憾地說，你很可能不記得你上次是什麼時候用過。還記得百貨公司裡那位身材健美的男士賣給你的蔬果榨汁機嗎？沒錯，你把它搬回家後只用過幾次。除此之外還有太多例子，你往往掉入人類心智的常見陷阱——你高估了未來的動機。這種事誰都會遇到，你並沒有特別蠢、特別衝動或容易被騙。你也是人類。

　　我們都知道自己過於樂觀，為什麼還會被動機潮擊垮呢？當你被提示去做某個似乎是好主意、甚至必要的行動，你感覺到了什麼，不管是慾望、興奮或恐懼都不重要——促使你做出該行為的因素迅速被大腦合理化。突然間你覺得去做一件代價高昂、耗時、費力或妨礙日常生活的事情再合理不過。我們先有情緒，然後找到理由去行動。這在人類住在大草原的史前時

代是件好事，激勵的情緒湧出，幫助我們成功與生存。畢竟，當你突然遇到獅子的時候，最好湧出高漲的恐懼來激發我們迅速逃走。如果人類天生是理性的動物，那麼我們就會像電影《星艦迷航記》（Star Trek）裡的史巴克（Mr. Spark）。你認為史巴克會把榨汁機放在家裡地下室積灰塵嗎？不可能，史巴克不會被動機潮擊倒。他能看出動機漲潮，他會從下面游過去。當他看到清洗那台鬼東西要花多少時間，就會明白他對現榨果汁的熱情終將消退。

三、動機波動

你還需要知道動機會小幅變化，它每日每時每分都在波動，而你很可能已經知道你自己可預期的動機有時會改變。你上次在 12 月 26 號買聖誕老公公帽是哪一年的事了呢？

商人知道這個道理，假期後的那個禮拜聖誕老公公帽會大降價，因為消費者購買動機很低、不願意花太多錢。但還有更微妙又可預測的轉變：意志力早上最高、一路下滑到晚上。複雜的決定到了晚上會變得更加困難。自我提升的動機可能會在週五晚上消失殆盡。這些改變都是你無法全權掌控自己動機的原因之一。

健康與健身產業界的人尤其易受這些波動所影響。多年前，我對美國塑身公司慧優體（Weight Watchers）的產品團隊教授行為設計，協助精簡他們的全球計畫、讓會員專心執行最佳改變方法。當時的執行長大衛・基爾霍夫（David Kirchhoff）說明了他們業務的季節性，在一年的某些時候，該公司的網路報名人數和關鍵字搜尋量固定會大增。一月的報名人數高於平

均——當然,新年新希望。勞動節後也會出現報名潮,因為人們在暑假放肆享用熱狗和冰淇淋後,亟欲回到正軌。該公司也明顯看出動機潮的衝動最後讓人陷入困境,11 月初的減肥動力大減,因為人們發現自己無法抗拒感恩節和聖誕節桌上貝芙阿姨的胡桃派。11、12 月減重業平靜無波,放眼望去毫無動機潮,所以,依賴動機來減肥並不是個好主意。

可預測的波動並非動機改變的唯一方式,還有不可預測的波動。家裡那位煩了你一個禮拜、要去聽亞莉安娜(Ariana Grande)演唱會的青少年、突然在前一天宣布她一點也不想去了。你不知道的是,原是她的閨蜜最後一刻決定不去,把你女兒的動機沉入海底。

動機的改變發生速度極快。你想在 12 點 15 分用餐,於是你吃了一頓豐盛的午餐。之後有人告訴你一點半會議室會有披薩,此時你一定意興闌珊,因為你剛剛吃飽了。

不過,在某個特殊情況下,動機倒是可以持久,想想一直想和孫子女歡樂相聚的祖母、或想在朋友面前保持最佳狀態的

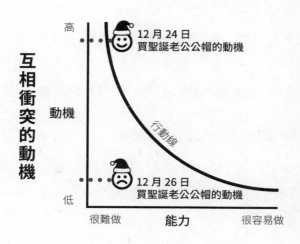

青少年。我把這種持久動機稱為志向,這正是我接下來要說明的重點。

四、朝抽象的目標努力不會有結果

我們都想要健康,我們都想對子女更有耐心,我們都想在工作上有成就感。而我們想達成這些志向的慾望持久不退。(至少不會很快改變。)這似乎是件好事,對嗎?是的,沒錯。志向是改變人生的絕佳起點。

數百萬人真心想要活得健康、少點壓力、人生更充實。但有個問題:人們以為朝志向努力就可以造成持久的改變,於是專注於志向、專注於動機,然而,這兩件事並不會產生結果。

這種錯誤想法非常普遍,你也許在診所裡看過這樣個公共衛生宣導海報,上面有各色的蔬菜,標題寫著:吃七彩食物!

第一眼看到,你會想:沒錯,我需要吃更健康的食物。但之後你不確定實際步驟,要吃多少綠色、多少紅色?這兩種顏色是指沙拉和水果,對吧?不可能會是薄荷冰淇淋和紅色甘草糖,是嗎?你受激勵要吃「七彩食物」,但也許你不知道該怎沒做。你可能感到沮喪、最後還自責。

夢想和志向是好事,公共衛生宣導活動也是。然而,花時間和精力激勵自己或別人去追求抽象目標卻是錯誤的舉動。

五、動機不是長期改變的中獎彩券

講到改善行為,人們多半相信要靠個人行動力和選擇,以為只要能找出對的激勵因素,就能做到他們應該做的事情(往往是抽象的事情)。

　　這種不合宜的思維把過錯直接怪到你頭上，一切都是你有沒有能力激勵自己的問題。我想要改變這所有的謬論。

　　我要人們知道，若一味專注於動機，則忽略了實際驅動行為的兩項關鍵要素：能力和提示。假設有人給你一百萬、要你立刻把你的血糖降到正常值，一百萬元是很大的激勵，對不對？但你能立刻達到這結果嗎？也許不能。動機無法讓你達標。

　　動機是我行為模型中三大要素裡最不可預測、又最不可靠的一項，光靠高度的動機並無法達成目標或志向。

　　你並非唯一一個只靠動機就想改變的人。但現在我希望你已經明白，你不能光靠動機來創造持久的改變，因為你很可能無法維持它、也無法可靠地操縱或設計它。我希望你明白這不是個性缺陷，而是人類天性。你必須避開動機猴子的陷阱、而不是一腳踩進去。

智取動機

　　在了解如何智取動機猴子之前，讓我們先弄清楚一件事。我在此告訴你，你應該去射月亮、做白日夢、或創造一個願景板。越能生動描繪你想要的越好。你必須知道為達目標得走哪一條路。珊卓拉和阿卓安對他們的後院感到興奮且野心勃勃並沒有什麼不對。這是件好事。正在閱讀本書的你也一樣，無論你的志向是自己創業、存夠錢提早退休、或贏得一生擊垮肥胖的勝利，有志向都是好事。

　　人類是天生的夢想家，我們口袋裡隨時都有幾個射下月亮般的遠大志向，但它們頂多就待在口袋裡──部分原因是我們被善變的動機所絆住。該如何把志向從口袋拿出來、不靠動機

就開始實現它們呢？

首先，讓我們釐清三件事：志向、結果和行為。我在行為設計訓練營和工作坊教課時，都會先問學員他們希望生活中出現什麼新行為。以下是我得到的答案：

+「我想減少盯著螢幕的時間。」

+「我想睡得更好！」

+「我想甩掉 12% 的體脂。」

+「我想對我兒子更有耐心。」

+「我想要更有生產力。」

然後我說，「很好——我能夠教你如何實現這些願望。但它們都不是行為，它們是你的志向或你想得到的結果。」

志向是抽象的慾望，像是希望你的孩子學業成功。而結果比較能夠測量，像是下學期所有學科都拿 A。志向和結果都是適合展開行為設計的起點。

但是志向和結果都不是行為。

以下是將行為與志向和結果做出區分的簡單方法：行為是你馬上或某一特定時點可以做的事。你可以關掉手機，你可以吃紅蘿蔔，你可以打開書本讀五頁。這些都是你隨時可以進行的行動。反之，你無法隨時達成某個志向或結果。你無法突然間睡個好覺，你無法在今晚晚餐時突然減掉一公斤。你只能長期進行某個對的具體行為達到志向和結果。

我發現人們不會自然而然地思考具體行為，這個傾向幾乎阻礙了所有人。

人們談到志向或結果時，會用「目標」這個字眼。若有人提及「目標」二字，很難確定他們指的是什麼，因為這個字眼很含糊。因此，「目標」決不屬於行為設計中的字彙。改用「志向」或「結果」以求精確。

我曾協助某大銀行宣傳新儲蓄活動。該活動目的是鼓勵客戶存五百美元做為緊急資金帳戶。銀行網頁上有文章、專家和數據，清楚說明如果沒有應急資金，則遇到車子爆胎、或馬桶阻塞需要找水電工時就會陷入財務困境。

「所以，貴行希望客戶做出什麼行為呢？」我問。

「存五百美元做為緊急資金，」專案經理說。

這對於這群高學歷、聰明又傑出的銀行人員來說似乎是非常具體的事情。但請注意，他們所說的其實是結果、而非行為。

我想要闡明這一點，於是我用一種好玩的方式來挑戰這群人：「各位，每個人馬上存五百元。」

他們笑了，立刻明白我的意思。

接著我們合作發想，我引導大家找出顧客為了要開立緊急資金帳戶會做出的具體行為，以下是我們想出的其中幾項：

+ 打電話給第四台、把服務方案降級。
+ 每天晚上把口袋裡的零錢放進緊急資金罐裡。
+ 辦一場車庫二手貨拍賣，把全部所得做為緊急資金。

最後，我們一共想出 30 多種具體行為，有強有弱，但全都能幫助該行客戶採取具體步驟、以達成儲蓄結果。

銀行主管發現到動機並非問題拼圖中缺失的一塊，反之，

他們需要為客戶搭配出簡單有效的具體行為。他們這才明白，他們的網頁內容應該少點「為什麼」、多點「怎麼做」。

健保業者也需要依相同方式轉移宣傳重點。如果你去看病，醫生告訴你要吃得健康、多運動，你很可能會納悶「吃得健康」是什麼意思，以及該如何做到這一點。

我訓練業界主管的第一步、也和訓練人們執行小習慣一樣。這也是你該著手的地方。

步驟 1：釐清你的志向

行為設計步驟

✓　**步驟 1：**釐清志向

行為設計的第一步是弄清楚你的志向（或結果）。你想要什麼？你的夢想是什麼？你想達成什麼成果？

寫下你的志向或結果，並準備好隨時修改。

如果你寫的是「減重」，問問自己，「這真的是我想要的嗎？」也許是。或者，也許你想要的是穿上衣服更有自信。或者你想要控制你的糖尿病。或者你想開始玩站立划槳、不想體重太重造成負擔。

弄清楚你的志向能讓你為你想要的事情量身設計。你也許以為你的志向是要更正念，但你會這麼想，就表示你決定要降低生活中的壓力，而降低壓力會比更正念來得簡單。你可以每天散步、彈奏樂器十分鐘、或減少看電視新聞的時間。本步驟就是要你修改你的志向或結果，讓它能更貼近對你真正重要的事情。

（至於該從志向開始、還是該從結果開始：都可以。不過

我個人喜歡從志向著手，因為和具體結果比起來，志向較有彈性、也較不令人畏懼。）

步驟 2：探索行為選項

行為設計步驟

步驟 1：釐清志向

步驟 2：探索行為選項

步驟 2 開始進入細節。從諸多志向中選出一項後，列出各式各樣能幫助達成志向的具體行為。

本步驟不需要做任何決定或承諾，只是在探索各種可能性。列出的行為越多越好。你可以發揮創意、也可以請朋友提供意見。

我發明了一種能幫助人們探索行為選項的方法，這項工具叫做行為群集（Swarm of Behaviors），它的運作方式如下：把你選出的志向寫在下圖中央的雲朵圖形中，然後開始在周邊的格子裡填入具體行為。

假設我在指導我的朋友馬克進行這項流程，他已弄清楚他的遠大志向是什麼，他在雲朵裡寫下「降低我的壓力」。

接著，我會說：「馬克，假如你揮舞魔法棒、讓自己做出任何能降低壓力的行為，那會是什麼行為呢？」

馬克說出第一項行為——每週去按摩一次——我會說：「很好，還有呢？」

我們繼續發想、但不會深入研究他的想法。於是，馬克繼續寫下各種行為，我則繼續說：「很好，還有呢？」

行為群集

我在指導人們進行這項流程時，喜歡提醒他們此時他們擁有神奇力量。他們可以讓自己做出任何行為：搬去茂宜島、帶狗上班、換個薪水多三成的主管職。本步驟最重要的是探索，而且要極度樂觀。我將這套方法稱為「揮舞魔法棒」。

即使手上握有魔法棒，我也鼓勵他們使用那些超能力，人們有時還是只求實際（沒有關係）。有些願望是單次行為：下載靜坐 app。有些願望是養成新習慣：每天視訊會議前做兩分鐘的伸展運動。有些願望則是戒除某個行為：晚上 7 點以後不再查看電子郵件。

為想出大量行為選項，你揮舞魔法棒時可以依循以下分類。

＋你想做哪些單次行為？

＋你想養成哪些新習慣？

＋你想戒除哪個習慣？

　　每想出一項行為後，便告訴自己：「很好，還有呢？」並繼續下去。最後你會寫出又奇怪、又合理、又驚奇的行為群集。這樣就對了。

　　想出各種行為選項之際，你會發現達到志向的方式很多。我們會在下一步驟整理這些選項、務實以對。但此時你最好廣泛探索，想像自己擁有神奇力量能幫助你做到這一點。

各種不同行為都能達成你的志向

　　如果你還沒開始，現在可以進行了。在雲朵圖形內寫下你挑選出的志向。然後，想像你手上有根魔法棒、能讓你做到任何行為。你會想要做什麼？

　　行為群集工具畫了十個行為框，但不要被限制住，點子越多、範圍越大、變化也越大，之後幾項的行為設計步驟執行效果就越好。

　　如果你絞盡腦汁也想不出什麼新點子，不妨請別人幫忙。問另一半、子女、甚或網友對於能達成你志向的行為有沒有任何建議。你可以說（或寫）：「如果你能讓我做出任何行為來幫我 ＿＿＿＿，那會是什麼？」

　　你聽到的答案也許會讓你驚艷。如果有些行為不切實際，也別擔心。我會教你如何挑選出最佳的選項——以及如何實踐它們。眼前要做的只是發揮創意，想出各種能讓你樂在其中又能更成功的新行為。

　　等到你的魔法棒神力用盡，回頭檢視你寫下的行為願望、讓每一項都更具體一點。若你把「和我的狗玩」列為降低壓力的方式，則可以改寫一下、讓這項願望更詳盡一點：「每天晚上在家和我的狗玩我丟你撿。」把行為願望改得超級具體（或者我該說「乾淨俐落」），就可以進入行為設計流程的下一步驟、著重分析與務實層面。

直覺猜測與巧妙匹配

　　在提出行為設計的下一個正式步驟之前，我要你先了解設計改變的大環境。

　　一般人企圖改變的做法有個重大瑕疵，他們選擇要執行哪一項行為的決定有問題。人們決定如何從 A 點（起點）到 B 點（達成他們的志向或結果）的方法各異，以下是一般人在這方面的幾個通病。

通病一：只靠猜測、不憑方法

　　假設你搭公車去上班。在車陣中，你看向窗外，有個男人騎自行車呼嘯而過。你心想，這才是通勤的王道。我也該這麼做！我以前也騎自行車。我喜歡騎自行車！遺憾的是，你之前騎自行車是 12 歲的時候，而且你現在通勤的距離是 24 公里。但你真心想要這麼做（在那一刻！），於是你到自行車店買了

一堆設備。隔天你戴上所有設備出了家門，這才發現外頭又冷又下雨。你沒有買保暖與防雨的設備，於是你感到些許的煩躁和沮喪，改而走到公車站。騎腳踏車上班終究不適合你。

這種做法的問題出在它的偶然性質，就像賭輪盤一樣。或許你會買下適當的設備幫你做出這項行為，又或許你不會。你的行為太激進、又或者沒有。也許它對你的人生很切實際、又也許不是。

有了行為設計，你不用憑空猜測。

好了，下個問題。

通病二：網路上找來的志向

很多人從網路演說中得到啟發，很多講者都有精彩的故事、也做了令人佩服的事情。假設你看了一段影片介紹某位成為靜坐大師的和尚，他的演說充滿智慧與優雅。他看起來沒有壓力、甚至毫無不悅之情。他提到他的血壓（非常標準）和靜止心律（也很標準），還提出大腦掃描影像作為證明。你心想：「哦，我的天哪！我見證了靜坐的力量。人類做這件事已有數千年歷史了。」演說最後，他說，每天只需花 30 分鐘的時間做這件科學無法反駁的事情，就可以大幅改善你的生活。你驚喜不已，你一定要做這件事。你要做這件事。

當天你當真聽從和尚的建議、靜坐 30 分鐘。要靜下心來有點困難，但你感覺還不錯……最後實在太無聊。隔天你只靜坐 15 分鐘。有一陣子感覺還可以。但之後有些天你做不到、有些天思緒一直無法平靜。你努力嘗試、但失敗了，感覺很糟。最後，你完全不做了。

為什麼沒有用?

首先,你不是出家人。但主要還是因為這項行為對你來說可能太困難,更別提你還可能一開始就對靜坐就有不切實際的期許。和尚的建議出於善意,但他講的是對他來說有效的事情。靜坐對你的效果也許不如他所得到的。

另一件要考慮的事情是,網路上看到的影片、讀到的文章,以及追蹤的部落客不見得是可靠的資訊來源。儘管用這種方式來挑選行為要比憑空猜測來得好,但還是充滿風險,因為它的選擇標準只不過是你當下感受到的激勵心情。

通病三:做朋友覺得受用的事情

親友的建議都是出自一片好心,但卻不是找到最適合你的新習慣的最佳方式。熱瑜珈也許改變了你朋友的生活,這代表它也適合你嗎?我們身邊都有朋友發誓他們早上4點半起床的新習慣改變了他們的生活、強烈推薦我們也該跟著做。我不懷疑太早起床會改變人們的生活,但這種改變有好有壞。要小心,你不知道這項習慣是否能真的讓你的生活變得更好,尤其是,你可能因此睡眠不足。所以,是的,你可以嘗試朋友覺得有用的事情,但如果你沒得到和朋友一樣的轉變,也別苛責自己。

以上通病都牽涉猜測和機會。這不是設計生活轉變的好辦法。幫自己選擇行為必須要有系統性的標準,才能獲得有效結果。接下來的行為設計步驟將能讓你免於憑空猜測。

正確方法：為自己匹配出具體行為

行為設計步驟

步驟 1：釐清志向

步驟 2：探索行為選項

步驟 3：為自己匹配出具體行為

運用魔法棒和行為群集工具找出各式各樣的行為選項以後，便可以改變方向、著重務實的一面。你會在本步驟當中為自己匹配出具體行為，而這項有系統的做法完全不玩猜謎遊戲。

這概念很重要，所以我特別為它命名，叫做行為匹配。這是行為設計中最重要的一個步驟。無論你想要做到什麼樣的改變，為自己匹配出對的行為都是長久改變人生的關鍵。在行為設計領域裡，我們把最佳匹配稱為黃金行為。黃金行為有三大標準：

+ 這項行為能夠實現你的志向（影響）
+ 你想要做這項行為（動機）
+ 你能夠做到這項行為（能力）

行為匹配有不少好方法。如果你身邊有人能巧妙地幫你匹配出黃金行為，則求助行為教練不失為一大良方。你可以求助於培訓師、醫生、營養師、或者受過訓練或直覺了解你需求的人。例如，受過減重小習慣訓練的教練就能幫你匹配出減重效果最佳的小行為。如果你能找到這樣的專家，則你是個幸運兒。至於其他人，我可以教你一個我設計的方法，叫做焦點地圖。

你會用到你之前列出的行為群集。焦點地圖不超過十分鐘就能畫好。最後會有兩到三項行為浮出檯面，這些就是你的黃

金行為，這時就能先把其他選項放在一邊，專心設計這些行為。

　　黃金行為可以是單次的動作。取消第四台這個動作只需要做一次，就可能讓你少看電視。黃金行為也可以是每天重複的習慣，例如把手機充電地點從床邊改到廚房。

利用焦點地圖設計行為

　　焦點地圖是我最喜歡的行為設計方法，這是我十年前執行史丹佛大學專案時所創立，它不但改變了我的人生，也幫助企業領導人設計出新產品和服務。多年來，我苦心改良焦點勘測法，如今，我相信這是讓你匹配出黃金行為的最佳方法。

　　以下是焦點地圖的樣貌。

　　你最後會把你群集中的每一項行為都置入焦點地圖，不過，我先用馬克的例子做為示範，看他在降低壓力上匹配出哪

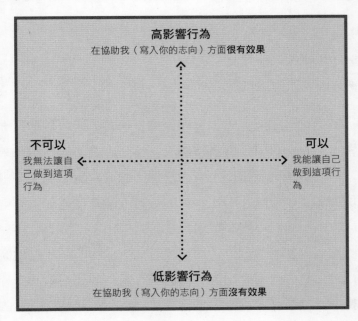

些黃金行為。馬克把他行為群集中的行為分別製作成索引卡，然後一張一張檢視這些行為卡。

第一回合

在繪製焦點地圖的第一回合，馬克只思考行為的影響力——對減輕他的壓力幫助有多大——此時並不考慮每一項行為的可行性或務實性。他每翻出一張行為卡，就問自己：這項行為幫助我減壓的效果怎麼樣？

馬克翻出的第一項行為是每天彈吉他十分鐘。答案很直接——馬克熱愛吉他，只要短暫撥弦就能讓他心情大好。他知道這項行為對他的影響很大，於是他把卡片放在高影響行為頂端附近。下一個翻出的是每天提早十五分鐘下班。這主意一開始看起來不錯，但後來想想，他覺得這可能會有反效果——尤其工作有截止日期的時候。於是他把這張卡片放在低影響行為的底部。

每張卡片都持續同樣的步驟，如果你不確定某個行為的影響是高是低，盡量把它放在適合的地方。過程中視需要可隨時修改。如果馬克錯把提早下班放在高影響區域，沒有關係。最糟的情況不過就是他提早下班幾天後，發現急忙離開反而讓他壓力更大。馬克知道這項活動首重實驗性，而他很喜歡彈吉他的新習慣，所以他不至於會因為提早下班未能減壓而悶悶不樂。

把所有的潛在新行為放在適當的影響程度位置後，就可以用另一項標準來檢視這些行為。

第二回合

本回合的重點是可行性和務實性。你變回真實世界的你，

而不是剛剛那個想像的版本。第二回合你不再上下移動卡片；
而是根據行為的可行性來做橫向移動。

馬克看著他的彈吉他和提早下班行為，問自己：我能讓我
自己做到嗎？

這個問題的措辭很重要，它同時包含動機和能力。一個問
題便能問出我行為模型裡的兩大要素。

人們多半能輕易回答這個可行性問題。當馬克問自己：「我
能讓我每天彈吉他嗎？」答案很明顯：可以。可是，當他問自
己：「我能讓我每天提早下班嗎？」他做了個鬼臉、開始在腦
中和自己爭論。這是他無法讓自己做到這件事的徵兆。

很多行為的可行性問題都很容易回答，但有些時候，若能
知道是什麼讓我們猶豫不決，則能幫助我們回答。

你可以問自己：「我想要做這項行為嗎？」

換句話說，就是動機。

你無法讓自己去做你不想做的事情，至少不會確實執行下
去。你也許會做個一、兩次，但不大可能變成習慣。若匹配出
來的行為是我們本來就想做的、而不是我們認為我們應該做
的，之後就不需要過分講究動機手法或技巧。我們拔除了動機
猴子的角色。

假設你想養成每天吃冰淇淋的習慣。沒問題，對不對？怎
麼會有問題呢？在一天冗長的工作後，你不需要敦促自己，就
會抱著巧克力碎片冰淇淋大吃特吃。如果你把這項行為標在焦
點地圖上，你會想：「當然，我一定做得到。」然後就把卡片放
在地圖的最右邊。

你把卡片放在最右邊時，別忘了，沒有人會評判你。想像

你自己做著這件事，你會不會覺得有點害怕？或者你對於做這件事備感興奮？這兩種感受之間還有很大的空間，但此處的重點在於「想要」和「應該」的差別。

行為設計認清以下事實：持久改變的關鍵在於為自己匹配出你想做的行為。舉例來說，如果你希冀每天運動，你會找到很多選擇做法。如果每天做早餐時、邊聽碧昂絲邊跳舞五分鐘是你想做的運動，就養成每天跳舞的習慣。不要再妄想去健身房使用踏步機。

行為設計與其他做法最大的不同、在於我的方法讓你鎖定你已經有動機去做的習慣。你不用隨便找個習慣、之後還要強化動機。在行為設計裡，動機已經深植於新習慣當中。其他做法會讓你辛苦地想要維持你覺得你應該做的習慣，而且效果也不怎麼好。

若想讓改變持久，則為人們匹配出他們想做的行為很重要，因此這項概念在我的行為設計中擁有特殊地位。

福格準則 1：幫助人們去做他們早就想做的事

許多接受我行為設計訓練的專業人士認為這句話改變了遊戲規則，當你幫助自己去做你已經想做的事，它也會改變你的遊戲規則。我設計了焦點地圖法來確實執行這句準則。

但還不僅如此，第二回合的問題──我能讓我自己做到這項行為嗎？──也牽涉到能力。

也許你有動機每天早上吃新鮮的水蜜桃，但如果你住在緬因州、冬天買不到水蜜桃，則每天吃水蜜桃這件事就無法持續發生。你沒有能力持續做這項行為，而這張卡片就會被放在地

圖的左邊。

　　將每張卡片放置在地圖上時，不妨想像自己每天在做這項行為。假設你的志向是多吃水果，而你想出的行為是把藍莓放在麥片裡一起吃。不要想像夢想中的你每天早起煮麥片，而要想像真實的你賴床 20 分鐘、然後匆匆出門。每天吃麥片加藍莓可能不切實際。不如放顆蘋果在皮包裡怎麼樣？

　　焦點地圖的目的在於為自己匹配出你想要做、又能達到志向的簡單行為。從最簡單、最有動機的事情開始做起，你便能自然而然攀升到更強大的行為——也許最後終於能每天吃麥片加藍莓。

　　在行為設計裡，我們為自己匹配出的新習慣，是即使我們在最匆忙、沒動力又常態不完美的情況下也能做的行為。如果你能想像自己在最辛苦的時候也能做這項行為，則它可能和你非常相配，可能是黃金行為。

輕易找出黃金行為

　　我剛開始研究與實驗行為匹配時，買了一大堆索引卡。幾經練習後，我學會快速變出行為群集。我計時 5 分鐘，看我能不能在卡片上寫出 25 項行為。（比你想的還要簡單。）然後我把這些行為卡分類，一一擺放在我攤在廚房枱面上的焦點地圖。這就像拼圖一樣。我的行為設計流程往往從某件抽象的事開始，可能是某個志向或結果。20 分鐘以後，我進行完行為設計的所有步驟，就會找到馬上能實際執行的具體行為。20 分鐘，就完成了。

　　我依舊常常進行這個流程，很快、又很有用。

　　讓我帶你做一遍我覺得很有效的初期焦點地圖。我以前在史丹佛大學負責規劃大型研討會時，壓力大到睡不著。我失去

了往常的樂觀心態,非常擔心研討會變成一場大災難。

但我覺得多睡點覺能幫助我變得樂觀、並完成更多事情。有了這個志向以後,我來到廚房料理台前,拿出我最喜愛的黑色簽字筆和一疊索引卡,開始揮舞魔法棒寫下能幫助我睡得更好的行為。

+ 晚上 7 點後把手機設成飛航模式。
+ 提早一小時吃晚餐。
+ 每晚打開我的白噪音機。
+ 加裝遮光百葉窗。
+ 購買更高級的床組。
+ 每晚固定做 15 分鐘的放鬆活動。
+ 睡前列出所有讓我焦慮的事情。
+ 晚上讓米莉待在牠的箱子裡。

以上只不過是我想出的所有行為中的四分之一左右,但你應該有概念了。

把這些可能行為一一寫在索引卡後,我開始依照它們的影響程度放在焦點地圖上不同的位置。我知道會有極大影響的行為包括把手機設成飛航模式、晚上打開白噪音機,以及加裝遮光百葉窗,所以我們它們放在高影響的那一端。我還知道讓米莉晚上待在箱子裡絕對有用,因為她年紀越大、晚上越不睡覺。早點吃晚餐表示我可以早點上床,不過我不確定我是否能早點睡著,所以我把這項行為放在影響縱軸的中間位置。列出所有讓我的焦慮事情看起來可能有效,但我無法確定。

接著進入第二回合,自問能否讓我自己做到每一項行為。

　　我馬上就知道提早吃晚餐很難做到，所以我把它移到最左邊。但加裝遮光百葉窗是很容易的單次動作（因為我可以請人來做），我把它移到最右邊。白噪音機也是一樣——每晚把它打開再簡單不過。把手機轉成飛航模式需要經過諸多步驟（打開手機、往上滑等等，）所以我把卡片內容改寫成：「把手機關靜音。」這比較簡單。然後這張卡片被移到最右邊，跟每晚讓米莉待在牠的箱子裡放一起。

　　完成的焦點地圖上、各項行為分佈在不同位置，如下圖。

　　整個焦點地圖繪製流程只需要幾分鐘的時間，而我一下子便找到我的黃金行為了：包括一項單次行為（加裝遮光百葉窗）和三項我能轉成習慣的行為（把手機關靜音、打開白噪音機，以及把米莉趕回箱子裡）。

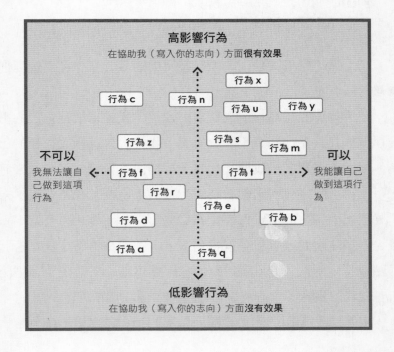

　　焦點地圖法的最後一步是選出你要設計規劃的行為。要包括什麼、要排除什麼？你多半會從地圖的右上方選出幾項行為、為這些黃金行為設計規劃，然後就忘了其他。

　　當我看到我右上方的黃金行為時，讓我吃驚的不是整個過程有多快速，而是它讓人覺得很踏實。我煩惱該如何睡得更好已經好幾個禮拜，而這個問題似乎複雜無解。現今世界裡，睡覺有時很困難。但我從志向開始往務實面移動後，突然找到了我能做到的具體又容易的行為。它們雖不是什麼有創意或新發明的點子，但卻是屬於我的行為。我知道我可以做到——現實生活中的我，B‧J‧福格。看著我的黃金行為，我有一種熟悉感。我心想：「當然，我做得到，」還有「我之前怎麼沒想到呢？」

　　我不是唯一對匹配過程有這種反應的人。每次我陪學生和

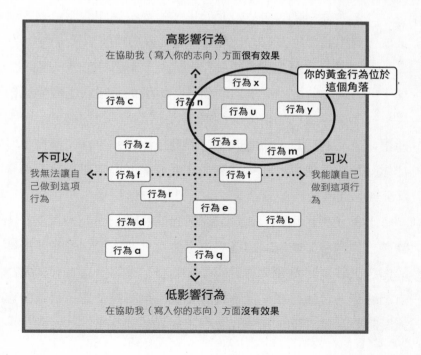

客戶做焦點地圖，都會有許多頓悟的時刻。

完成單次行為、並養成新睡眠習慣後，才一個多禮拜的時候，我就看到我的睡眠品質出現長足改善。在此之前，我太擔心研討會的事情，晚上常常輾轉難眠。我討厭上床睡覺──感覺像是要赴戰場一樣。但我做出了改變，睡得更多更好，重拾我的樂觀心態，完成了數不清的任務、辦出成功的研討會。這一切都要感謝我的焦點地圖──行為設計流程。

（近況更新：我晚上不再把米莉趕到箱子裡。你能想像把牠關在箱子裡讓我多有罪惡感嗎？我不喜歡這種感覺，所以我中止了這項習慣。這麼做是對的：只要新習慣的效果不如預期，你可以隨時修改。）

多數人將所有習慣在焦點地圖上分門別類後，就會找到黃金行為、並感到樂觀與活力充沛。你想要做的和你能做到的匯集成你很可能即將去做的，這是最能培養出習慣的沃土。

我教導小習慣法時，要人們把他們的新習慣想成一顆顆小種子。若在對的地點撒下對的種子，不用細心呵護也能開花結果。從你做得到也想要做的行為開始，這就是對的種子。挑選能讓你成功的行為、能讓你在執行過程中提升信心和優勢，增加你行為越做越大的自然動機。但這全都從小習慣、誠實和具體開始做起。

志向可以不切實際、通往志向的行為可不行。行為得務實、具體，讓你手抓緊、腳踩穩地攀岩而上。通往頂點的途徑是屬於你自己的，得視你爬的是什麼樣的岩石來選擇適當行為。為自己匹配適合的行為是行為設計流程最重要的步驟，也是排除障礙時要回頭檢視的重點所在。

複習：弄清楚你的志向或結果、發想出一大堆行為選項、然後為自己匹配出具體的黃金行為，這就是在生活中實踐行為設計的方式，也能為自己找出最適合進行小習慣法的切入點。

行為設計步驟

☁️ **步驟 1：**釐清志向

◎ **步驟 2：**探索行為選項

☀️ **步驟 3：**為自己匹配出具體行為

你可以把行為設計用在工作上、來規劃健身計畫、招募人才或創造生產力習慣。我與你分享的這些方法最實際、強大又可靠，能讓你在工作專案上大放異彩。這些概念應用範圍多元：提升會議效率的小習慣法、職業婦女的小習慣法、有效團隊合作的小習慣法等等，不勝枚舉。

行為設計的下一步是讓事情盡可能簡單。我所指的簡單可能會讓你吃驚。大家都聽過蹣跚學步這個成語，但我多年前就發現沒有人想到在行為改變的領域中善用這個做法。於是我身先士卒，因而創造突破性的進展。下一章我會幫助你了解小習慣的真正意義，以及如何實現你的黃金行為，一切就從刻意地、有目的地縮小到不能再小的層面做起。

行為設計的小練習

第一項練習我先幫你定好志向：睡得更好。第二項練習你得用你自己想出的志向。

練習一：行為匹配捷徑

步驟 1：在紙上畫個雲朵圖形。

步驟 2：在圖形中寫下「睡得更好」。

步驟 3：想出十個以上能讓你做到睡得更好這個志向的行為。把這些行為一一填入雲朵周圍的方格裡，畫箭頭指向雲朵。這就完成了你的行為群集。

步驟 4：選出四到五項你認為非常能夠幫助你達成志向的行為，並分別畫上星號。

步驟 5：圈出你能輕易讓自己做到的有效行為。

步驟 6：找出同時畫上星號、又被圈起來的行為。這些就是你的黃金行為。

步驟 7：設計出能在日常生活中實行黃金行為的方法。這個步驟你先盡量試試看，我還沒說明如何有系統地設計出解決方案，現在先憑直覺進行。

練習二：利用焦點地圖找出黃金行為

這一次請找個你自己的志向來練習，利用焦點地圖（而不是星號和圈圈）為自己匹配出黃金行為。

步驟 1：在紙上畫個雲朵圖形。

步驟 2：在圖形中寫下你的志向。（如果想不出來，就寫「減輕我的壓力。」）

步驟 3：想出十個以上能讓你做到這個志向的行為。把這些行為一一填入雲朵周圍的方格裡，畫箭頭指向雲朵。

步驟 4：把這十多個行為分別寫在卡片或小紙片上。這是焦點地圖法的第一步。

步驟 5：依影響程度將這些卡片放在地圖的縱座標上，先不要考慮可行性，只專注於這些行為可能產生的影響。（請參考本書前幾頁的焦點地圖範例。）

步驟 6：根據可行性高低將這些卡片左右移動。務求實際。你是否真能讓你自己去做這些行為？

步驟 7：看向地圖的右上角，這些是你的黃金行為。（如果右上角什麼都沒有，請回到步驟 3。）

步驟 8：先憑直覺設計出能在日常生活中實行黃金行為的方法。我稍後會告訴你如何用有系統的方式來進行。

第 3 章

要素 2 有能力

使行為簡單到隨時順便都能做

Yahoo! 和 Google 有何不同？ Blogger 和 Twitter 呢？為什麼某項創新退潮、就會有另一項取而代之？因為才能？願景？金錢？運氣嗎？這些原因都是、而且還有更多。但最大的原因也許多數人都沒有發現。

簡單。

麥克‧克瑞格（Mike Krieger）和凱文‧斯特羅姆（Kevin Systrom）在 2009 年開始討論要創造新的應用程式，他們先檢視前一年的失敗成品──一個叫做 Burbn 的地點分享 app。他們做了徹底的數位體檢，不僅分析哪裡出錯、還分析哪裡做對。他們在失敗分析中發現了價值數百萬元的種子：照片分享。

雖然很少有人喜歡 Burbn 的打卡功能（該 app 把你的即時所在地點與你朋友分享），但照片分享的功能卻很受歡迎。兩個合夥人決定要發明一種 app，讓人們善用隨手可塞在口袋的 iPhone 的照相機。照片分享就是斯特羅姆和克瑞格的黃金行為──他們的潛在顧客已經想要做這件事了。與人分享照片很有趣，而且人人都喜歡正面評價。這兩個人另一項重要的黃金行為是讓人們使用濾鏡來美化食物、日落和小狗的照片。使用者能因此對分享的照片感到滿意，更進一步鼓勵他們常常拍照分享。請注意，克瑞格和斯特羅姆選擇了人們已經想要做的事情，動機這項因素已經搞定。以行為模型來看，他們的條件已經很好，光是這一點就足以成功。但他們接下來做的事情、讓他們直接登入矽谷半人神寶殿──讓他們的黃金行為很容易做到。

克瑞格剛從我哈佛班上畢業，他知道人類行為如何運作，以及要讓人們做某事就得把它變得簡單。這也是之前 Burbn 所欠缺的，有太多人們不需要、或研究不出如何使用的功能。這

項體悟讓克瑞格和斯特羅姆更想讓這個新照片分享 app 保持簡單，他們也做到了。

Instagram 在 2010 年推出，使用者只要點擊三次就能發表一張照片。App 商店的原始描述是這樣寫的：IG「易如反掌」，和他們早期的競爭對手相比，這個特色非常明顯。人們喜愛照片、也愛與人分享，克瑞格和斯特羅姆並非第一個懂得這道理的人。當時他們最大的競爭者包括 Flickr、臉書（Facebook）以及 Hipstamatic 相機，三者都提供使用者很棒的全功能經驗，而且臉書和 Flickr 還有資金與基礎建設上的優勢。反觀 IG，則是幾個男人在咖啡店一起創造出的免費 app，你能做的只有照相、用濾鏡、然後上傳分享。這種簡單性當時並非（至今仍然不是）業界標準。僅管 IG 的競爭者都提供人們想要的功能，但卻沒能破解照片分享的精髓。IG 推出後不到 18 個月，臉書就以 10 億美元把它買下。（當時這家社群網站巨擘廣被嘲笑當了冤大頭，如今 IG 的預估價值已超過 1000 億美元。）

為什麼 IG 的簡單策略會如此成功呢？為什麼其他 app 開發者不紛紛效尤呢？這成功的道理不是很明顯嗎？

其實不然。

多數經營者以為他們必須幹大事、否則乾脆放棄。他們認為一定要走極端才能趕走壞習慣和沮喪、或賺大錢。突然戒斷、賣掉房子搬到海邊、籌碼全押、孤注一擲。那些採取極端手段而且成功的人都被視為名人。若你曾看過電視上介紹某個奧運選手從三歲開始每天鍛鍊 12 小時、或成功商人賣掉公司房產搬去義大利找到真正的快樂，你就會懂我的意思。採取大膽行動沒什麼不對，人生和快樂偶爾都必須祭出險招。但要記

得，你聽聞別人做出巨大改變是因為這是例外、而非法則。戲劇性發展來自於大膽行動，而非循序漸進到持續的成功。因此，不會有攝影人員跟拍我每次上完廁所做兩下伏地挺身。（好啦，也許那不是唯一的原因。）我的意思是，大膽行為並不如我們以為的那麼有用。

小也許沒那麼吸引人，但卻成功持久。人們想做出的人生改變中，大膽行為多半比不上小而隱密的行為來得有效。若在每一件事情上都抱著不做大事就乾脆放棄的心態，必定招致自我批評和失望。我們已經知道動機猴子很喜歡幫我們做大事，然後遇到困難時就離棄我們。做大事有時很痛苦，我們往往敦促自己超越生理、心理或精神極限。我們也許能夠全力以赴一陣子，但痛苦的事情人類撐不了多久。你應該能想像，這不是創造成功習慣的好方法。

儘管如此，不搞大就放棄還是許多人追求改變所秉持的心態。多數人因此不知道如何從小習慣來思考。設計簡單行為並非人人具備的技巧，把事情分解成步驟後，往往還是太大或太複雜。結果是，人們無所適從，在潮來潮往的動機中不知如何調整方向，孤立無援。

莎瑞卡是班加羅爾市一家《財富》（Fortune）雜誌五百大企業的專案經理，多年來一直受動機循環所累。她開始執行小習慣之前，一直想養成親手烹飪和運動的習慣，好讓自己保持健康。她有躁鬱症，情緒和精力不是亢奮、就是低迷。莎瑞卡過去靠藥物來控制她的情況，但她受不了副作用。醫生告訴她可以透過靜坐、運動和其他療法來治療她的症狀，但這些做法最重要的就是要持續固定慣例。慣例能幫助她及早看出症狀的

嚴重性，在她的生活受到負面影響之前就採取行動。莎瑞卡無法辨別出自己是否處於亢奮或憂鬱，所以日常習慣是她評估感覺的絕佳方式。如果她開始每天早上固定幫走廊上的發財樹澆水，她就會知道完成這項行為是什麼感覺。狀況好的時候她不假思索就能完成這件事，但如果她很想刻意忽略把她放在走廊當作提示的澆花器拿去裝水，她就會知道有狀況發生，她應該更密切注意她對於完成其他習慣的感受。

只有一個問題，無論莎瑞卡多麼努力，都無法確實維持慣例。

在她發現小習慣法之前，生活中唯一建立起的慣例就只有去上班——即使如此，她也無法在固定時間去上班。早餐總是買餐車的食物，而午餐，如果有吃的話，也都是外賣。她總是等到廚房積滿碗盤、才會像旋轉陀螺一樣清理一個小時。莎瑞卡喜歡靜坐，但往往好幾個禮拜難得靜坐一次。沒有靜坐和其他習慣做為穩定後盾，她常常感到失控。她在家常發脾氣、工作時又垂頭喪氣。當醫生要她養成習慣時，她覺得這項任務簡直就像是造火箭登上火星一樣困難。

莎瑞卡陷入「高昂和低迷」的循環。她生活中最大的問題出在物理治療。幾個月以來，莎瑞卡只有偶爾會做醫生建議的30分鐘鍛鍊運動，她受傷的膝蓋一直不見好轉。她需要運動，但她就是沒辦法拿出彈力帶來運動。膝蓋痛到不能忍的時候，運動的動機到達最高點——爆發——只有在這個時候她才會去做她一直沒做的事情。但由於她沒有固定運動，偶爾運動時膝蓋比平常更痛，此時她就會掉入循環中的「低迷」部分、之後好幾天都不再運動。她在其他想要培養的習慣上也都重複這樣的循環。

　　莎瑞卡的經歷很常見，無論是戒斷汽水、在日出前起床、或每天開發新客戶，多數人都陷在讓他們緊張和喪氣的高昂和低迷循環。莎瑞卡也一樣，每天情緒變化很大——有時她覺得還行、有時又因為沒能建立健康習慣而覺得糟糕。她的自信幾乎是零，她很擔心自己無法做出永久的改變。

　　最後，莎瑞卡終於找到了一個不用覺得自己需要懂天體物理學就能設計習慣的簡單方法。她開始使用小習慣法來建立日常慣例，小處著手、穩定進行。她刻意在客廳地板放個枕頭、坐在上面深呼吸三次，而不再力求每天靜坐 20 分鐘。她把目標設定為早上一進廚房就打開瓦斯爐，而不是做出一桌早餐。她開始在瑜伽墊上做 30 秒的伸展運動，而非必做 30 分鐘的物理治療運動。莎瑞卡從小事獲得了技巧和信心，固定進行這些小行為，直到深根蒂固成為習慣為止。然後它們逐漸擴大規模。她終於紮實地養成她追求多年的日常生活慣例，如今她每天自己做飯、清理廚房、運動、靜坐和澆花，健康也跟著大幅改善。莎瑞卡告訴我，她感到前所未有的活力。

　　莎瑞卡表示，最重要的部分不光是她樹立了健康習慣和症狀管理，還從中獲得自信心。現在她知道有志者事竟成——只要她從小處做起。

　　雖然莎瑞卡有時因為身體不適而無法做到日常習慣，但她不再陷入自責螺旋。最近她爬樓梯時扭傷腳踝、臥床了幾天。她居住的大樓沒有電梯，她告訴我，要是在過去，她一定會哭著抱怨：「為什麼這種事總是發生在我身上？」但這一次她平靜地接受了腳痛、完全沒有自怨自艾。她一天一天安然度過，深知扭傷一好、她就能立刻重拾她的健康慣例。她之所以能樂

觀以對，是因為小規模的行為暫停後很容易再度開始。沒有險峻高山要攀登，只有平坦小坡。不費吹灰之力。這讓一切大不相同——不光是莎瑞卡的能力、還有她每天的感受。動機高漲的時候，她爬上她那小小的習慣山丘，發現自己擁有足夠的心理和情緒空間來實驗各種做法、了解生活中還能加入其他哪些好事，小規模又可行的事情。如果她想展開某個新習慣，她的心情是興奮與好奇、而不再是無所適從。這種心態的轉變能夠影響她一輩子。

莎瑞卡與 IG 的兩位創辦人都克服了基本改變迷思而獲得成功，是因為他們掌握了驅動行為最可靠的方式——微調能力刻度、把事情變簡單。雖然本書的重點是習慣，但讓事情變簡單能幫你做到幾乎任何行為。我會詳細說明如何處理之前還沒機會解釋的單次行動、並提供更多工具協助你設計出你想要的生活。有了行為設計，你便具備龐大潛力。無論你想要做出的改變是大或小，都一律從小處著手。

行為設計步驟

- 步驟 1：釐清志向
- 步驟 2：探索行為選項
- 步驟 3：為自己匹配出具體行為
- 步驟 4：從小習慣開始

使用能力來創造習慣

要讓某個行為做起來簡單——往往是指從小處著手——原因是，如此一來，動機猴子的不可預測性不會搞砸我們未來的

成功。做出某個行為必須同時擁有足夠的動機和能力，才能讓你在行為模型中處於行動線以上。我們已經確定動機靠不住，還好，能力不會如此。了解我們的能力在行為模型中的位置，就大概能知道行為成為習慣的機會大不大。假設你想要每天做20個伏地挺身，以下是這項行為在行為模型上的位置。

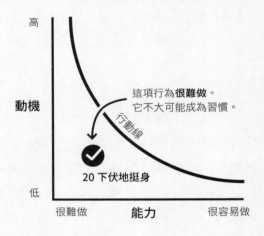

在一整天的多數時刻，你去做20下伏地挺身的動機可能都處於低水準、也就是在縱軸靠下面的位置。而這項行為在橫軸上極靠左邊，因為對你來說很難做到。兩項要素在橫軸與縱軸的位置使得這項行為低於行動線，這告訴我們對於多數人來說，一次做20下伏地挺身不大可能成為習慣。因為你的能力極低，可能只有在動機高漲之下才偶一為之。

如果你的新習慣是站著扶牆挺身兩次，則圖形如下：

若看縱軸的動機位置，則和20下伏地挺身差不多。但重要的差別在這裡：兩下扶牆挺身讓你移到了橫軸的最右邊。請注意，如果你讓某個行為變得簡單，就算動機依然很低，還是可以把它拉到行動線以上。這就是小行為法的優點之一：把行

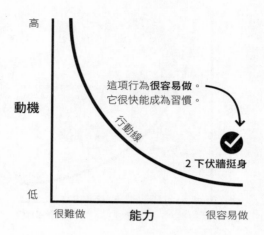

為分解變小,不需要有動機也能做到。兩下扶牆挺身太容易做到了,把它變成習慣的機率很大。

設計新習慣時,其實設計的是持續性。為此,你會發現簡單是關鍵所在。或者就像我告訴我學生的話:簡單改變行為。

如果你想要持續某個習慣,就得調整 B=MAP 公式裡最可靠的變數——能力(A)。這是我們讓情勢對自己有利最能著墨之處。如果某個行為很困難,就把它變得容易做。你會看到,你新習慣的動機一直在變,但你的能力會越做越強。而能力增加幫助你讓習慣扎根。

下頁行為模型顯示你連續幾個禮拜、每天做兩下伏牆挺身的情況。

你每天做這項行為,累積肌肉力量、彈性和技巧,該行為因此變得越來越容易做,在行為模型橫軸上也離右邊越來越遠。(如果你覺得成功,你的動機也會提高。下一章會再詳細討論。)

不管動機、專心調整能力來設計習慣後,你會驚訝地發現

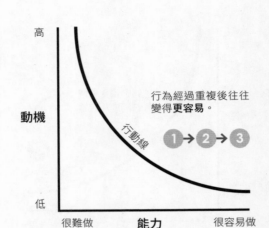

習慣迅速生根成長。早在小習慣這個名稱還沒出現、還在自我實驗階段的時候，我就已經發現這一點。當時我已經搞懂行為模型，也知道 B=MAP 中能力因素是讓行為長久持續發生的關鍵，但我只把這道理用於我在史丹佛大學的學術研究裡，協助專業人士設計新產品和服務，尚未轉移到個人改變的領域。

直到有一天。我在牙醫診所被醫師好意責備（不止一次了）沒用牙線清潔牙齒。

很丟臉，對不對？我本身是行為科學家，卻不能讓自己每天用牙線。有時候我有動機去做（例如看完牙醫回家），但多半時候我不大在意。動機猴子一直佔上風。但我很確定如果我能專注於我行為模型裡的能力因素，就能每天使用牙線。等待口腔衛生師去招喚牙醫來幫我做最後檢查時，我問自己：「我如何讓用牙線這件事更容易？」我想出一個答案，不過我不敢告訴我的口腔衛生師。她一定會嚇壞了。我決定只用牙線清潔一顆牙。沒開玩笑。我早上刷完牙後，就用牙線清潔一顆牙。

就這樣。先不管這看起來有多好笑，它奏效了。為了保持

> **我的小習慣法配方**
>
> 我…　　　　　之後，我會…　　　　　要讓習慣深植於
> 　　　　　　　　　　　　　　　　　　大腦，我得馬上：
>
> <u>刷完牙</u>　　　<u>用牙線清一顆牙齒。</u>
>
>

簡單，頭幾天我真的只用牙線清潔一顆牙齒。但我也訂了規矩：雖然我只需要清一顆牙，但只要多清一顆、就能加分。大約兩個禮拜後，我每天用牙線清潔全口牙齒兩次，直至今日。

　　釐清行動計畫後，固定使用牙線就很簡單。不過，事情順利進行的背後其實有巧妙的複雜性。我的問題得以解決是因為我把用牙線潔牙這件事變得超級容易，但首先我必須先了解是什麼讓事情很難做。所以，你每次都要從這個問題開始著手：「是什麼讓這項行為很難做？」

　　我從研究和多年經驗中發現，以上問題的答案至少和以下五項因子之一相關。我把它們稱為能力因子，分別如下：

+ 你有沒有足夠的時間來做這項行為？
+ 你有沒有足夠的金錢來做這項行為？
+ 你有沒有足夠的體力做這項行為？
+ 這項行為是否需要許多創意或腦力？
+ 這項行為能否融入你目前的慣例、或需要你做出調整？

你的能力鏈強度等同於最弱的能力環節。

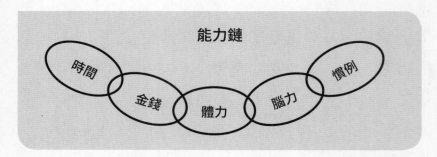

「是什麼讓這項行為很難做？」我把它稱為發現問題。透過這個問題，我們能鎖定最棘手的因素。要知道，我說「很難做」，並不光指非常困難，任何程度的困難度都包括在內。

從以下範例中你就會懂我的意思。

來看看七分鐘健身運動的習慣，多數人會說這聽起來很容易。真的是這樣嗎？讓我們使用能力鏈加以剖析。時間可能是最強的環節；每天撥出七分鐘多數人都能做到，至少和每天運動半小時相比簡單多了。體力呢？哈，我們來看看。對有些人來說，七分鐘的健身運動似乎很簡單，不過，這類健身 app 多半要你挑戰極限，這並不容易。所以對那些遵照指令的人來說，體力環節恐怕是最弱的。光是這一點就足以讓你的七分鐘運動習慣前功盡棄。

讓我回到我用牙線潔牙的小行為上。

使用牙線只需幾秒鐘（時間）。幾乎不花一毛錢（金錢）。我已經知道怎麼做（腦力）。它便利地融入我的生活（慣例）。所以這些因子全都是強大環節。但當我思考體力因子時，卻令我意外。

用牙線潔牙在體力上屬於困難的動作。

這聽起來也許奇怪，畢竟使用牙線又不像是挖水溝或舉起

汽車，但對我來說，它的困難度已經足以影響我養成習慣。我在此強調的重點是，使用牙線對我來說很困難，因為我的牙縫非常小，我的口腔衛生師稱這種現象為「緊密排列」，把牙線拉進牙縫很不容易。我得掙扎一番才能做到，而把它拉出來的時候，總覺得牙齒都快被拉掉了，有時牙線還會被扯斷、卡在裡面，我又得再拉出一條新的牙線。我的能力鏈中這個不穩定的小環節弱到讓我好幾個月都不想用牙線。這項行為很困難、而我的動機又不夠，所以我一直無法讓這件小事成為習慣。

我是如何讓使用牙線變得簡單的呢？我尋找市面上適合我牙縫大小的牙線，共購買與試用了 15 款牙線，最後總算找到適合我的完美牙線。

我遇到的人當中，幾乎每個人或多或少都有這種讓他們一直逃避的習慣，你想想看，那些為了健康、生產力和個人衛生應該做、但又沒做到的事情。你為什麼做不到呢？

你可以做到——只要用對方法。

透過發現問題找出你能力鏈中最弱的環節，然後正中要害加以解決。這就是能力鏈這項工具之所以如此有用的原因。它讓你在沒有困惑、惱怒或操煩之下做出你要的行為。我最後終能開始使用牙線，我並沒有抱怨自己缺乏用牙線的動機，而是改用較細的牙線、並從一次只清潔一顆牙開始做起。一旦強化了原本最弱的能力因子，我就能重複這項行為，終於培養出渴望多年的習慣。只要走出第一步，接下來就感覺簡單多了。我已經把手伸進嘴裡了，不是嗎？而且，我越做技巧越好。這種成功的感覺激勵我隔天還想用牙線。

我讓這項行為規模維持超小，因而讓這項習慣在日常慣例

中扎根。道理如下：想像一棵高大但根很細小的樹木，當強風吹來，大樹很可能會應聲倒下，因為它的根基不穩。這就是習慣養成的方式。如果你直接從很難做到的大行為開始，整個設計不穩固，就像淺根的大型植物一樣，當你人生中有暴風來襲，你的大習慣就岌岌可危了。反之，容易做的習慣就像適應性強的豆芽菜一樣、能安然度過暴風暴雨，而且扎根更深、更強壯。

如果你每天回家都窩在沙發上已經一年的時間，就不要直接開始做七分鐘的激烈運動。從小處著手，設計出超級容易做的新健身習慣，先增強你能力鏈中最弱的環節。把扶牆挺身減為一下，一下就好。當你狀況不佳──例如感冒了──在鼻塞等症狀之下，你還是可以做一下扶牆挺身。改做小行為，能夠創造持續性；繼續保持小行為，你就能讓你的新習慣牢固扎根。

接下來，關於我們想要培養的任何行為或習慣，該問第二個重要問題：「我如何讓這項行為容易做？」我稱之為突破問題，它只有三種答案。

讓我們回到 PAC 人物圖形，了解如何讓某個行為變得容易。

　　這三種方法改變 B=MAP 中的能力要素、把你拉到行動線之上，增加你實際去做這項行為的可能性。無論你的志向是什麼，增進技巧、取得工具和資源，以及將行為分解變小，都能讓事情變得容易做到。

　　但一定要記得，設計行為可循各種不同的途徑，有時候需要的是讓新習慣容易做到的對的工具，像是使用細款牙線。有時候則需要把行為的規模縮小成最微小的版本，像是一次只用牙線清潔一顆牙。不妨把讓行為變簡單這件事想成一座水池，而進入水池的方法有三種：從跳板跳下去、從池邊涉水進入、或拉著繩子盪下去，最後都能在同一座水池裡自在游泳。

　　讓我們來一一剖析這三種做法。

讓行為容易做的三種做法

一、增進技巧

　　你對某事擅長，這件事就很容易做。獲得技巧能拉高能力程度。至於如何增進技巧則視行為而定，可能是搜尋網路、請朋友提供祕訣、或者去上課。重複做某項行為也可以增進技巧。我使用牙線的技巧變好，是因為我上網看影片（凡是你想得到的行為，都能找到教學影片）。近藤麻理惠（Marie Kondo）的著作《怦然心動的人生整理魔法》之所以成為全球暢銷書，不是因為該書激勵人們讓家裡保持整潔，而是因為它教會人們如何整理的斷捨離步驟。

　　增進技巧的做法包羅萬象，可以是聘請聲樂老師、參加超市舉辦的刀法課程、或練習你自己設定的運動。當你的動機潮

高漲時，有足夠能量優勢，「增進技巧」這件事進行起來非常自然。他們是讓未來行為更容易做的單次行動，何不趁一開始動機滿滿的時候趕快去做呢？若你剛讀完本章，對於伏地挺身躍躍欲試，則最好趁充滿動機的此刻，趕緊上網參考伏地挺身的正確做法。

你不見得隨時具備增進技巧的精力，沒有關係，還有其他方法也能讓行為變得簡單。

二、取得工具和資源

生菜沒洗、或便當蓋錯蓋子這種小事會影響你是帶沙拉當午餐、還是隨便買個漢堡果腹。如果某個行為讓你有挫折感，它就無法成為習慣。利用正確工具來讓行為變簡單的做法有很多，從買一組更好用的菜刀、到找到更舒服的走路鞋等等。若想讓小行為法做起來更簡單，則本書是絕佳工具。求教於我訓練出來的教練也是很棒的選項。

使用牙線變得簡單，工具對我來說非常重要。我找到了適合的牙線——又細又滑。我還迷上了牙線，曾經趁出差到都柏林時，特地安排參觀牙線工廠。我知道這聽來奇怪（起初丹尼還以為我瘋了），但對我這樣的牙線控來說，參觀牙線工廠一點都不奇怪。

工具和資源能催化改變，我的訓練營前學員莫莉則是另一個範例。莫莉從十歲開始就不斷對抗體重問題，長大後，她最大的習慣障礙是準備三餐。莫莉非常清楚事先準備食物遠遠好過臨時隨便亂吃——販賣機午餐或前一天開會吃的比薩，但她沒辦法持之以恆。只要哪一天沒有帶自己準備的健康午餐去上

班，到了中午她就會陷入令她焦慮的兩難：「要不要去吃午餐？要去哪裡吃呢？這夠不夠健康？」莫莉把這種處境叫做「決策疲勞」——在最沒準備好的時候（又餓又忙）承受做決定的重擔——這不僅製造出不必要的心理混淆、還往往致使她違背她的健康原則而選擇外食。身為忙碌的專業人士，她承受極大的時間壓力、也對烹飪產生矛盾心態。

從 B=MAP 的角度來看，莫莉準備三餐的動機雖然很低，但並非毫不存在——她是真心想要透過吃得好來獲得精力、健康和自信。巧合的是，這時她遇到了救星——而且是很帥的救星。萊恩，後來成為莫莉的老公，是奧運舉重選手，他非常重視營養。他對於準備一週的飲食很有一套，而且一點都不像莫莉那麼掙扎。她觀察並採用了他幾個技巧——利用微波餐盒，並預先煮好大量蕃薯以供血糖低時食用。兩人很快便養成習慣，在週日預先準備好一整個禮拜的食物。莫莉雖然喜歡和她老公一起烹飪，但對於花五個小時待在廚房這件事興趣缺缺。每當週日來臨，她都另有安排以避免在廚房備餐，還告訴自己每天會買份沙拉帶去上班。但她很少做到。於是她中午又開始盯著會議室的剩披薩、知道自己終將把它吃掉、然後懊悔不已。

莫莉參加了我的為期兩天的訓練營後，知道這是行為設計的問題，與個性缺陷和意志力無關。她不再對於自己逃避週日與未來老公在廚房一起煮菜感到自責，而開始策略性地思考該如何更簡單地備餐。她開玩笑地說，既然她老公看起來很享受準備食物這件事，乾脆連她的份一起準備。她說這項提議只讓她自己會心一笑，沒有其他幫助。

有一天莫莉到朋友家，看到她在使用某個沒看過的東西，

那東西有個平板和可調式刀片。她朋友在十秒內把一整根紅蘿蔔切片入碗，完全不用搖晃的切菜板和不鋒利的菜刀。這看在莫莉眼裡簡直是魔術。她問她朋友：「哇！那東西是什麼？」是曼多靈蔬果切片器，這也是莫莉後來購買的多台省時廚房工具的第一台（警告：曼多靈切片器很方便但也很危險──要小心）。有了他未來老工做為資源、再加上便利切片器這類重要工具，莫莉週日備餐的時間從五個小時縮短為兩個半小時。現在，她用切片器切好一個禮拜份量的紅蘿蔔、黃瓜和青椒，放入餐盒，每天帶一盒上班。把時間減半並讓過程更好玩，終於把莫莉拉到備餐的行動線之上。

莫莉重新設計備餐行為已經好幾個月，她和萊恩持續每個禮拜分別準備十個餐盒，做為來週的午餐和晚餐。莫莉擺脫了決策疲勞，平日多出時間可以運動，她的精力和健康都明顯提升。她發現自己跑步時慢慢能夠跟上萊恩的速度，她甚至建議兩人連放假的時候都繼續健康飲食。蜜月的前一晚，莫莉硬是拖著萊恩到超市買了一堆堅果和藍莓、準備在飛機上吃。一年以後，她告訴我她比以前更快樂、體力更好、並且更有生產力。更重要的是，現在她想要做某件事但又缺乏動機時，會問：「我如何讓這件事更簡單？」

不是每個人都應該買蔬果切片器或酷炫的廚房設備才能讓行為變得簡單，但在莫莉的例子中，她試過許多其他方法（買冷凍熟食、每晚準備隔天的便當），但都沒有用。她知道她還沒試過行為設計策略中的工具和資源，於是放手一試。她把備餐的時間減半，事情一下子從太困難越界到簡單。最終，我會說對解決問題保持靈活、實驗性的心態，也許是莫莉最好用的工具。

「容易做」分析

備餐習慣——是什麼讓這項行為很難做？

問題：在莫莉的能力鏈當中，最弱的環節是時間（五個小時太久了）和體力（使用差勁的工具切菜很費力）。

備餐習慣——我如何讓這項行為容易做？

解決辦法：莫莉利用工具幫助她改善阻礙她行動能力的時間和體力因素。她還仰仗萊恩為資源、指導她準備一週的餐點。

三、將行為分解變小

把行為動作變小之所以是小習慣法的基石是有原因的——這是讓事情做起來簡單的可靠方式，無論你的動機是強是弱，小往往是最適合著手的地方。我們已經看了許多讓事情變小的範例，它們可歸為兩類：入門步驟和縮小範圍。

入門步驟

字面解釋一切：朝想要的行為邁出一小步。如果你想養成每天走五公里的習慣，你的入門步驟可以是穿上健走鞋。這個入門步驟成為你的小行為，也是你在展開新習慣時唯一需要做的行動。這麼做的目的是朝想要做的行為邁出重要的一步。告訴自己：「我不用真的去走路。我只要確保每天穿上健走鞋就可以了。」

穿上健走鞋能改變你的知覺。突然間健走變得不那麼困難了。穿上鞋子以後，你多半會走出家門，在巷子裡繞一圈，這是入門步驟能變成更大習慣的途徑之一。不過，小習慣的心態有個重點：不要貿然提高標準。不要急著把行為變大。如果你

只想穿上鞋、不想出去走路,一點都沒有關係。標準放低,你就能讓習慣繼續。無論動機高低,你都能確保你一定做得到。

　　莎瑞卡最大的成就就是自己做早餐。這原是讓她長久感覺無法克服、徹底失敗的一件事。每天做早餐大有人在,為什麼她會覺得如此困難呢?莎瑞卡上完小習慣課程以後,下定決心要來試試各種習慣、看看她能否設計出解決這個問題的做法。於是莎瑞卡決定每天早上起床後所做的第一件事,就是打開瓦斯爐。這是她的新習慣。哦,小事一樁。這是做早餐的入門步驟,而且頭幾天她也只做這件事。她會讓瓦斯爐開著幾秒鐘,然後把它關掉。然後,她看到鍋子就在旁邊,心想:「何不來煮麥片粥呢?」看到水都滾了,不把麥片放進去似乎很愚蠢,就這樣,她開始自己做早餐,而且驚覺這比她腦中想像的要簡單多了。但如果她哪天很匆忙、或有別的事讓她分心,她只要打開瓦斯爐、然後再關上瓦斯爐就好,因為入門步驟需要成為生活慣例中必做的行為。

　　入門步驟是一種心理上的拳術——它對這種小動作有令人意外的影響,因為它創造出的動能往往能在阻力最小的情況下、敦促你進入接下來的步驟。關鍵在於不要提高標準。做到入門步驟就是一大成功。你每次做它,就能讓習慣維持下去、並強化發展出固定習慣的可能性。

　　莎瑞卡驚見她打開瓦斯爐的習慣迅速結出各種習慣果實,發展成完整的早餐習慣。她被成功所激勵,索性拉媽媽一起來幫忙,提升烹飪技巧。不到幾個月的時間,她自製的早餐已經從簡單的麥片粥、進階到小米脆餅佐酸辣醬。

「容易做」分析

發現問題

早餐習慣──是什麼讓這項行為很難做？

問題：在莎瑞卡的能力鏈中，最弱的環節是腦力。她對於要煮什麼毫無規劃、再加上流理台的髒碗盤堆積如山，要煮出一餐難上加難，讓她覺得烹飪這件事太複雜、難以應付。

突破問題

早餐習慣──我如何讓這項行為容易做？

解決辦法：莎瑞卡利用入門步驟、把原本龐大複雜的過程分解為具體步驟，讓事情變得容易。打開瓦斯爐很容易，而這簡單的行為卻帶給她成功感，讓她持續養成習慣。

縮小規模

現在來談談將行為分解變小的第二種方法：縮小規模。

做法是縮小你想要做的行為，如此一來，你的小行為將會是你想要做的行為的縮小版。以我使用牙線的習慣為例：我想要用牙線清潔我所有的牙齒，但我從清潔一顆牙齒做起。我把規模縮小。

如果你想做的行為是每天走三公里，則可以把它縮小成走到信箱，不要再多。就像入門步驟一樣，縮小版就是你的小習慣──是你的基線行為，是你為培養出完整走路習慣前、每天唯一要做的事情。

「容易做」分析

發現問題

使用牙線習慣──是什麼讓這項行為很難做？

問題：在我的能力鏈中，最弱的環節是體力。我之前用的粗牙線很難拉進牙縫裡，我總是掙扎著把牙線拉進我密合的牙齒之間、既費力又充滿挫折感。

突破問題

使用牙線習慣——我如何讓這項行為容易做？

解決辦法：我購買對的工具讓牙線更容易使用——我找到能輕易滑入我牙縫的牙線品牌，使用起來不費吹灰之力。但重點是：我把這項行為的規模縮小為只清潔一顆牙齒。要是沒有縮小規模，我不會養成使用牙線的習慣。我需要從小習慣開始。

設計屬於自己的小習慣

回到你在第 2 章得到的黃金行為，看看能否讓它們變小。找個入門步驟或縮小規模，二選一。

請看以下幾個例子。

將習慣變小	入門步驟	縮小規模
每天閱讀	翻開書	讀一個段落
多喝水	把水壺放在皮包裡	喝一口水
靜坐十分鐘	把靜坐坐墊從櫃子裡拿出來	靜坐三個呼吸
每餐飯後清理廚房	打開洗碗機的門	每餐飯後擦桌子
每天吃維他命	把維他命放在小碗	吃一顆維他命
把藍莓當零食	帶藍莓上班	吃兩、三顆藍莓
上網付帳單	造訪一個帳單支付網站	繳清一張帳單

我該從哪裡開始？技巧、工具還是小習慣？

行為設計系統管道很多，沒有單一正確答案。不過，我可以指導你自己做出決定。不用三管齊下也可以讓事情變簡單，但這三種方法是成功的絕佳選項，能確保你的行為盡量簡單。

若想決定出你的最佳起點，可以參考你的動機程度。取得技巧和工具往往只需要做一次就可以，最適合動機很高的時候。當我們動機高漲，能夠做較困難的事情；但動機低迷的時候，就需要用小行為來彌補。估量行為動機有助於決定培養習慣的下一步，這就像檢查你車子的胎壓一樣，需要打氣、還是可以直接上路？

我是個熱愛系統的人，因此我創造了流程圖來教你如何把任何行為變得容易做。流程圖詳見本書附錄，容我先在此舉例說明，幫助你了解它的實際運作情形。

假設你想養成每天做 20 下伏地挺身的習慣，以下透過問題的引導，列出讓該行為容易做的步驟。

分析階段

提問發現問題：是什麼讓這項行為很難做？
能力鏈能提供答案。本例中，最有可能是體力，這是你需要解決的環節。

設計階段

提問突破問題：我如何讓這項行為容易做？
已知能力是最弱的環節，問問自己哪一種讓行為變容易的方法最適合你。在設計階段，我們考量 PAC 模型的三大部分。

提升我伏地挺身的技巧能讓它變容易嗎？

並非全面性的解決辦法，但如果你有動機，這也許是個好主意。

取得對的工具或資源能幫助我讓它變容易嗎？

不見得。有不少影片教你做伏地挺身的正確方式，但並無法讓這項運動變容易，健身教練又不能幫你做伏地挺身。

我能把 20 下伏地挺身規模縮小、讓這個新習慣容易做到嗎？

可以的，做 20 下伏地挺身需要不少體力，所以，最佳選擇是讓這個習慣變小。方法很多，把次數砍成一下、膝蓋跪地做幾下伏地挺身、或者改做扶牆挺身。

無論你想要養成什麼樣的新習慣，以上三個問題和做法都能引導你設計出容易做到的新習慣。只要多加練習，對於整個流程就會熟能生巧。

讓行為容易做──設計流程

你有動力學習某個新技巧嗎？

有？太棒了──去做吧！回答下一個問題。

沒有？下一個問題。

你有足夠動力去尋找工具或資源嗎？

有？太好了，付諸行動吧！回答下一個問題。

沒有？下一個問題。

你能不能縮小行為規模讓它變超小？

能？太酷了。你完成了，可以開始實行你的新習慣。

不能？下一個問題。

你能不能幫你的行為找到入門步驟？

能？太棒了。先讓這個入門步驟成為你的習慣，等你準備好再多做一點。

不能？哎呦，如果以上問題的答案都是否定的，你可能需要回頭從你的行為群集中找其他的行為。

讓習慣保持下去

讓行為容易做不僅能幫助它向下扎根、向上茁壯，還能幫助你在遇到困難處境時依舊堅持習慣。你可以這麼想：只要每天澆幾滴水、就能讓許多小型植物生存下去。我現在還是會遇到不想用牙線的時候，這時我就只清一顆牙齒，重點在於我不會因此內疚，因為我還是做到了每日習慣——我知道用牙線清潔一顆牙齒就足以讓牙線習慣持續下去。我多半用牙線清潔全口牙，所以我不會突然一、兩天特別辛苦。世事難料，我們會生病、休假、有突發狀況。我們的目的不是完美、而是持續。讓習慣保持下去，不管它有多小，都要在你的日常慣例中扎根。

贏家模式：簡單就能改變行為

談到習慣的養成，簡單才是王道，而且不限於私人生活。

我從數百萬人每天使用數位產品中看出清楚的模式：大始於小。

請看 Google、Instagram、亞馬遜（Amazon）和 Slack。他們剛推出時，公司都從小而專精開始做起。他們使用起來很簡單，成為人們生活中不可或缺的產品。等到他們變成牢不可破的習慣後，公司才開始增加功能。（剛推出就提供一大堆功能和複雜性的產品多半自尋毀滅。）

我鼓勵你把這種成功模式應用在你自己的人生：如果你想讓某個習慣成長茁壯，就需要從小處和簡單著手。等到這個習慣深植於日常生活後，就能自然成長壯大。

莎瑞卡和莫莉兩位女性在執行他們的小習慣之前，都覺得

招架不住。他們感到恐懼、缺乏自信、還有一種說不出的抗拒感。實行小習慣改變了一切，開始進行非常容易，並很快就能享受成功的感覺。每經歷一次成功，畏懼就減少一點。改變的過程充滿樂趣、越來越不覺得辛苦。

小習慣不只用於習慣的培養、還能用在每一件事情。有太多家庭問題和職場紛爭之所以發生，都是因為人們誤認為行事動機是改變行為的關鍵。但現在你知道簡單才能徹底改變行為。

關於單次行為

入門步驟對於不需要成為習慣的事情也具有神奇效果。不久以前，我必須打電話給口腔外科醫生預約術後檢查（不是好玩的事情），雖然這聽起來並不難，但我一直推遲，人們常會拖延沒必要拖延的事情，這就是一個很好的例子。關於拖延，有件事情你得記住，認為困難和真的困難一樣重要。此外，事情越不做、就越積在腦中、越來越覺困難。我趕緊在陷入黑洞無法自拔之前，想出了入門步驟：把醫生的電話寫在便利貼、黏在我的電話上。我告訴自己，我要做到的只是把電話寫下，於是，我做到了。

我透過降低事情的難度而破解了大腦的成見。寫下電話號碼一點都不困難——我覺得我做得到。做到以後，我已經朝完整的行為前進一步，於是我拿起電話撥號。想想看，你每天有多少這種不想做的小習慣待做事項堆積在大腦裡，讓你精神耗損。無論第一步有多小，一旦邁出去，就能產生一種大腦熱愛的動力感。完成事情能提振我們的信心，增進做完整個行為的動機。

　　下一章我們將討論提示。這行為模型的最後一項要素也是培養成功小習慣的下一步驟。我們知道沒有提示就沒有行為。提示是提醒我們行動的信號，是點燃火焰的火花。因此，何不讓提示也變得簡單呢？要是能設計出早已融入你生活的提示該有多好呢？不花時間、不花精力、不花金錢就能做到？這聽起來非常簡單。

讓小習慣容易做的小練習

本練習有兩個部分，第一著重在分析、第二在設計。

A 部分：困難習慣之分析

步驟 1：寫下一個你一直想培養、但屢屢失敗的困難習慣。若想不出來，就用這個：每天吃更多蔬菜。

步驟 2：提問發現問題：是什麼讓這項行為很難做？想想你能力鏈中的各個環節：你想培養的這個習慣會花太多時間嗎？金錢？腦力或體力？它會打斷你的日常慣例嗎？

B 部分：讓習慣變容易之設計

步驟 3：針對你在第二步找到的每一個較弱環節，提問突破問題：我如何讓這項行為容易做？例如，你也許可以思考如何讓這項習慣花少一點時間。但一定要為每一個較弱環節想出各種變通做法。

步驟 4：從第三步選出三個最好的做法。

步驟 5：想像你執行這三個能讓習慣變簡單的做法。探索各種執行的細節。

加分步驟：把你探索所得付諸實行、看看效果如何。

為協助你進行這項練習，我找回我們友善的 PAC 小小人物、來提醒你讓行為容易做的三種方式。

提示

第 4 章

要素 3 有提示

善用錨點時刻啟動行為

提示是生活中的隱形驅動力。我們每天經歷數百個提示，但卻很少注意到它們。我們多半只是行動。紅燈變綠燈——你踩油門。在超市有人給你試吃起司——你吃掉它。電腦螢幕彈出你有新郵件的通知——你打開它。有些提示自然存在——你感到幾滴雨落在手臂上、於是打開雨傘。有些提示則是人為設計——煙霧警報器大響，於是你打開窗戶、並救出烤箱裡被你遺忘的披薩。無論是自然還是人為，提示都告訴你：「現在做這個行為。」但可貴的重點是：**沒有提示就不會發生行為。**

當人們受激勵又有能力的時候，就會對提示做出可靠的回應，這正是適時的提示力量如此強大的原因。能寫出騙讀者點擊標題的寫手、或手機 app 的設計者，都非常清楚這個道理。我們看到 app 上的小紅數字就想點擊，這是有原因的——這功能的設計目的就是要吸引我們的注意力、讓我們採取行動。網路廣告知道若能結合提示和誘因（點入贏大獎），就會有更多人行動。

另一方面，如果沒有提示，即便你的動機和能力很高，也不會有行為發生。也許你想使用你上個禮拜下載的靜坐 app，但因為沒有提示，你便忘了這件事。

生活中充滿一大堆我們不想要的提示，但還是有不少是我們想要的。但我們大多自動聽從無形的提示、卻又拼命想要提醒自己去做一直忘記的事情。如果你桌上貼滿便利貼、手機一直傳來各種通知、而你依舊不去做你想要做的事情，則該是收回提示功能的時候了。

我將在本章教你如何從生活的裡裡外外設計提示。等你匹配出適合的行為、並讓它變得容易以後，就可以採取下一個步

驟：為你想要的行為設計出好提示。這很重要，不要讓提示順其
自然發展。

行為設計步驟

✓☁ **步驟 1**：釐清志向

◎ **步驟 2**：探索行為選項

☀ **步驟 3**：為自己匹配出具體行為

☺ **步驟 4**：從小習慣開始

❗ **步驟 5**：找個好提示

在行為模型裡，動機和能力持續存在，但提示則是非黑即白，也就是說，你不是注意到它、就是完全忽略它。如果你沒注意到提示、或者提示出現在錯的時間，行為就不會發生。因此提示這項要素一定得徹底搞清楚。設計出好的提示是福格準則 1：「幫助自己去做你早就想做的事」的關鍵。

我的朋友兼同事艾咪學會有效設計提示，她從小習慣做起的故事詳述於本書一開始。大約七年前，艾咪一面忙著照顧三個孩子，一面又想自己創業、當個自由教育媒體作家。她熱愛為醫生和醫院發展病人教育資料的工作，但卻遲遲沒有做到創業所需的行為。一向樂觀的艾咪發現自己過度擔心未來而不知所措。晚上也睡不好，一直甩不掉腦中不祥的預感。每個企業主會擔心業務的進展，這是很自然的事情，但艾咪害怕的是比進度落後或失去客戶還要更糟糕的事情——她真正的恐懼是失去孩子。

艾咪和她先生的感情一直不是很和睦，但最近情況更變得

難以忍受。兩人的爭吵加劇，她知道這對孩子不是個健全的環境。她想要離開，還懷疑她先生也想這麼做。分居固然痛苦，但艾咪更擔心的是接下來的事。多年來她一直選擇專注於她先生的優點——他愛笑又大方，並總是支持她的事業。但如今她覺得自己又退回瓶頸、找不到好辦法來解決兩人之間的敵對、鄙視和漸行漸遠。她先生的缺點她一直視而不見，如今卻讓她徹夜難眠。離婚會激出人們最壞的一面，她怕萬一激怒他、後果將一發不可收拾。艾咪覺得自己快要惹惱他了。她知道她先生很可能會讓孩子們加入戰場，再加上她收入不夠，很可能因此失去孩子的監護權。

艾咪愛孩子勝過一切，一想到無法一直陪伴他們就極度不安。但如果她一直入不敷出，她最擔心的事情很可能會發生。艾咪擔心她先生會無所不用其極、讓她陷入無止盡的爭吵，還把小孩夾在中間。她唯一想到的就是找個律師、並在離婚程序開始之前趕快增加收入。但她陷入困境、不知如何開創更多業務。

婚姻岌岌可危帶來的焦慮、再加上每天照顧三個孩子的壓力讓艾咪難以專注。她有一切理由盡快處理待做事項——回覆電話、加快工作效率、並動手寫文案——但這些重要的事情她一樣也完成不了。她企圖每天早上處理工作，但最後總是在疊衣服、清理廚房、或重寫和重新排列待做事項，完全沒有採取行動來創造養家的收入。她會做清單中的幾項，但總是挑簡單、不重要的事情來做。她不是想太多、就是做太少，反正該做的工作都沒有做。她沒錢可存，離和孩子共同生活的未來越來越遠。

艾咪學到行為設計和小習慣後，終於找到解決辦法：每天

在便利貼寫下一件當天一定要完成的事情——最重要的事情。這樣就好。這就是她的新習慣。艾咪對於每天能夠做到這件事很有信心又樂觀。畢竟，她不需要實際去做便利貼上面的事情。簡單得很。能力這項因素沒問題了。但決定這項習慣成功與否的不是動機、也不是能力，而是要設計一個好的提示。

針對某些習慣，你所要做的只是找出該把新習慣安插在日常生活的哪一個位置。

習慣在日常慣例的位置決定了行動或不行動、成功或失敗。艾咪很幸運，第一次嘗試就做對了；她在對的位置種下了新習慣的種子。

她奏效的做法是這樣的：艾咪每天早上送女兒瑞秋去幼稚園，瑞秋揮手道再見後便下車、關上車門。車門關上是艾咪的提示。她會立刻開到學校停車場，進行她的新習慣——在便利貼寫下最重要的一件事情。完成後，便把它貼在儀表板上，拍手說：「完成！」

新習慣展開的第一個禮拜，艾咪說這件事毫不費力、能自動完成。她在生活中為它找到了很自然的位置。直到女兒下車前，艾咪所想的都是讓每個人準時出門要做的雜事。她讓這個便利貼習慣成為她所做到的第一件工作相關的事情，因此沒有時間會多想或分心。她還特別為自己設計出極度專注的入門步驟。車門一關，心態馬上轉成工作模式：停好車、思考今天要做的最重要的事情，並把它寫下來。任務完成（吧！）它輕易成為她早上的慣例之一，因為她把它安插在已經是慣例之一的行為裡。她不需要簡訊提醒或行事曆通知來提醒她要寫便利貼。艾咪設計了一個可靠的提示，新習慣自然形成。

　　這簡單的習慣明顯改善了一整天的生活，這讓艾咪非常高興。的確，這是個很小的動作，她明白這一點，但她專注和成功的感覺像滾雪球一般影響到其他更大的動作。她在那第一個習慣上又培養出其他習慣。她送瑞秋上學回家後，會立刻進辦公室，把便利貼黏在書桌前方的牆面上。

　　艾咪有時沒有做到當日最重要的事，但她多半都有做到。驕傲和成就感油然而生，激勵她寫出更多待做事項。艾咪的黃金行為已經成為紮實的習慣，她因而變得出乎意料的有生產力。她的害怕不知不覺消退。她還曾大聲告訴自己：「哇！我真的在做了。我做得到。」

　　她繼續朝成功的方向前進。

　　一張小小的便利貼居然能累積出生產力大爆發。艾咪了解到她擁有龐大的熱情和慾望、要把她的事業從一人公司發展到多人的策略與內容創造企業。她找到對的提示後立刻海闊天空，被壓抑的事業心全部解放，案子一件件寫完、還完成新的提案。有家大型健保公司請艾咪為百萬元的專案提案，她立刻答應。她因此得雇用幫手，不過經歷數月的成功以後，她不再懷疑自己。艾咪後來告訴我，她贏得那件案子的主要原因是她在提案會議中展現出高度自信。

　　半年後，艾咪離婚了。她的收入是原來的四倍之多，更重要的是，她獲得了三個孩子的監護權，晚上也能睡得安穩了。

　　一個簡單的新習慣就能產生漣漪效應、發展出更多的習慣。從艾咪的例子可看出，她的成功關鍵在於設計出對的提示。無論你是從頭設計新習慣、或正在改進無法持續下去的習慣，都得找出是什麼能每次提示你去行動，而行為設計提供的

系統能協助你找到答案。

提示不要碰運氣。

好消息是，即使你沒發現，你在設計提示上已經累積豐富經驗。你列清單、請別人提醒你、還在公司電郵設定了行事曆通知。這些都是為你的行為增加提示的做法。

但一般人認為有效的提示往往設計不良。如果你是那種起床前已經按了鬧鐘貪睡裝置六次的人，你就懂我在說什麼了。（有些手機鬧鈴上的貪睡鍵要比關閉鍵來得大。真是奇怪，看來它的設計就是要人們去按貪睡鍵。）

為自己設計提示時，在已經貼滿便利貼的電腦螢幕上再黏上更多便利貼已經沒有用，而開會時手寫提醒看起來則不夠專業。哪些提示有效、哪些無效，背後的原因很多。否則人人都可以是習慣忍者了。設計提示是可以學會與練習的技巧。

系統化設計對的提示

讓我們來看看提示有哪些種類，以及它們如何發揮效果。弄懂這一切以後，就不用再把提示交託給運氣或他人，可以開始在沃土上耕耘出我們的新習慣了。

為深入了解提示，我們可以再回到PAC 人物模型。日常生活中有三種提示：人物提示、情境提示和行動提示。讓我們從人物提示開始。

人物

請人物提醒
自己去行動

這種提示倚靠你的內心去做某個行為。基本的身體衝動是我們所擁有最自然的人物提示。我們的身體提醒我們去

做吃飯和睡覺這類必要事情。膀胱感到壓力？是的，這是提示。胃隱隱作痛？提示。人類經過進化，這些提示都能讓我們採取行動。

然而，如果你的行為無關存活，則人物提示並不是個好辦法，因為我們的記憶很不可靠。當然，你有幾次神奇地記得你媽的生日，但如果你靠的是人物提示，則忘記的次數可能更多。

幾年前，隔壁搬來新鄰居，鮑伯和汪達。太太是英特爾公司（Intel）退休主管、先生以前則是工程師。我很開心他們邀請我共進晚餐。我興奮地答應他們，說我會帶一份沙拉、準時6點赴約。

兩個禮拜以後，我的手機在傍晚6點42分響起。我全心埋首工作、要趕期限前完成，根本沒聽到電話聲。我讓電話轉到語音，但又好奇想要馬上聽留言。我一聽是汪達的聲音，立刻愧疚不已。「嗨，BJ，義大利麵都涼了、黏成一陀。我自己桿的麵條，所以放不久。我們以為你們6點要來，你們來不來？不然，我想我們得另外再約了。拜！」

是的，我搞砸了。

我打電話給汪達、不斷地道歉。這真是太難為情了，我居然用這糟糕的方式對鄰居說：「歡迎搬到這社區！」

這不是光彩的時刻，但卻能當作絕佳範例，讓你知道要小心人物提示、並在設計行為時完全避開。準時赴約這種單次行動如此、你想變成習慣的行為更是如此。依賴自己記得每天去做新行為、是不大可能持續下去的。假設你想要你女兒每晚好好做功課、不要一直講電話，要她自己記得這麼做顯然不是最佳策略，因為人物提示並不可靠。繼續看情境提示！

人物所處的
情境提示行動

情 境

　　這種提示是由你所處環境中的任何事來提醒你採取行動：
便利貼、app 通知、手機鈴響、同事提醒你開會。

　　你可以學會有效設計出這些情境提示。如果當初我把晚餐
邀約輸入手機行事曆、時間到了就會跳出提醒，我和丹尼就會
捧著新鮮沙拉、準時在 6 點整出現在鄰居家門口。創造這種情
境提示只需要約 20 秒的時間。不過，如果我把「去汪達和鮑
伯家晚餐」列在我的待做事項清單中，這設計可能會失敗，因
為當我專心工作時不會去看清單。

　　有效設計情境提示是一項技巧，而學會這項技巧需要多加
練習。

　　十年前，我發現有些行為我只需要一個禮拜做一次：澆
花、付帳單和重新把電腦開機。起初我在手機裡設鬧鈴，週六
早上 10 點，澆花的鬧鈴會響起。但有時候我人在超市買菜，所
以我做這件事的能力是零，我位於行動線下方。有時鬧鈴響起
時、我早已經做了那件事，此時出現提示反而浪費我的時間。

　　我搜尋這問題的解決辦法、最後找到了答案。我把每個週
末要做的事寫在只有一般便利貼一半大小的塑膠貼紙上，把它
們貼在寫著「週末任務」的護貝紙上面。現在，我禮拜六早上

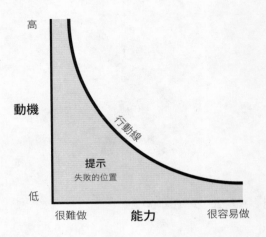

的必做慣例就是拿出這張護貝紙、放在廚房流理台上。簡單之至。這張紙變成我週末的待做事項清單。每完成一件事，我就把貼紙移到背面，所以我只會看到尚未完成的事情。到了禮拜天，完成最後一項任務後，我便把護貝紙翻過來，把最後一張貼紙貼上去（凱旋完成！），收起這張任務護貝紙、待下週再用。這份週末清單改變了一切，我終於能確實做到像是清理冰箱和澆花等任務了。

　　你總會遇到需要幫自己或別人設計情境提示的時候，這種提示最適合單次行為（像是約診），但並非建立習慣的最佳方式。我為產業創新者授課時，請他們分享他們最有效的情境提示。以下列出的提示當中，有些很常見、有些則令人意想不到。

　　＋把戒指戴在不對的手指上。
　　＋寄簡訊給自己。
　　＋用白板筆寫在浴室鏡子上。
　　＋重新擺放家具、把某個家具放在奇怪的位置。

+ 在語音助理裝置上設定鬧鈴。
+ 在冰箱裡放提醒紙條。
+ 叫你的小孩提醒你。
+ 把便利貼黏在手機螢幕上。

情境提示有時很有用，但它們也會帶來壓力。有效管理我們的提示配置是現代生活中最大的挑戰之一。設定太多情境提示還可能有反效果——你變得遲鈍、沒注意到提示。到頭來，完全聽不到通知鈴聲、也對便利貼視而不見。這就像是住在鐵軌旁邊——剛開始對火車經過的噪音難以忍受，後來……哪有火車？

我家書房掛著一個大型白板，上面寫滿各項專案的任務、並以不同的顏色加以分類。實在是……太多了。為管理這視覺和心理上的大崩潰，我用一塊可移動的布簾蓋住我不用做的事情，只看到當天需要做的事情的提示。我發現把其他提示蓋住能讓我平靜些——而且更專注。

如果你創造某個提示、發現它沒有用，並不是因為你做錯了什麼。你可能並不缺乏動機或意志力。幫自己一個忙——不要責怪自己。重新設計，找出對你有用的提示。

在今日世界中，我們的情境提示有時是由別人或企業所創造。我們收到要我們幫忙的電子郵件，手上的數位手錶告訴我們該站起來，收到新訊息時 app 圖示上會出現小紅點。

一直伴隨我們的典型提示很容易管理：把垃圾郵件丟進回收桶，把自己從郵寄名單中移除，看到電視廣告就轉台，在辦公室門外貼上「請勿打擾」。

　　然而，來自數位科技的提示就較難管理了。LinkedIn 投資大量時間和金錢，告訴你這個禮拜有 233 個人看過你的檔案，你應該點入看看他們是誰。你想移除這個提示嗎？也許想、也許不想。畢竟，你也感到好奇、而且很高興自己被人注意。垃圾電郵的問題越來越大，它持續偷走我們每天寶貴的時間。

　　這些公司的企業模式就是依賴我們點擊、閱讀、觀看、評價、分享或回應，因此除了脫離網路世界以外，可能永遠找不到完美的方法來停止這些提示。這是個困難的問題，在聰明的設計師和強大的電腦演算法面前，人類顯得如此孱弱。

　　儘管如此，你還是可以設法緩和身邊一大堆的情境提示。我建議你現在花點精神，能為以後節省時間和精力。有時候這很簡單又快速。有位產業創新者最近寄簡訊到我的手機、請我在公事上幫個忙：他想要我為他的團隊簡報。我喜歡他的提案，也知道我很可能會答應，但他問我的管道用錯了。我回他：「哈囉！我想回覆你，但請寫電子郵件來詢問。（我只和家人朋友用簡訊。）謝謝你！」隔天早上我便看到他的回覆郵件：「真抱歉。我從現在開始會用電子郵件與你聯絡。」我只花了30 秒，就為自己省去幾十個未來手機中會打斷我、讓我分心的提示。

　　你我也許永遠無法完全控制公司提示我們的方式，以及同事和他人該用什麼管道與我們聯絡。情境提示永遠都會在。但為自己和他人設計提示時，還有比情境提示更好的選擇。

　　第三種提示是我的最愛，我稱之為行動提示。

　　行動提示是你已經在做的行為，用它來提醒你去做你想要培養的新習慣。這是很特別的一種提示。行動提示是把你的行

為和小習慣法綁定的一種方式。

舉例來說，你已經有的刷牙習慣可以做為使用牙線這個新習慣的提示。打開咖啡機可以提示你靠著流理台做伸展運動的新習慣。

你已經有一大堆每日必做的慣例，它們都可以成為新習慣的行動提示。你早上睡醒下床。你燒水泡茶或打開咖啡機。你沖馬桶。你送小孩上學。你下班回家進門掛外套。你每晚上床躺在枕頭上。

這些動作早已深植於你的日常生活，流暢又自然的進行，想都不用想。正因如此，它們可以用來做為絕佳的提示，渾然天成，是優雅的設計方案。你已經擁有順利進行的完整慣例生態系統——你只需好好利用它。

行動提示要比人物提示和情境提示有用得多，我還幫它取了個別名：錨點。我談到小習慣時，會用「錨點」一詞來描述生活中已經穩定堅固的事情。這概念很簡單。你若有想要建立的習慣，在目前的日常慣例中找到對的錨點來當作提示，來提醒你。我選用錨點一詞，是因為你把新習慣和堅固可靠的事情連在一起。

　　利用錨點提醒我去做新習慣的這個想法，是我多年前洗澡之後的靈光乍現。（當然，我聽過別人多半在沖澡當中突發奇想，但我是我所知道唯一一個在沖澡後有靈感的。你稍後就會知道這很適合發生在我身上。）有天晚上我洗完澡、擦乾全身、用毛巾包好、走進臥室。我打開內衣抽屜時，突然頓悟。關鍵是「之後」。

　　我想我的大腦一定注意到這個模式了：我沖澡之後，總是擦乾。擦乾之後，總是走進臥室。走進臥室之後，總是打開放我內衣的抽屜。因此──啊哈！──要建立新習慣，你需要找出之後做的行為。例如，如果我總是在刷牙之後使用牙線，則刷牙就是我使用牙線這個新習慣的絕佳提示。

　　我看著打開的內衣抽屜，驚覺我找到答案了：行為排序。你只需要找出什麼在什麼之後就好了。想通了！

　　現在我把這個道理視為創造電腦碼。只要演算法正確──這個行為、然後這個行為、然後這個行為、然後變！──就會有可靠的結果。

行為依序發生，一個導致另一個。

　　可靠的習慣形成！你只要把事情依對的順序排列，為它們正確「編碼」就行了。

　　我打開內衣抽屜後，明白我每天已經固定做很多事情。如果我能把新習慣插入我既有的習慣中，就能不費吹灰之力把它

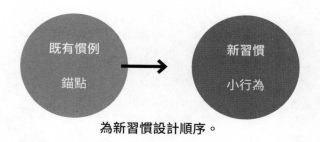

為新習慣設計順序。

們帶入我的生活當中。它們巧妙地排列——只要你能一直把新習慣錨定在既有的習慣上，就能持續把它們加入。這種方法避開了人物提示和情境提示的陷阱，因為你不再依賴自己或別人來提醒你。你不會被一大堆提示弄到一團亂。你的每日生活就是提示本身，再簡單不過。

我立刻嘗試。我只做了一個人類最基本又可靠的行為——上廁所——並用它作為我新伏地挺身習慣的提示。我決定我沖馬桶後要做兩次伏地挺身。這聽起來也許很奇怪，但當時我多半在家上班，所以沒什麼大不了。沒多久，這個習慣就堅定不移了。這就像拼圖一樣，上完廁所之後做伏地挺身變成我每天會做好幾次的習慣。我很快就練出臂力，因而能增加難度，做更多伏地挺身。七年後的今天，我依舊做著這項習慣。有時我一天會做到五十下或更多（要看我喝了多少水！），但只要我在家，我上完廁所一定做兩下伏地挺身。這是我的小習慣配方：我上廁所之後，我會做兩下伏地挺身。

利用錨點是設計提示的絕佳方法，因為任何人都做得到，不需要酷炫的手錶或先進的 app 來提示新習慣。你自己就能有效率地進行，並驚覺這個簡單的設計撇步能帶來多大的轉變。「之後」的力量不是魔術，比較像是化學作用。結合對的行為

我的小習慣法配方

我……

之後，我會……

要讓習慣深植於
大腦，我得馬上：

上廁所

做兩下伏地挺身。

錨點

利用生活中既有慣
例來提醒你做小行
為（你的新習慣）。

小行為

你想要的新習慣，但縮小規模
讓它變超小——而且超簡單。

和對的順序，變！新習慣於焉產生。

靈活調整小習慣配方

在小習慣設計流程中，你已經找出至少一個想要建立的新習慣，你已為自己匹配，並把那些行為縮小、讓它們容易做，現在則要加上提示。讀完本章後，你將擁有創造完整小習慣配方的所有原料，如下：

我（錨點行為）之後，我會（新習慣）。

＋我沖完馬桶之後，我會做兩下伏地挺身。
＋我停好車之後，我會寫下當天最重要的任務。
＋我刷完牙之後，我會用牙線清潔一顆牙齒。

找出正確順序插入新習慣，一開始需要稍加調整，但很快就會變得簡單直接。若你想多看看別人想出的配方，可以參考

本書附錄，我列出了 300 個小習慣配方。

找出錨點時刻

錨點必須是日常生活中一定發生的事情。有些人生活非常規律，充滿可靠慣例。有些人的生活則比較捉摸不定。無論你的生活有多隨性，我保證你已經有許多持續發生的慣例、足以用來作為錨點。幾年前，我還沒創造出小習慣法的時候曾做過一項研究，發現人們一般在早上的生活慣例最多。因此，早上是最適合培養新習慣的時候。

人們表示，隨著一天時間過去，慣例越來越容易出差池。一個慣例沒做到，其他慣例很容易跟著瓦解：去托兒所接小孩遲到是因為開會時間延後。你隨便吃片披薩而不吃正餐，是因為忙了一天、晚回家又疲累。鳥事難免發生。

所以，早上可能是我們最能掌握的時間，但下午和晚上要做的事情最多。以下列舉一天各個時間常見的錨點。

晨間慣例

+ 我睡醒下床之後，我會……
+ 我從床上坐起之後，我會……
+ 我關掉鬧鐘之後，我會……
+ 我上完廁所之後，我會……
+ 我沖完馬桶之後，我會……
+ 我打開蓮蓬頭之後，我會……
+ 我刷完牙之後，我會……
+ 我梳完頭之後，我會……

+ 我鋪好床之後，我會……
+ 我綁好鞋帶之後，我會……
+ 我打開咖啡機之後，我會……
+ 我幫自己倒杯咖啡之後，我會……
+ 我把盤子放進洗碗機之後，我會……
+ 我餵狗之後，我會……
+ 我插入鑰匙發動車子之後，我會……

午間慣例

+ 我聽到電話響之後，我會……
+ 我掛電話之後，我會……
+ 我喝杯咖啡之後，我會……
+ 我清空收件匣之後，我會……
+ 我上完廁所之後，我會……

晚間慣例

+ 我下班進門之後，我會……
+ 我掛上鑰匙之後，我會……
+ 我放下錢包之後，我會……
+ 我幫狗扣上牽繩之後，我會……
+ 我坐下吃飯之後，我會……
+ 我把碗盤放進洗碗機之後，我會……
+ 我啟動洗碗機之後，我會……
+ 我關掉電視之後，我會……
+ 我上床躺在枕頭上之後，我會……

我在附錄加列 300 個小習慣配方,供你做為錨點參考。

你會發現這些範例都是很精確的事件,模糊的錨點(像是「晚餐之後」或「每次我感到壓力之後」)沒有用。讓它們精確。我之所以稱它們為錨點,就是因為它們指的是一個確切的時點。現在你已經抓到要領,可以開始利用本章最後的小練習、列出專屬於你的錨點。

列出夠多的錨點供你選擇以後,再仔細思考你想要培養的新習慣,匹配出最佳的新習慣與錨點組合。

新習慣何時能習慣成自然

依我教授數千人為他們的新習慣找到錨點的經驗,我發現你應該考量以下三件事。

一、符合所在地點

首先,要考量你新習慣發生的地點。找出你在該地點已經在做的錨點行為。如果你想培養的新習慣是擦廚房桌子,則找個你在廚房的既有慣例來當錨點。要避免錨點行為發生在一處、而新習慣發生於另一處的情況。我的研究顯示地點不同難以奏效。在匹配錨點和新習慣時,地點是最重要的考量因素。

二、符合頻率

接下來,檢視既有慣例的時候,決定你要多常做你的新習慣。如果是一天一次,就把它排在一天一次的錨點後面。如果

你的新習慣想要一天做四次,則把它排在一天發生四次的錨點後面。我想要一整天持續做伏地挺身,所以我把它排在上廁所的後面,雖然有點怪,但不失為好辦法。

三、符合主題／目的

最後——這項要素的重要性不如前兩項——最適合的錨點會和新習慣擁有相同主題或目的。如果你把咖啡和它含有的咖啡因視為增加生產力的方法,則喝咖啡可以做為打開待辦清單 app 新習慣的錨點。不過,如果你早上喝咖啡是為了放鬆和享受「獨處」,則待做清單 app 的主題就不符合了。此時,你可以把配方寫成:「我倒杯咖啡以後,我會打開日記。」

還記得上一章提到的莎瑞卡嗎?她新加入晨間慣例的習慣之一就是在喝茶或咖啡之前先喝一杯水。她找到的最有效錨點是「我幫浴室的發財樹澆水之後,我會喝一杯水。」我問她效果怎麼會那麼好,她說,她把這兩個行為都歸為補充水份。她為植物澆水,提供植物生長所需。她「為自己澆水」,提供她的生長所需。兩者的主旨都屬於照顧行動,這讓她更容易記住。兩種習慣巧妙吻合,變得難以拆散。

但這條配方——我刷完牙之後,我會掃車庫——幾乎確定無法創造習慣,因為兩者的地點、頻率或主題都不同。如果你想要每週六掃車庫,就得找個每週六已經在家做的慣例(而且最好是在車庫)來當錨點。

設計新習慣時,別太擔心一定得想出完美的配方。如果配方不得你喜好,就改變它,這是我稱它為配方的原因之一。不管材料是錨點和新習慣、或是馬鈴薯和肉汁,你都能恣意加以

修改調整。

　　我創造了一個能協助你用小習慣法設計配方的格式，你可以使用空白索引卡、或上網直接使用我的範本。無論用哪一種方式，把這張配方卡想成你的習慣配方收藏之一。你還能把卡片放在收集盒裡，以方便檢視你在練習的習慣。你可以視需要加以修改，直接在卡片上劃掉不要的字句、寫上新的版本。

我的小習慣法配方

我…… 　　**之後，我會……** 　　要讓習慣深植於大腦，我得馬上：

_____　_____　_____

_____　_____　_____

錨點 　　　　　　　**小行為** 　　　　　　　**慶祝**

利用生活中既有的慣例來提醒你做小行為（你的新習慣）。　你想要的新習慣，但縮小規模讓它變超小——而且超簡單。　去做能在內心創造正面感受的事情（這種感受叫做「發光」）。

花點時間實驗你的小習慣

　　到這裡，你已經可以開始實驗你的新小習慣了。由於每個人的生活都複雜又獨特，自然需要加以調整。有些習慣該安插在哪裡答案很明顯——還有什麼時間比刷完牙更適合用牙線，對吧？——而有些習慣則需要花點時間才能融入生活。在剛開始實驗的幾天甚或幾個禮拜，你的新習慣可能會常常改變，這不但沒關係，而且是很棒的事。這表示你在磨練你的技巧、更知道如何將適合的錨點和小行為匹配。

　　如果習慣和錨點不契合，你可以替換成更適合的習慣。我的頭一碰到枕頭的那一刻似乎很適合專注做三個深呼吸，於是我試了幾天，有效，但效果有限。它沒有習慣成自然，而且有時候我覺得深呼吸沒什麼用。我沒責怪自己，反而感到好奇。有什麼其他的習慣可以替換？我一直想要更感恩，於是我一躺在枕頭上，就想一件當天值得感恩的事情。我第一次這麼做，腦中便湧出一股快樂的活力告訴我、我找到對的時點了。

　　多方實驗習慣的培養，能夠磨練技巧。多加練習，你就更擅長使用這些原則、創造出能幫助你達成志向的小習慣。你需要的技巧多半是找出對的錨點、並和對的小行為匹配。然後你就能有效設計出日常生活的轉變。

　　幾年前我到一家很棒的餐廳吃飯，我吃不完美味的主餐，這已經不是第一次，我知道問題出在哪裡：我一開始吃太多麵包了。每次看到剛出爐的麵包上桌，我總是無法抗拒。餐前吃

我的小習慣法配方

我……	之後，我會……	要讓習慣深植於大腦，我得馬上：
<u>聽到服務生</u> <u>要給我麵包</u>	<u>說「我不吃麵包，</u> <u>謝謝。」</u>	
錨點	**小行為**	**慶祝**
利用生活中既有的慣例來提醒你做小行為（你的新習慣）。	你想要的新習慣，但縮小規模讓它變超小——而且超簡單。	去做能在內心創造正面感受的事情（這種感受叫做「發光」）。

太多麵包讓我吃得太脹、或無法好好享受主餐。兩者都是我想要解決的問題。於是我求助小習慣法，因而找到有效的辦法。

我創造了一個配方：服務生端來麵包之後，我會說「我不吃麵包，謝謝。」這小小的一句話有立竿見影的效果。我不再吃麵包就飽，而更能享受主餐。沒錯，我得多加練習這個新習慣才能讓它深植在日常生活中──而且還得留意餐桌上的任何社交反應──但現在我已經能自動自發地說這句話了。

在對的時刻說對的話，我因而堅持了這項習慣。

利用「最後動作」改進錨點

我得再次強調，你一定要挑選日常慣例中的精確事件──錨點。我用「上完廁所以後」的錨點提醒我做兩下伏地挺身。但如果得不到效果，我就得更仔細地觀察這個錨點、找出精準的時刻。我稱之為「最後動作」。找出你在行為中所做的最後一個動作。我上廁所的最後一個動作是沖馬桶，至少我是如此。因此我可以把我的配方修改為我沖馬桶之後，我會做兩下伏地挺身。

為找出「最後動作」，我們得用顯微鏡檢視錨點、找出最後一個動作是什麼。這對於那些比較模糊的錨點尤其重要。以下舉例說明如何利用「最後動作」讓你的配方更精確、並提高成功的機率。

我教過的一位習慣客（實行小習慣的人）想要培養擦拭廚房流理台的習慣。艾琳娜用某個看起來很精確的錨點設計了配方：我把早餐碗盤放進洗碗槽之後，我會擦拭流理台。

這配方看起來沒問題，對不對？

　　只不過效果不大好。擦拭流理台就是無法成為習慣。艾琳娜尋找「最後動作」，解決了這個問題。她發現「把早餐碗盤放進洗碗槽」的最後一個動作、是把麥片碗沖乾淨後關水龍頭。於是，關水龍頭是該錨點的終端。於是，她修改習慣配方後，變成我關水龍頭之後，我會擦拭流理台。

　　你猜怎麼著？成功！

　　只透過找出「最後動作」，她便成功建立新習慣。關水龍頭的感覺和流水突然停止的聲音是一種感官輸入，能讓提示更具體、更明顯。雖然擦拭流理台似乎是小事，艾琳娜告訴我，這卻是導致早上她和她先生之間氣氛緊張的大事。（桌面上有食物碎屑最讓他受不了。）她把這簡單的習慣融入原有的生活慣例，居然就改變了早上兩人的氣氛。

　　以下列出模糊的錨點與利用明確的「最後動作」進行改良後的版本

模糊的錨點	錨點的「最後動作」
刷牙	把電動牙刷放回充電器
倒咖啡／茶	放下咖啡壺
洗澡	洗完掛上毛巾
刮鬍子	把刮鬍刀放回充電器
到達辦公室	放下背包
梳頭髮	把梳子放回梳妝台

加強版：從錨點開始

準備學習另類做法了嗎？

你可以從某個錨點開始、創造小習慣的成功配方，這基本上就是我們剛剛一直在做的，但這一次我們不從你想要培養的習慣開始做起，而是從你已經有的慣例著手，找個新習慣來安插進去。如果你每天早上都會把碗盤從洗碗機裡拿出來，你可以在這個動作之後安插什麼新習慣呢？折抹布或清潔枱面？扣上安全帶後，可以安插什麼新習慣呢？可以做個讓全身放鬆的深呼吸。假設你每天上班都倒杯咖啡放在桌上，可以在這可靠的慣例之後安插什麼新習慣呢？可以拿出待做事項清單。

從可靠的日常慣例開始，它們都是你的錨點，你可以找出這些慣例之後可以做什麼新行為。有些人把這種方法當作進階技巧來使用，他們已經成功創造許多新習慣、但想要讓每日生活更充實。有些人則想先從這個方法開始做起。無論如何，你創造小習慣配方可以使用的策略已經不只一個了。

為自己創造順便的習慣

仔細觀察你的既有慣例，就會在時序中找到適合培養新習慣的小開口。我打開蓮蓬頭，一開始水是涼的。我不喜歡沖涼水，所以我的慣例是等水變熱，大約是 20 秒鐘。這段等待的時間創造了機會：我打開蓮蓬頭之後（在等待期間），我會……

我把這種習慣稱為「順便的習慣」。

等水變熱的時候，我會想一件我的身體值得感恩的事情。我每天找出一件心存感激的事，像是我的肩膀還很靈活、我的身體還有自癒能力等等。

這種時間的小開口人人都有：等紅燈時、排隊結帳時、開始為陽台上的植物澆水時。我們都可以選擇，可以操煩或分心

地度過這些片刻，也可以利用這些等待時間做為錨點、培養出新習慣。

　　這些新習慣將從小處著手，並且一直維持微小屬性——我等熱水只有20秒的時間。不過，千萬別低估習慣順便的力量。持續下去的小行為能創造出大改變。你每天都從新的角度來欣賞自己的身體，就更能好好照顧你身體這個偉大的創作。

　　雖然順便的習慣多半會維持超小規模，你也可能找到更大的時間開口來做你想要發展的習慣。布莉塔妮是個有五的小孩的職業婦女，她的床邊總是堆了十幾本書。看到這一堆書，讓她的壓力漸增。她是個經認證的小習慣教練，特地設計了紮實的晚間閱讀習慣；然而，這還不夠消化所有她想要讀的書。於是，布莉塔妮在日常生活中找到了可以自然安插聽有聲書的時點。幾經實驗後，她創造出順便的習慣配方：「我扣上安全帶之後，我會按『播放』來聽有聲書。」現在她每天開車上班時，都會聽有聲書。聽了很多本書。布莉塔妮靠著順便的習慣，一個月至少能聽完五本書，而床邊的書堆也不再是壓力來源了。

幫助顧客建立習慣的企業有前途

　　無論你在創造某個 app、請人們捐款、或宣導按時服用含鎂保健品，精心設計的提示對於商業非常重要。事實上，很難想到有任何產品或服務是不用依賴顧客採取行動的。沒有提示就沒有行動。你的產品或服務要成功，就需要想出是什麼能在對的時刻提示你的顧客。

　　在今日 app、電子郵件和社群媒體的世界中，我們被一大堆商業情境提示所轟炸。除此之外，也依舊會收到特地設計來

提示我們的傳統郵件和推銷電話。你早已習以為常。但我現在
對一件人們尚未料想的事情做出預測。我預測情境提示的效果
將越來越差，企業會付更多錢來吸引顧客的注意、但獲得的回
報將不如以往。為什麼呢？在未來，情境提示無法在對的時刻
出現在顧客面前，或者會被過濾掉、沒被看到。就算情境提示
順利被看到，越來越多人會略過不看，就像看 TiVo 數位錄影
機錄的電視節目會把廣告快轉一樣。（我的學生不知道什麼是
TiVo。）

　　既然情境提示即將式微，未來企業要成功就得找到更好的
方式來提示顧客。現在還很少有企業使用行動提示，但我相信
未來它會成為商業上的黃金標準。許多產品和服務會因為幫助
顧客創造行動提示而成功。以下是可能做法。

　　假設貴公司需要病患每天量一次血壓。在過去，你依賴的
是人物提示——讓病患每天提醒自己——你發現效果不佳。於
是你開始使用情境提示：寄簡訊、app 跳出紅色提醒、或者請
護士打電話到病患家裡。但這些提示的效果越來越差，因為你
的病患每天收到太多類似的提示。與其一直增加情境提示，不
如改用行動提示。

　　要找出好的行動提示不妨先做點研究。詢問你最忠心的兩
百名病患，這些人會固定每天量血壓、將結果上傳。問他們：
「你通常在每天的什麼時候量血壓？」

　　分析他們的答案、找出趨勢。假設有 26% 的人說他們坐下
來喝咖啡、看報紙的時候量血壓，21% 的人說他們餵完寵物後
量血壓，17% 的人表示在他們最喜歡的晨間節目開始時量血

壓。但剩下的 36% 答案分歧,看不出明顯趨勢。

現在你知道人們實際的做法;你有資料顯示哪一項日常慣例能用來當作量血壓習慣的錨點。若想提高病患定時量血壓的比例,可以告知多數做到每日量血壓的病患都是在這三個時點進行。

問他們:「這三個時間哪一個最適合你?」用這種方式來幫助病患找到在生活中自然進行新習慣的時點。這能夠幫每個人的日常慣例量身定做提示。你不再靠病患自己記得量血壓,也不再用一堆通知煩他們。不用希冀他們會自己想出辦法,你用的是行為設計和行動提示的力量來幫助他們成功。

以上情況現在聽起來也許很奇怪,但我預測這在未來會變得稀鬆平常又非常重要。能幫助顧客建立習慣的企業將擁有極大優勢。

為自己從煩惱中創造美麗的珍珠習慣

學習設計和重新設計生活中的提示,能讓自己用新方法管理處境,不再操煩。

幾十年來,我一直為睡眠品質所苦。我知道睡眠的重要性,但這可能是我最大的健康問題。我明白臥室的噪音讓我夜裡驚醒,因為牆上的空調控制器啟動和關閉時會發出響聲。我原本計劃改裝一種高科技的溫度調節器,但我發現了更快、更簡單的解決辦法。有天晚上我醒來、等著機器發出聲音,我決定把這個聲音當作我放鬆臉部和頸部的錨點。於是我的配方是:我聽到空調控制器的聲響之後,我會放鬆我的臉部和頸部。

有效果了,我很快就培養出這個習慣。當我聽到控制器的

我的小習慣法配方

我……　　　　　之後，我會……　　　　要讓習慣深植於
　　　　　　　　　　　　　　　　　　　　大腦，我得馬上：

聽到空調控制　*放鬆我的臉部*

器的聲響　　　*和頸部*

錨點　　　　　**小行為**　　　　　**慶祝**

利用生活中既有的　你想要的新習慣，但縮小規模　去做能在內心創
慣例來提醒你做小　讓它變超小──而且超簡單。　造正面感受的事
行為（你的新習　　　　　　　　　　　　　情（這種感受叫
慣）。　　　　　　　　　　　　　　　　做「發光」）。

聲響，我就放鬆。這個正面結果讓我聽到聲響反而感到快樂，因為它提醒我要放鬆，讓我睡得更好。

我把這種習慣稱為珍珠習慣，因為它們用的提示一開始讓人苦惱、後來卻變成美麗的成品。

我的例子並不是什麼重大的事情，但我最近聽說我的朋友艾咪用有創意又正面的方式來利用「之後」的力量、成就類似的結果。

艾咪面對的是更棘手的問題，但她從中創造出了不起的珍珠習慣。自從她和她先生分居以後，從她的律師到法院指派給她孩子的治療師，每個人都對她亂扔「尖酸刻薄」的話。即使雙方監護責任已經談定，她的前夫依舊很氣她，而她對他也有諸多怨言。但兩人無法避不見面。

幾個月後，艾咪開始注意到一個模式。她和前夫聯絡時氣氛總是很僵，讓她一整天不斷回想，一直覺得鬱悶、生氣或有

罪惡感。於是她決定嘗試新做法。

　　她無法控制她前夫對她說什麼、或兩人的互動情況會如何。他的言語辱罵就像壞天氣一樣——有時能夠預測、有時則沒由來的爆發。唯一可以預測的是她事後的感受，這也是她決定改變的地方。她的目標是擺脫對前夫的注意。艾咪利用她前夫的行為做為提示，訂了個計畫：只要她一覺得被前夫屈辱或攻擊，就會馬上決定去做一件對自己好的事情——聽她最愛的樂團的新專輯、或她一直想聽完但都沒時間的有聲書。有時艾咪會直接開車去星巴克買杯她最愛喝的茶。不管做什麼，都必須是能讓她開心的事情。艾咪平日享受獨處的機會不多，因此她發現把「愛自己」這個新行為變成習慣能有雙重回報——她可以奪回對自己情緒的控制、同時還能寵愛自己。我感覺受到屈辱之後，我會想點對自己好的事情來做，這就是她的成功習慣配方。

我的小習慣法配方

我……	之後，我會……	要讓習慣深植於大腦，我得馬上：
<u>感覺受到</u>	<u>想點</u>	
<u>屈辱</u>	<u>對自己好的事情來做</u>	

錨點	**小行為**	**慶祝**
利用生活中既有的慣例來提醒你做小行為（你的新習慣）。	你想要的新習慣，但縮小規模讓它變超小——而且超簡單。	去做能在內心創造正面感受的事情（這種感受叫做「發光」）。

效果很美妙。她不再反唇相譏或覺得被攻擊，而會告訴自己：哦，你看，又侮辱我，我該去看那部我一直想看的電影了。她不再回嘴，而直接說再見，回頭做自己的事情，並安排晚上的計畫。她的一天沒有因此受到影響，她不再在腦中反覆回想兩人的對話，她……釋懷了。她開始把前夫的侮辱看成意外的禮物。畢竟，他提示了她要對自己好。她領悟到這可笑的邏輯，但寬容看待困境幫助她成功渡過。

當然，若艾咪的生命中沒有這種人能讓她有這樣的覺醒是最好的，但我們無法如願將有害的人或事從我們生命中剔除。有時得忍受待我不公、惹人心煩或舉止惡劣的人。但我們可以控制我們自己這一邊，愛咪就在提示上出奇招。用別人的行為來提示自己做出健康、而非自我挫敗的回應，這可以用在讓我們覺得無助的任何情況。艾咪發現這麼做的正面影響遠超過她當出所想。原本夾在雙方爭執之間的孩子們，如今在輪流監護之下壓力似乎不那麼大。她還注意到她的冷靜態度似乎也傳染給她前夫，就像她讓他的憤怒氣球消了氣一樣。他偶爾還是會口出惡言，但他似乎已經心口不一了。長久以來，艾咪第一次膽敢希冀兩人有一天能成為朋友，或者至少當個文明的父母。這額外的改變影響了他，沒多久，他就完全停止惡言相向了。兩年多以來，兩個人首度一起大笑，感覺很不真實。他們有了休戰的默契，這在一年以前根本就難如射月。

我最近打電話給她、請她幫忙某個案子，她告訴我她和前夫一起合辦了小女兒的畢業派對。我說這真是太棒了，但也令我訝異。她笑著說：「相信我 BJ，沒有人比我們更訝異。」我問她、她認為這是怎麼發生的，她說要有同理心。她把前夫的

負面行為當成她做正面行為的提示，因而變得更快樂、也更有同理心。當她走出羞愧和沮喪的心境，能夠想得更清楚。她發現他前夫並未像樣她一樣花時間發展出與人相處的技巧。在兩人的婚姻關係中，她一直扮演著他心情的社交緩衝角色。離婚後，他得靠自己領悟出這一點。艾咪知道這對他來說很困難，她能夠同情他。

人類天生能知道別人對我們的感覺，即使對方沒有明確表達也一樣。艾咪認為她前夫感覺到她態度的改變，以及背後的同理心，於是也開始做出改變，她還告訴我這在她意料之外。當初她創造愛自己的習慣時，只是想要保護自己、並改變可怕的處境。

這就是當你磨練技巧、實驗美好的新方法時的附帶好處。艾咪使用提示來解決問題、扭轉她前夫的行為所產生的影響，實在是個有創意的另類做法。艾咪的故事說明了正面習慣對於自己和他人生活具有瀑布效應。

為什麼它的正面效應會廣為傳達、正是小習慣的效果如此巧妙的背後祕密。人們透過感覺良好來改變的效果最佳、而非感覺糟糕。艾咪妥善利用提示來設計改變，因而立於不敗之地。這些改變之所以奏效，是因為它們幫助她做到她早就想做的事情。而這份成功讓她感覺更好。於是她繼續追求這種感覺，並越來越有自信能夠透過精心設計讓好事發生。她讓行為容易做的能力和利用提示的點子都不斷提升，展開新習慣變得輕而易舉。容易的過程提高她的動機、讓她更願意嘗試看起來困難的新事物。

不過，艾咪會如此成功還有一個原因。

她最後多做了一個步驟,專心享受美好的感覺。她利用她從小習慣法的所學,當下立即創造出正面情緒。她開心慶祝。這正是我們的下一個主題。

在接下來的幾個章節裡,我將分享的技巧能讓你改造大腦、擁有迅速又簡單創造習慣的力量。

為新習慣找到提示的小練習

練習一:找到錨點

列出你每天固定會做的習慣(或慣例),這是很珍貴的資源。清單上任何可靠的習慣都可以用來做為新習慣的提示——也就是錨點。

我把一整天分解成幾個部分,以幫助你寫出一長串清單。

步驟 1:列出你早上上班前的所有日常習慣。

步驟 2:列出你午餐前的所有日常習慣。

步驟 3:列出你午餐期間的所有日常習慣。

步驟 4:列出你午餐後的所有日常習慣。(如果你也像多數人一樣,則你下午應該不會有太多可靠的習慣。這沒關係。)

步驟 5:列出你準備下班時的所有日常習慣。(也許只有一點,但很適合成為新習慣的錨點。)

步驟 6:列出你下班後的所有日常習慣(包括回到家以後)。

步驟 7:列出你即將上床前的所有日常習慣。

步驟 8:把清單收好。下一個練習會用到。

練習二:利用既有習慣清單來創造小習慣配方

創造新習慣有個快速又有效的方法,那就是從既有的日常習慣開始,然後找出能排在它之後的新習慣。你在前一個練習已經寫出一長串日常習慣,很好,你現在需要用到它。

步驟 1：從習慣清單中挑出一個你不曾忘記做的可靠習慣。

步驟 2：想想有什麼新習慣能自然而然地安插在這個習慣之後。多想些點子。

步驟 3：從步驟 2 挑出你最喜歡的新習慣。以小習慣範本寫出以下配方：我＿＿＿＿＿＿＿之後，我會＿＿＿＿＿＿＿。

步驟 4：重複步驟 1 到步驟 3，再找兩個可靠的習慣、寫出兩個配方。（一口氣練習三個習慣，你會學到更多。）

步驟 5：開始練習你的新習慣。（不用對此太嚴肅或拘謹，直接去做、享受箇中樂趣。）

練習三：面對生命中的煩惱、創造珍珠習慣

本練習讓你從煩惱中創造價值。

步驟 1：列出至少十項常常讓你煩惱的人事物（大排長龍、吵人的摩托車、隔壁的狗叫聲等等）

步驟 2：從中選出最常讓你煩惱的事情。

步驟 3：找出能在煩惱之後進行的有益的新習慣。至少想出五個選項。

步驟 4：從步驟 3 選出最佳選項，創造出小習慣配方。例如：我發現我必須排隊等候之後，我會練習單腳站立、然後換另一隻腳。

步驟 5：開始練習你的珍珠習慣。（並觀察你的煩惱程度是否改變。）

在進入下一章以前，在此列出 PAC 人物圖來複習我們所學到的三種提示來源。

提示

行 動
讓人物的既有慣例
來提示下一個行動

人 物
讓人物提醒
自己去行動

讓人物所處情境中
的事物來提示行動

情 境

第 5 章

情緒創造習慣

琳達把明信片貼在冰箱上、她孩子們的手指畫傑作旁邊，那是 1950 年代的家庭主婦在講電話的黑白圖片，婦女頂著完美的髮型，頭上有個對話框，寫著：「如果孩子 5 點的時候還活著，我便盡到職責了。」

琳達看到這張明信片時，大聲笑了出來。這句話讓她莞爾、也讓她思考，它道出了一種自我接受的態度，這是琳達一直想要感覺、但又很難擁有的。她理當對照顧孩子所做的努力感到滿意，但卻完全沒有這種感覺，所以她才把這張明信片貼在冰箱上。

她先生回家看到，對於箇中的諷刺語氣感到訝異。

「這給人希望，」琳達嘆口氣說。

那時琳達還是全職媽媽，要照顧六個不到 13 歲的孩子。她喜歡在家陪伴他們、對此沒有抱怨，但她一直覺得忙不過來。每晚躺下來後，腦中想的都是當天沒做完的事情，一直湧現白天的畫面：穀片灑在汽車後座（我應該把它吸乾淨的）；一大堆洗好的衣服沒有摺（我應該把衣服收好的）；兒子推姊姊而被她打一巴掌後傷心的臉孔（我應該對他更有耐心的）；流理台上堆積如山的髒碗盤（我應該把它們都洗乾淨；要是我媽就不會放著髒碗盤不管。）待做清單上的一個小缺失最後總演變成大災難。每一件未完的工作都在睡前跳出琳達的腦海，讓她真心覺得自己不是好媽媽、好太太或好人類。

有些晚上，當琳達第十度把牛奶放回冰箱，她覺得這位五○年代的家庭主婦也對她感到失望。她不僅沒有在 5 點以前完成所有母親的職責、辛苦了一天卻連自己也不滿意。冰箱上的婦女圖片越來越無法激勵她、反而提醒了自己離這種勇敢的自

我接受態度有多遠。

　　後來琳達把這個故事告訴我，我並不意外。我從研究中發現大人們會用各種方式告訴自己：「我沒做好，」很少會說：「我做得好。」我們很少認可自己的成功、對自己的所作所為感到滿意。對自己微小的成就感到滿意會覺得很彆扭。你可能也像琳達一樣，匆忙度過月月年年、只注意到自己的缺失。我要告訴你、大家都和你一樣，所以我才為你寫了這個章節。

　　接下來我會教你如何獲得超能力──任何時候都感覺美好的能力。你可以用這個超能力來改變你的習慣、最後改變你的人生。感覺美好是小習慣法的重要部分。你可以利用我稱為「慶祝」的技巧來創造出這種感覺。當你用小習慣的方式來慶祝，便能隨時在內心創造出正面感受。這種美好的感覺把新習慣植入大腦。你會發現慶祝意外地有效，而且可以很快速、容易、甚至有趣。

　　慶祝既是行為改變的專門技巧、也是心理上的架構轉變。想想看，如果琳達有辦法讓自己的感受不要只偏向自責的一邊，則她的睡前反省會有多麼不同。事實是，她的一天同時充滿不足與盈餘、有緊張的時刻也有成功的時刻。她也許沒有清潔車內，但她準時送小孩去學校、去足球練習、去小提琴課。她也許沒有把衣服折得很漂亮，但她把髒衣服都洗淨烘乾了。她也許沒有洗碗，但她餵孩子吃了健康的一餐、大家都很開心。當時琳達還不了解享受每個小型勝利的重要性，能夠改變她的行為和生活。那些成功一直都在，只不過琳達也和許多人一樣，需要技巧才能知道如何慶祝它們。

　　我招供：我使用牙線的習慣那麼快就成功的原因，我並沒

有全盤托出。當然，我從 B=MAP 的角度建立了習慣。我讓使用牙線變得容易，還找到了很棒的提示，轟！一切看起來都很好，不是嗎？

　　這個嘛，整個拼圖中還差了一塊，我當時壓力很大，連帶無法貫徹新習慣，害我差點失敗。我新創的事業沒有起色、而我最小的外甥又意外喪生。每晚睡前思索我個人和當天發生的事，讓我好幾個禮拜夜不成眠。我晚上多半極度焦慮，往往凌晨三點還做著唯一能讓我平靜下來的事情——上網看小狗的影片。早上我總是跌跌撞撞地下床、展開一天的生活。我在浴室盥洗的時候會避免照鏡子。我不想讓鏡中的自己提醒我現實有多殘酷：我看起來很糟、感覺很糟、害怕面對一整天。

　　有天晚上特別難受，就連小狗的影片也無法讓我平靜，到了早上，我不想照鏡子，心想：你知道，今天可能是我人生徹底瓦解的一天。會是充滿挫折、失敗連連的一天。

　　接著我展開晨間慣例，我拿起牙線，心想，好吧，即使今天每件事都不順利，我並非完全失敗。至少，我用牙線清潔了一顆牙齒。我對著鏡子微笑，對自己說了兩個字：勝利！

　　然後，我感覺到了。有什麼事改變了。就像我繃緊的胸膛打開了一個溫暖的空間。我感到平靜、甚至還有一點活力。這讓我想再度有這種感覺。但之後我擔心我沒法再感受到。我外甥才剛死，我的人生似乎就要瓦解，用牙線清一顆牙就能讓我好過？真是瘋了。那怎麼會讓我好過？

　　如果我不是行為科學家、對人類天性充滿好奇，我可能就會一笑置之、不再探索。但我問自己：用牙線清一顆牙怎麼會讓我好過一點？是因為使用牙線這個動作嗎？還是對著鏡子說

『勝利！』」？還是微笑？

　　當晚我又試了一次。我清一顆牙、對著鏡子微笑，說：「勝利！」接下來的幾天，我還是常陷入低潮，但我繼續用牙線、並大聲說勝利。不管發生什麼事，我每天都能創造出感覺美好的時刻——這很了不起。

我的小習慣法配方

我……　　　　　**之後，我會……**　　　　　要讓習慣深植於大腦，我得馬上：

刷完牙　　　　　　用牙線清一顆牙齒。

勝利！

錨點　　　　　　**小行為**　　　　　　**慶祝**

利用生活中既有的　你想要的新習慣，但縮小規模　去做能在內心創
慣例來提醒你做小　讓它變超小——而且超簡單。　造正面感受的事
行為（你的新習　　　　　　　　　　　　　情（這種感受叫
慣）。　　　　　　　　　　　　　　　　做「發光」）。

　　當時我並不知道這小小的慶祝發揮了功效，但我感覺到重要的改變發生。我開始把我的勝利口號用在其他的新習慣上，注意到有喊口號的習慣要比沒有慶祝的習慣更容易根深蒂固。我又試了其他不同的慶祝方式，包括對自己豎起大拇指、和揮舞拳頭說「太棒了！」

　　我還想出安靜慶祝的方式：只要簡單地微笑、並在腦中喊「吔」，就可以創造出成功的感覺。

　　我從 2011 年開始分享我的小習慣法時，我把慶祝放入課程當中。我並未向習慣客們說明我為什麼要他們這麼做，我只是說：「你做了新習慣之後要慶祝。」

後來，我訓練教練來教授小習慣法時，發現並非每個人都自然會慶祝，甚至有些人還會感到不自在（我們稍候會對付這一點，別擔心）。

儘管我教學員如何慶祝，有些人還是做不好，認為慶祝是多餘的或做起來太彆扭。就連對我的方法融會貫通的專業人士有時也不把慶祝當一回事。我越來越強調這項技巧，因為我越來越相信感覺美好的力量是創造習慣的最佳方式。我知道真心慶祝的人在迅速創造習慣上都非常成功。而且，奉行慶祝的人告訴我，他們很訝異這小小的改變居然能有那麼大的功效。這些人說他們開始期待做新習慣、這讓才能慶祝。有些人還會問我：「這麼想是不是很瘋狂？」（不。這其實是大好現象。）

行為設計步驟

- ☁ **步驟 1**：釐清志向
- ◎ **步驟 2**：探索行為選項
- ☀ **步驟 3**：為自己匹配出具體行為
- ☺ **步驟 4**：從小習慣開始
- ! **步驟 5**：找個好提示
- 😃 **步驟 6**：慶祝成功

我為什麼會那麼堅持要慶祝呢？要回答這個問題，先讓我回到小習慣早期的日子。

我公開分享小習慣法的幾個月之後，有一段永生難忘的經驗。我收到一位女士寄來的郵件，她名叫朗達，特地寫信要感謝我。她說我的慶祝技巧對她的人生造成重大影響。她終於發

現她的潛能，這讓她很意外。她開始執行小行為後，發現她忍
受了「一輩子對自己說垃圾話。」

朗達的覺悟讓我振奮。我因而更決意要向世人分享小習慣
和強大的慶祝技巧。感謝朗達讓我改變方向：我稱為小習慣的
這項計畫需要的遠不只研究而已，它需要全面性的介入。

為此我進一步研究，我想知道為什麼簡單說聲「勝利」這
樣的字詞能有如此巨大的不同。為什麼慶祝能如此迅速地幫助
我建立起使用牙線的習慣？

為找到答案，我繼續把慶祝的技巧傳授給數千名習慣客、
並且每週測量成效。我也在日常生活中觀察別人是如何自然而
然地慶祝成功，其中不乏世界級的運動員。我也埋首於專業文
獻，發現沒有人研究過這種現象，但也找到零星的相關理論。
經過幾年的匯集與整理，我終於有了答案。

當你實際慶祝，便觸動了大腦裡的獎勵迴路。在對的時候
感覺美好，能讓大腦察覺、並把你剛剛做的行為順序牢牢記
住。換句話說，你可以透過慶祝和自我強化來直搗大腦核心把
習慣搞定。我在研究中發現這項技巧從未被命名、描述或研
究。我發現我研究並傳授慶祝的技巧是帶頭創新、幫助人們更
上一層樓。

讓我們張開雙臂、擁抱美好的感覺吧！

正面的經驗能強化習慣

每個父母都不會忘記看到孩子踏出第一步時那種純粹全然
的愉悅。學步的地點各異、但劇情都一樣：嬰兒蹣跚但堅定地
拉著茶几站起來，扶著走了幾分鐘，然後看到媽媽就在不遠處

跪坐著，也許爸爸正坐在沙發上把值得流傳家族的這一刻記錄下來。爸媽鼓勵孩子走路已經一段時間，今天也許就是歷史性的一天。最後，嬰兒鼓起勇氣、一隻手離開茶几。媽媽舉起雙臂、說：「過來，寶貝，你做得到！」

這名即將成為幼兒的孩子踏出第一步、然後又一步，最後撲進媽媽的懷抱。

「吔！太棒了，寶貝！看看你，你會走路了！」

爸爸此時會放下手機、抱起孩子，也許還會逗弄她、讓她哈哈大笑。

走路是一種經過重複便能習慣成自然的行為，爸媽為孩子的努力拍手叫好，這是全世界的父母都會有的自然反應，而且這麼做是有目的的：適時的慶祝幫助孩子學習得更快。

我所指的學習並非記住九九乘法表，在心理學上，學習是大腦面對周遭環境時促使我們做出改變的過程。這類改變具有進化目的，促進我們生存、茁壯、繁衍。

正面經驗能強化新行為、造成習慣性反應。例如，凡是能給你立即享受的事情都能強化行為、使未來再度發生。在這方面，食物是強大的工具。無論是訓練你的狗坐下、還是用零食吸引學生準時上學，食物都能鼓勵行為、強化習慣。

幾年前，我們在我位於史丹佛的實驗室做了一項研究，以了解幽默是否能用來鼓勵人們回收。我們放置了一個特別設計的回收桶，只要丟東西進去，就會聽到「辛普森家庭」（The Simpsons）裡的對話。當有人把空的汽水罐丟進去，回收桶就會出現荷馬用他特別的聲音說：「瑪姬，郵差送信來了！」我們偷偷把這個回收桶放在聖荷西貿易展現場、觀察人們的反

應。人們使用這個回收桶時都感到驚訝和有趣。有些人為了聽到更多對話，會找更多回收紙來丟。有些人則把垃圾從桶裡拿出來、重新再丟一次。像這樣的垃圾桶是否能培養人們回收的習慣呢？也許吧！無論如何，我們的研究方向對了。幽默帶來的正面感受能夠強化行為。

解除身體、情緒或心理的痛苦也是一種正面經驗。凌晨三點，你又失眠了，你輾轉難眠擔心工作上的事情，明天是大案子的截止日，每個人都忙得不可開交。你是經理，有責任讓事情順利進行。此時你睜大眼睛，擔心明早會收到進度遇瓶頸的郵件，一想到就焦慮不已，於是你乾脆翻身起床，拿起床頭櫃上的手機，檢查收件匣。呼！沒什麼緊急的事情，沒什麼需要回應的事情。你感覺鬆了一口氣。你下次半夜睡不著，就是要找到這種正面經驗。你檢查電子郵件，再度感到鬆一口氣。於是，檢查收件匣成了一種習慣。我有時對企業演講時，會問觀眾這種情況是否很熟悉。有時現場會有三成的人舉起手，承認他們有一樣的習慣，卻多半不知道那種鬆一口氣的感覺是背後原因。

有些電動遊戲的初級關卡讓人很容易覺得成功，這是故意設計的，讓你會一直想玩下去。Candy Crush 的下載次數已經超過 20 億次，這是你能在手機上玩的一種簡單（又免費）的匹配遊戲。第一關簡單到不行，為凸顯你成功過關，設計者加裝了許多有趣的感官體驗，有清脆響亮的叮叮聲和令人滿足的視覺提示。達到某一分數以後，螢幕甚至還跳出「sweet」（甜美）這個字。結果呢？你很快就感到成功──只要有一、兩分鐘的空閒時間，你就會繼續玩。為什麼呢？因為你在這個遊戲

裡很甜美──那又怎樣呢？那感覺很棒。

　　這些經驗經由不同的感覺美好路徑到達習慣的終點，但它們都有個共同點。你經歷正面強化時、大腦所發生的並非魔術，而是神經化學。美好感覺刺激一種叫做多巴胺的神經傳導物質（大腦中的一種化學傳訊者）產生，控制大腦中的「獎勵系統」、幫助我們記得什麼行為會導致良好感覺，以便能一再重複。有了多巴胺的幫忙，大腦便能記住這因果關係，創造對未來的期許。

　　你可以在大腦中創造一種神經科學家稱為「獎勵預期錯誤」的事件，來侵入這個獎勵系統。道理如下：大腦不斷在評估與重新評估你周遭世界的經驗、景象、聲音、氣味和動作。大腦根據之前的經驗，對你在各種情況會產生什麼經驗都已經有了期許。你的大腦預測你把手機掉到水泥地上會發生什麼事（哦不！），也預測你最愛的餐廳裡的蛤蜊濃湯是什麼味道（好喝！）。當經驗與你大腦期許的不同時（哦，我的手機居然沒有摔壞），你就有了「獎勵預期錯誤」，此時大腦中的神經元會調整多巴胺的釋放，以記住新的預期。

　　假設你有每天寫日記的習慣。有天早上你拿起新買的紫色原子筆書寫，發現它寫紙上非常流暢，毫不費力，就像你有超能力一般。你對於使用這支紫色原子筆感到不尋常的成功，出乎大腦意料之外──這就是獎勵預期錯誤。當下的情緒讓你的神經元釋放多巴胺，並迅速將這項新行為記錄成日後直得重複的事情。嬰兒學步時父母高興地尖叫也是一樣，嬰兒的大腦釋放出多巴胺，將「走路」記憶成好事，是絕對值得一做再做的事情。

習慣來自讓你感覺美好的情緒

做某個行為時的感覺直接關係到未來再重複這項行為的可能性。我在小習慣法研究出情緒和習慣的關聯時，很訝異以前居然沒看出這一點。就像謎語公佈答案一樣，一切都變得顯而易見。真不知這體悟怎麼沒有早點成為常識。

人們對於重複創造習慣的舊迷思信奉太久，只把重點放在所需天數。今日仍有不少知名的習慣部落客主張重複或頻率是關鍵。你只要知道：他們不過是在覆述舊思想，並未做過突破性的研究。

我在自己的研究中發現習慣可以快速形成，只要對於該行為有強大的正面情緒，往往幾天之內就可以搞定。事實上，有些習慣似乎能馬上扎根。做過一次以後，就不再考慮其他做法，創造出立即習慣。例如，如果你給你正值青少年的女兒一支手機，她使用手機的情緒反應會快速深入習慣，不需要重複。

我教導人類行為時，把重點精簡成清楚易懂的六個字：情緒創造習慣。不是重複、不是頻率、不是運氣。是情緒。

當你在設計培養習慣時——無論是為自己還是為別人——你設計的其實是情緒。

姑且不論 IG 的動機，先想想它是如何利用這個道理的，你照相後，該 app 提供容易使用的濾鏡，你試用各種濾鏡時，親眼看到照片如魔術般變換，讓你的照片不再只是照片。你感覺你所分享的是獨特的藝術創作，你甚至還對自己的技巧感到訝異和驚艷。這時，你的大腦釋放多巴胺，你會找機會再度使用 IG，因為它讓你感覺美好。

在行為上，決定和習慣是相對的。決定需要深思熟慮，而習慣不需要。你可能每天早上都得決定要穿什麼衣服，但人們多半不用決定離家時是否要帶手機，而不假思索就會帶上它，自動進行。我創造了一套簡單的模型來說明決策和習慣的不同。我稱之為「自動性頻譜」。

行為有多自動？

毫不自動 ←————————— **B** —————————→ 完全自動

決定　　　　　　　自動性頻譜上的行為位置　　　　　　強大習慣

頻譜的左邊是不會自動進行的行為，它們是決定或刻意的選擇。頻譜的右邊是強大的習慣——像是握鉛筆或綁鞋帶這種不用思考就會做的行為。頻譜中間的圓形代表你需要稍微故意才會做的行為，並不是完全自動。如果你做位於頻譜中間的行為時有情緒反應——再做的時候或剛做完時產生正面感覺——那麼該行為就會移往頻譜右邊、變得更加自動。

情緒讓行為更加自動

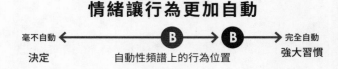

毫不自動 ←——————— **B** ——→ **B** ———→ 完全自動

決定　　　　　　自動性頻譜上的行為位置　　　　　強大習慣

想想以下例子：叫 Uber 或叫計程車。你第一次使用 Uber 時，可能分析了不招計程車而改叫 Uber 的優缺點。畢竟，它使用起來非常容易，你幾乎覺得你賺到了。我第一次叫 Uber 的時候非常滿意，只按幾個鈕就行了，就像魔毯帶我進入豪華境界。哇！它超越我的期望，這是肯定的。

後來我需要叫車時，幾乎不用思考我該如何到達目的地，我甚至不考慮招計程車。完全不用做決定。我只需要打開 Uber

的 app，按幾個按鈕就行了。沒錯，這個習慣這麼快就建立起來：只做一次就成了。多數行為需要多做幾次才能從決策轉變成習慣，但我希望你懂我的意思了。

情緒創造習慣是好事也是壞事。讓我先說說它的黑暗面。

無論是「好」習慣還是「壞」習慣，習慣形成的整個過程都是一模一樣的。大腦才不在乎這社會是否宣稱凌晨兩點吃蛋糕是不健康的行為，它還是想要吃蛋糕帶來的享受。有許多行為都讓人感覺美好（想不起來嗎？打電動啊！）、而變成我們寧願不要的習慣。重點是，大腦中的獎勵系統受情緒直接影響、而「好」與「壞」的社會標籤影響則不那麼直接。人類深受情緒影響，因此我們大多擁有各式各樣的習慣──有些我們想要、有些我們不想要。

好消息是，我們的大腦化學效應並非完全沒用。利用我們對大腦運作的所知，能夠讓大腦來幫我們。

怎麼做呢？

可以刻意創造感覺、讓我們想要的習慣在生活中根深蒂固。當我們進入大腦、一窺以往的行為路徑時，能看出人類驚人的學習與改變潛力。我們有機會利用既有的大腦機制來感覺美好、並改變行為。

有許多各類正面強化都可以用來建立習慣，但在我的研究和教學中，我發現真正有效的做法是創造成功感。

慶祝創造美好感覺對建立習慣最有效

慶祝是創造正面感覺、建立新習慣的最佳方法。它免費又快速，不論膚色、體型、高矮胖瘦、收入和個性，人人都可以

使用。此外，慶祝能教導我們如何善待自己——是一項投資報酬率最大的技巧。

　　然而，在你把慶祝和其他所有關於獎勵的概念混為一談之前，讓我們先後退一步，淺談獎勵。好啦，也許要責罵一下。

　　許多所謂的行為專家想出用獎勵來激勵新習慣的形成，他們的說法在正確答案的軌道上，因為，是沒錯，有獎勵的刺激能啟動獎勵迴路，但「獎勵」一詞已經從學術界用到科普，它的意思早已混亂模糊，不但沒有幫助、還可能誤導大眾。

　　假設你立志這兩個禮拜每天都要跑步，兩週以後你去按摩來「獎勵」自己。我會說：「你高興就好！」因為多按摩有益無害。但我也會說按摩並非獎勵。它是個誘因。

　　行為學中的獎勵意指和某一行為直接相關的經驗、讓該行為極可能再度發生。獎勵的時機很重要。科學家在幾十年前就學到獎勵需要發生在行為進行當中或之後的千分之一秒以內。大腦釋放與處理多巴胺的速度很快，這表示你得快速營造美好感覺來形成習慣。

　　誘因就像銷售獎金或每月一次的按摩，能夠激勵你、但不會扭轉大腦思維。誘因發生的時間太遠，無法刺激出形成新習慣所需的足夠多巴胺。早上做三次深蹲、晚上就看電影來獎勵自己，這樣是行不通的。做深蹲和看電影得到的美好感覺距離太遠，無法讓多巴胺建立起兩者的關聯。

　　你想要破解的神經化學反應不僅與時間息息相關、同時也高度個人化。讓某人感覺美好的事物不見得適用於每個人。你老闆也許熱愛咖啡的香味，她走進咖啡店深吸一口氣，感覺非常美好。但你同事可能不喜歡咖啡的味道，他的大腦不會做出

相同反應。

真正的獎勵——能實際創造習慣——要比多數人以為的都要狹義。

我在研究和教學上都很重視精確，會盡量使用具體明確的意義。「獎勵」一詞在我們的日常語言中已變得混淆，我使用它時一定會小心定義，它太模糊而且沒什麼幫助。

姑且不管專有名詞的問題，我不想亂了頭緒：大腦有專門記住新習慣的內建系統，透過慶祝，你便能破解這套系統。

找到對你有用的慶祝方式後，在新行為後立刻進行，大腦就會重置、讓這項行為在未來更加自動化。等到習慣建立成功，慶祝就變成可有可無了。你不需要一直慶祝同一個行為。不過，有些人會保留習慣的慶祝部分，因為它創造美好感覺、而且有許多正面效應。

另一個要謹記的重點是，慶祝是習慣的肥料。每一次慶祝都強化了習慣的根源，累積下來，讓整個習慣花園更加肥沃。透過成功感和自信的培養，能讓我們的條件更具吸引力、更適合種下其他我們想要的習慣種子。

福格準則 2：幫助人們感覺成功

我在第 2 章說明過福格準則 1：幫助人們去做他們早就想做的事。我發現這項原則很重要，因為我研究許多成功的產品和服務，發現它們有個共通點：幫助人們做他們早就想做的事。若非如此，產品或服務不會成功。

我把這項觀點用在人們如何能改變行為上面，結果完全適用。成功來自於幫助自己去做我們早就想做的事。只要遵照準

則 1、並為自己匹配出黃金行為，你就不需要辛苦維持或操弄動機。終於能夠跟動機猴子說再見、創造出持久的改變。

現在該提出準則 2，它的重要性不下於準則 1。

「福格準則 2：幫助人們感覺成功」只是簡單的一句話，但非常重要。請注意，我並沒有說：「幫助人們做到成功」而是感覺成功。

現今每個發展成熟的產品或服務都做到這一點。它們幫助我們感覺成功。看看你喜愛的產品和服務——從網路購物、你穿的衣服、到你每天開車、溝通或玩電動使用的 app，就會發現你從它們獲得成功的感覺。

當初 IG 在充滿競爭對手的險峻態勢中推出，我的學生麥克和他的合夥人之所以勝出，是因為他們創造了最簡單又最佳化的方式來幫助人們感覺成功。

如果你試用某個產品、它讓你覺得綁手綁腳、愚蠢、或失敗，則你很可能會拋棄它。但當某樣東西讓你感覺成功，你會想要更多、增加使用時間、讓它進駐日常生活。

同樣的道理也可用於我們為自己的生活設計改變上面。幫助自己感覺成功是小習慣的宗旨。

小習慣的慶祝方式講究立即且真實

以下方式能幫助習慣迅速又簡單地深植於大腦：(1) 依行為排序進行你想要的習慣（錨點—小行為），然後 (2) 立刻慶祝。

非常簡單！對吧？不過，慶祝亦簡單亦複雜。讓我們來談談這項技巧的幾個注意事項。首先，我說你需要在做出行為之

後立刻慶祝，我真的是指立刻。立即性是決定你習慣形成速度的部分因素。

另一個因素是慶祝時感受到的情緒強度。這是連出兩拳：你必須在行為後立刻慶祝（立即性）、而且你的慶祝必須感覺真實（強度）。

我開始在上廁所後做伏地挺身時，會揮舞拳頭兩次、說「太棒了！」對我來說，這是很棒的慶祝方式，因為它立刻創造正面感覺。然而，有些人會覺得我的慶祝很可笑、甚至難為情。這沒關係。只要記下福格的慶祝方式不適合你就好了。

你不需要大動作的慶祝，簡單的微笑或說出只有自己聽得見的肯定話語就能奏效。

開始探索吧：尋找你覺得可靠的慶祝方式。如果你在慶祝時覺得彆扭或做作，則可能會有反效果。大腦不想要感覺彆扭──它只想感覺美好。慶祝純粹是個人的事，讓我感覺美好（而且不笨拙）的方式可能和讓你感覺美好（而且不笨拙）的方式完全不同。

連出兩拳的第一部份──立即性──不難理解，但要找到能真正創造美好感覺的慶祝方式是一大挑戰，可能得視個性和文化而有所不同。有些人天生就喜歡慶祝成功。如果你是個熱情又樂觀的人，你可能會覺得慶祝很容易，甚至很有趣。事實上，你平常可能就已經在慶祝了；你只是不覺得這是一件特別的事。不過，如果你是個喜歡自我批評或看法悲觀的人，慶祝對你來說也許不是自然就會的事情。

我還發現某些文化（哈囉，我英國和日本的朋友！）習慣自嘲、不喜歡出風頭，有這種個性的人慶祝起來較不容易。

無論你從哪裡來、是什麼樣的人，都能自然而然的慶祝、幫助你迅速建立習慣。只要找到適合你的方式就可以了。

來看看我布蘭特叔叔的例子。他今年七十多歲，退休前在猶他州是個精明的律師。他擅長與人爭辯、說服別人面對現實，而非慶祝任何事。幾年前，我在家族聚會上提出小習慣、並說明慶祝的理論，布蘭特叔叔硬生生地打斷我、說他從來不慶祝，因此這做法並不適用每一個人，謝了，BJ。

我問布蘭特叔叔官司打贏後會做什麼，他露齒而笑，伸出一根手指，說：「賓果！」

大家都笑了，因為這就是布蘭特叔叔會做的事情，但我說：「這就是了！說『賓果』就是你自然的慶祝方式。」

所以，親愛的讀者們，我要說的是，連我的硬漢叔叔都有自己的慶祝方式，你也一定有。你只要去找到它。

慶祝不一定要大聲說出口、甚或使用誇張的肢體語言。唯一的規則是，它必須是用說的或用做的（在內心進行或表現出來都可以）、讓你感覺美好並創造出成功感。

以下事實可能會讓你感到訝異：英文當中並沒有描述經歷成功的那種正面感受的字眼。我讀過一大堆這方面的科學文獻、也自己做過研究，確定我們並沒有適當的字彙。（最接近的字詞是「真心自豪」，但並不完全到位。）於是，在三位世界級人類情緒專家的鼓勵之下，我決定為這種成功的感覺自創新字。準備要聽了嗎？我稱它為感覺「發光」。

你已經知道這種感覺：考試考得很好時，你感覺「發光」。做出精彩簡報、贏得全場掌聲時，你感覺「發光」。聞

到第一次做的菜肴香味時，你感覺「發光」。

我相信我的慶祝技巧是習慣形成的重大突破，我希望你能看出箇中原因。巧妙慶祝之後，你創造出一種「發光」的感覺，能讓你的大腦記住新習慣。

如果我能親自教你小習慣，我會先專門訓練你如何慶祝。我會幫你找到自然又有效的慶祝方式。我們會一起練習，效果一定很棒。我在教你福格行為模型、或簡單的力量、或錨點、或小習慣配方之前，就先訓練你會慶祝。慶祝會是第一課──因為它是創造習慣最重要的技巧。

既然我無法到你家親自教你如何慶祝，在此提出以下幾個練習，幫你找到適合的慶祝方式。

找到你順其自然的慶祝方式

自然又衷心的慶祝將讓你獲得創造習慣的超能力。

如果你找到可能有效的慶祝方式，設身處地思考以下場景、看看你會如何反應。這能讓你了解你的自然慶祝方式。利用那自然的反應來感覺「發光」、建立出新習慣。

（閱讀以下場景時，不要過度思考或分析。自然反應就行了。）

夢想的工作場景

你決定到你熱愛的公司申請你夢想的工作。你一路披荊斬棘到了最後的面試，面試官說：「我們會寄電子郵件通知結果。」隔天早上經理的郵件已經在等著你，你打開它，映入眼簾的第一個字詞是：「恭喜！」

當下你會做什麼？

辦公室場景

想像自己坐在辦公室。你有紙張要回收，回收桶遠在另一邊。你決定把紙揉成一團直接朝回收桶丟。你不確定會不會丟進。紙團隨著

拋物線直接消失在桶裡。空心球！

當下你會做什麼？

冠軍場景

你最愛的球隊進入冠軍賽。雙方比分平手、時間所剩不多。就在最後一秒結束之際，你的球隊得分、贏得冠軍。

當下你會做什麼？

你是否找到能讓你感覺「發光」的慶祝方式了？如果還沒有，該試試別的慶祝做法。

以下列出其他慶祝方式供你嘗試，包括在人前進行的、也有在家裡私下進行的。

+ 說「太好了!」或「吧!」

+ 揮舞拳頭

+ 大笑

+ 想像你孩子為你鼓掌

+ 哼你喜歡的輕快歌曲（像是《洛基》的主題曲）

+ 跳點簡單的舞步

+ 拍手

+ 點頭

+ 為自己豎起大拇指

+ 想像全場歡呼

+ 告訴自己：做得好

+ 深呼吸

+ 彈指

+ 想像看到煙火

+ 抬頭、雙臂舉出 V 字型

＋ 得意地笑、並告訴自己：我做到了

更多慶祝方式請見附錄「100種慶祝與感覺『發光』的方式」。

在不同的情況下慶祝

　　我鼓勵你找出各式各樣能公開或私下進行的慶祝方式。我最喜歡的私下慶祝方式來自於一名叫做麥克的習慣客。麥克是事業有成的行銷公司創意總監，他企圖健身、想要從早上做伸展和簡短運動開始。他透過入門步驟來建立新瑜伽習慣。他早上為咖啡機加水之後，會在客廳攤開瑜珈墊。就這樣。只要攤開瑜珈墊就好。為確實培養出這項習慣，麥克想出一個很特別的慶祝方式。他假裝瑜珈墊是拳擊場，他會前後踏步、學洛基舉起雙臂，唱著「虎之眼」（Eye of the Tiger）。有天早上，他正舉起假裝帶著拳擊手套的雙手、扯開嗓子大聲唱歌，他看到郵差經過客廳窗戶，看到麥克正全心全意慶祝他的入門步驟。麥克是個有幽默感的人，他並不會感到不好意思，但你可以知道為什麼有些慶祝還是關起門來做會比較好。

　　至於上班時的習慣，可以在你把這項習慣從待做事項清單上畫掉時畫個笑臉，就可以讓你感到成功──或心想：太好了，我做得好！如果你在健身房、不想太引人注意，也許你可以在飛輪把手上比個打鼓的手勢、或在腦中哼著「我們是冠軍」（We Are the Champions）歌曲。

　　有時還可以請別人幫你慶祝。習慣客吉兒想固定在早上做深蹲，但不知該用什麼方式來慶祝。她女兒常喜歡有樣學樣，小女孩會在媽媽旁邊跟著做深蹲。有一天吉兒決定他們做完深

蹲後來個擊掌，感覺非常好，於是她隔天也這麼做，再隔天也是。慶祝方式出現了，只要小艾瑪在身邊，慶祝效果就特別好。

無論你的慶祝是大聲唱歌還是偷偷豎起拇指，這都不重要。重要的是你的慶祝能創造出「發光」的感覺，能讓成功感油然而生。

強力慶祝

在創造各式各樣的慶祝方式時，我鼓勵你至少納入至少一個非常強大的方式——我稱之為強力慶祝。準備好這個選項，用在你需要迅速建立的習慣上面。

當我需要感到極度「發光」時，我會回想我在加州弗雷斯諾市四年級的老師，邦迪堤太太，我會想像這位優秀（又嚴格）的老師把她的手放在我肩膀上，對我說：「做得好！」

轟！

這能激勵我，感覺棒極了。這創造出強烈的「發光」感。

我不過度使用這項慶祝方式。我把它留到需要迅速創造習慣的時候再用。

感覺不到時怎麼辦

小習慣的慶祝部分有時讓人備受挫折。他們無法讓自己放手慶祝、或試了許多方法依舊感覺很假。遇到這種情況，真正問題可以比找到對的慶祝方式還要大。讓我們深入了解一番。

回到吉兒的例子。

吉兒來上小習慣課程的時候，在慶祝這一環節一直做不好，原因並非她想不出聚焦成功的好辦法。她高中時打籃球，

每投進一球，她就會誇張地向空中擊一拳。（順便一提，這種慶祝方式很能夠正確建立起投球的習慣。）

問題是，當時非常管用的慶祝動作如今顯得可笑。「有點難為情，」她對她的小習慣教練這麼說。為什麼呢？今日新的深蹲習慣和高中時投進三分球有什麼不一樣呢？吉兒後來了解，她並不覺得現在做的事值得慶祝。當她投進完美的一球，她覺得慶祝是她努力賺來的。但擦桌子？拜託，任何人都能做到，既不用技巧、也不費力、更不需要才能。沒什麼大不了的，對不對？慶祝那麼小的成功讓吉兒覺得可笑。

你也許也這麼認為：做兩下伏地挺身、或用牙線清潔一顆牙，這有什麼值得恭喜的呢？

答案可分為三個層面。

一、行為系統就是這麼運作的

假設你客廳的電視機很舊了，有時自己就會關機。你敲打它的側面、它又開機。這麼做一點道理也沒有，但每次都有用。工程師也許能告訴你為什麼敲打它有用，但這不重要，因為你達到目的了——看完你想看的節目。行為系統也包含看不見的組件，但我們知道多巴胺是讓習慣持續下去的重要部分。這是大腦的運作方式。

二、慶祝是一項技巧

你也許覺得慶祝很做作，沒有關係，但這項技巧能夠透過練習而越來越順手。我學小提琴的時候，老師告訴我該如何握弓，但我不聽，我想用自己的方式。她堅持要我用正確的方式

來練習，才能學會。我不聽她的，因而一直無法進步。我這才
知道老師是對的。

　　所以，嚴厲又用心良苦的 BJ 要在此告訴你，你大可抗拒
學習慶祝，但要知道是你自己選擇降低建立習慣的效果。對多
數人來說，學習慶祝的努力不過是成為習慣忍者的小小代價。

三、你做的事值得慶祝

　　這是最重要的答案，因為明白你所做的事情值得慶祝、便
能改變一切。一旦有能力忽略自我批評、並擁抱美好的成功
感，將能為你的人生帶來一連串正面的影響，所及遠超過你原
本創造與慶祝的小習慣。

　　我告訴我所有的學生，確實做到你設計的新習慣，這樣的
成就一點都不小。我認為，無論改變多微小緩慢，能做出改變
就很了不起。這怎麼不值得慶祝呢？

　　如果要你慶祝小事很困難，你可能信了「不搞大就放棄」那
一套。不要相信，那是陷阱。慶祝勝利──無論有多微小──能
迅速導致更多勝利。想想以前有那麼多可以改變卻沒有把握的
機會，現在可以趕快開始改變，就從兩次深蹲做起。

　　為你所做的事找出深遠意義也有幫助。小習慣表面上看來
微小，但如果你深掘，就會找出你當初想要做它的真正原因，
也會發現這動作的價值的確值得慶祝。吉兒想培養出早餐後擦
拭流理台的習慣，但慶祝時卻難以感到「發光」，因而讓這項
習慣很難維持。於是她擴大思考這件事在他生活中的意義，她
為什麼積極想要培養這個習慣？這件事為什麼那麼重要呢？

　　她的答案是，這對她先生很重要，而她先生對她很重要。柯林負責煮晚餐，他下班回家若看到髒亂流理台，內心總是一把無名火，澆熄了他想從冰箱拿出材料、做出美味晚餐的熱情──吉兒早上留下的爛攤子讓他想做飯也做不了。他多次要她記得收拾，但她卻一直忘記或來不及。這是讓人們吵架的那種小事情──你知道的，當焦慮和緊張累積到頂點，就會一發不可收拾。有幾次吉兒做到這個習慣，她發現晚上家裡的氣氛就和諧多了。柯林下班回家、煮出一桌美味的晚餐、一家人享受天倫。清理廚房是小事、也是大事。吉兒眼中的習慣，其實能創造出讓小艾瑪健全長大的和諧家庭、也能強化他們夫妻的關係。如此一來，她看出擦拭流理台其實就是能創造美好感覺的事情，讓她明白這件事一直存在的意義──這意義促使她慶祝、並幫助她培養出紮實的習慣。

做到感覺成功有捷徑

　　該有人站出來說：你得降低你的期望。

　　我說這句話的時候，人們吃驚、傻笑或以為我在開玩笑。

　　但我是認真的。

　　沒錯，在這個超競爭、超拼命的世界，我要你降低標準。不是因為我不想要你成就大事，而是因為我知道你需要從小處做起才會成功。但如果你瞧不起小習慣，就無法從小步驟做起。嬰兒踏出第一步時我們為什麼要拍手呢？不是因為她做得很完美、特別努力、或步伐比隔壁的嬰兒大。我們拍手是因為我們知道這是她朝一輩子走路和跑步的第一小步──這非常重要。

　　承認吧！要人們相信這是我們成功改變的方法，有些人會

覺得困難、有些人則沒有問題。若遲遲無法培養出成功感，可以嘗試以下方式。

+ 找個小孩和你一起慶祝（他們對此很擅長！）吉兒發現，找她的三歲女兒一起慶祝能幫助她更加真心感到「發光」。
+ 肢體動作：微笑、高舉勝利的雙拳、或做出神力女超人的站姿（雙拳貼臀、挺胸）。有時肢體動作泛指一種正面感覺。調整到「發光」的感受，看看這動作是否強化它。
+ 慶祝時，想像和你所愛的人一起慶祝。你會對他們說什麼？你會對他們所做的真心感到驕傲嗎？當然，你會。用這些想法來找到「發光」的感覺。

一石兩鳥解決習慣問題

現在似乎可以回答人們做小習慣時最常問我的兩個問題了：我如何迅速建立習慣？以及我一直忘記做我的習慣：我該如何幫助自己記得？

我很確定答案會讓你大吃一驚，但若你知道創造習慣是一種技巧，就會理解我的答案。

準備好了嗎？

為快速建立習慣或提醒自己記得，你需要排練行為順序（先做錨點、然後做新習慣）並且立刻慶祝。重複練習七到十次。

透過演習——排練——能夠加快習慣形成的速度。我知道

這在現今世界聽起來很瘋狂，但我相信這種做法在未來會很常見。排練習慣是訓練自己在現實生活中執行它的每一步驟，和你排練舞蹈或銷售話術沒什麼兩樣。這些事情若不排練，你的舞蹈表演就會出差錯、銷售話術可能會失敗。排練才能達到表現高峰。

史蒂芬・柯瑞（Stephen Curry）練投過幾次三分球？一百萬次以上？他練到不假思索就能投進三分球的境界，這習慣已經根深蒂固，咻，進球了！

排練小習慣的時候，你不但在訓練肌肉記憶、也重置大腦記得這項習慣。如果再加上有效的慶祝，則能更快透過演習建立習慣。

假設你太太氣你從不把遙控器放回壁爐上面，若再忘記，場面就難看了。你得趕快透過排練和慶祝來記住這個習慣。配方可以是這樣：我晚上按關機鈕之後，我會把遙控器放在壁爐上面。

排練方式如下：

坐在你看電視的椅子上，拿起搖控器、按關機扭、站起來把遙控器放在壁爐上。然後大肆慶祝，做你的招牌動作——唱《洛基》主題曲、擺出神力女超人的站姿或默默地自我肯定——確認你感到「發光」。好了，這樣算一次。再重頭來，拿著遙控器坐回去、按關機鈕、站起來……

你知道我的意思了。

這聽起來很滑稽，我知道。從來沒有人敦促你要排練行為順序、並且馬上慶祝，才能讓大腦記住新習慣。但這正是我要你做的事。

我的小習慣法配方

我……   之後，我會……   要讓習慣深植於
大腦，我得馬上：

每晚   把遙控器

按關機鈕   放回壁爐上。

錨點   **小行為**   **慶祝**

利用生活中既有的   你想要的新習慣，但縮小規模   去做能在內心創
慣例來提醒你做小   讓它變超小——而且超簡單。   造正面感受的事
行為（你的新習   情（這種感受叫
慣）。   做「發光」）。

　　相信這個流程，演練七到十次。確定你的慶祝真正創造出
「發光」的感覺。現在，觀察你演練後的情況，我敢說你隔天
晚上關電視的時候，你的大腦很可能會說：嘿，別忘了把遙控
器放到壁爐上。你會在那一刻記得這件事，因為你已經訓練有
素。咻，進球了！

三大慶祝時機

　　為求簡化，我告訴人們在做出想要成為習慣的行為後立刻
慶祝。但事實是，想要更快、更可靠地成為習慣忍者，你可以
在三個時點慶祝：你記得做這項習慣的時候、正在做這項習慣
的時候，以及剛完成這項習慣的時候。每一個時點的慶祝效果
都不一樣。

記得做這項習慣的時候　　　　正在做這項習慣的時候　　　　剛完成這項習慣的時候

　　假設你有以下的小習慣配方：我下班走進家門以後，我會掛起我的鑰匙。你建立這項習慣的時候，我鼓勵你在你大腦記得做這件事的當下就慶祝。想像你下班回家走進家門、放下背包時，腦中響起：哦，我說過現在要把鑰匙掛起來、以便明天找得到。這時你就該慶祝。有「發光」的感覺時，便能建立起記得掛鑰匙的習慣、而非掛鑰匙的習慣。

　　當你慶祝記得做某個小行為時，你鎖定的是記得的那一刻。這很重要，如果你不記得去做某個習慣，你就不會去做。

　　另一個適合慶祝的時機是正在做新習慣的時候。大腦會把做這個行為和正面的「發光」感受聯想在一起。以吉兒的例子來看，光是她認同擦拭流理台的這個想法就值得慶祝。下一步是想出最佳的慶祝方式來幫助她確實做到。幾經實驗後，她確定要在做的當中慶祝。最能讓她感到「發光」的是想到晚上老公會做美味的晚餐，並給他一個吻、說：「做得好，寶貝。」對吉兒來說，這種慶祝方式直接和行為相關。她想像中的畫面讓她把她的小行為和天倫之樂的正面感覺連結。慶祝讓她記得這個習慣，提高她未來擦拭流理台的動機。快轉到今日，吉兒每天清理流理台，想都不用想。

透過慶祝讓習慣從根茁壯

　　習慣成自動之後，你就不需要再慶祝。不過，親愛的讀者，偶爾還是要慶祝一番、讓你的習慣保持能量充足。至少在

兩種情況下，可透過慶祝來讓你的習慣根深蒂固。

1. 你的習慣已經停擺一陣子了，因為去度假或搬新家，或者只是生活上遇到不如意。

2. 你正在為這個習慣扎根、增加它的強度。也許你的底線是做兩下伏地挺身，但有一天你突然決定要做25下，看看會怎麼樣。

第一點顯而易見：利用慶祝讓該習慣重回你的生活。

第二點則不那麼明顯。當你增加某個習慣的強度或時間，你就得更加努力。這時很適合再開始慶祝。想想我做伏地挺身的簡單習慣，我只要做兩下就好了。儘管如此，我的伏地挺身習慣隨時間自然茁壯，如今我一口氣能做八下或十下，毫不費力。不過，有時候我決定多做很多——25 或 30 下。若感到酸痛、需要忍痛繼續時，我就回復以前的慶祝方式。我是這麼想的：如果我做某個習慣感到痛苦、彆扭或不開心，我的大腦就會重置、叫我避開這個習慣。負面情緒似乎會讓自動性從根源枯萎，所以我努力慶祝讓我的習慣保持健全活躍、以抵消做 30下伏地挺身的痛苦。注入「發光」的感覺、讓習慣持續下去。

用不需要配方的慶祝建立儀式感

我們每天都有機會採取行動來累積並帶動我們的自我概念。我是會把手推車推回店裡、還是留在停車場的那種人呢？我是會為年邁鄰居掃車道的那種人嗎？這些小小時刻決定了我們是什麼樣的人。有時我們沒能做到，因而對自己短暫失望。有時我們做得很好，心中閃過一絲自豪。但要是我們能讓自己

很容易一再做出好行為呢？要是我們能默默累積成為最好的自我、直到我們真的成為最好的自我呢？（至少多數時刻如此。）

讓我來告訴你如何做到這一點，那就是在沒有小習慣配方的情況下直接利用慶祝這個方法。這非常簡單，但需要額外留意我們做好事的那些時刻、並用慶祝來強化那些好行為。

告訴你一個例子。

莎拉是有兩個孩子的單親媽媽，她已經使用小行為法培養出不少提升工作效率和吃得更健康的習慣。

她每晚哄小孩入睡後，通常會遇到以下兩種情形，她不是還穿著上班的衣服、妝都沒卸就躺在旁邊睡著，就是回到自己房間、倒在床上──還穿著上班的衣服、妝也沒卸。有時她終於換下衣服、丟在房間椅子上，有時甚至還刷牙、換睡衣。但她幾乎都不洗臉，這讓她很困擾──大家都知道睡覺前一定要卸妝，很多人都告訴她：「你的毛孔會阻塞！讓你長皺紋！」

這些莎拉都知道，但她有更急迫的事要擔心，像是讓小孩溫飽、電燈能亮等等。卸妝的事情她一直不太在意，直到有一天，孩子們在外公外婆家過夜，她有多餘的精神，終於能在睡前洗臉。這是件小事，但她把臉擦乾後照鏡子，她笑了。她感覺到她慶祝其他習慣的那種「發光」感覺，於是她腦中閃出自我對話：「做得好，莎拉，你洗臉了！你是個會好好照顧自己的女人。」她當下好好地享受了這個感覺美好的時刻。

莎拉沒有為洗臉這件事設計小習慣配方，但她的慶祝動作依舊幫助她建立了睡前的習慣，真是太好了，不過，莎拉的故事還沒結束。

如今她覺得自己也是會花點時間寵愛自己的那種人，除了

睡前洗臉之外，她晚上開始收拾髒衣服、不再隨手丟在椅子上。她慶祝後繼續做下去，讓這種美好的感覺拓展到生活的其他方面。莎拉利用一個空閒的晚上來慶祝她一直想要做到的行為，就能建立起睡前儀式，這簡單的開始成為改變她對自己看法的強大方式。

我的重點是：你大可在任何時候慶祝，不需要計畫、也不需要先寫下小習慣配方。只要注意到你做了什麼好行為、然後加以慶祝即可。若能感覺「發光」，就有希望讓這項好行為自動進行。但更重要的是，不要在負面情緒上鑽牛角尖，積極找機會感受正面情緒，就能累積創造更優質的情緒生活的能力。要記得，成效最佳的改變來自於感覺美好、而非感覺難受。

慶祝是連接小習慣到巨大改變的橋樑

慶祝總有一天會和正念及感激齊名、成為創造人類快樂福祉的日常實踐。若你只從我的書裡學到一件事，我希望是：慶祝你的小成功。即使你覺得無力改變現狀，生活中小小的改變都能造成重大影響。

琳達剛開始執行小習慣時，她省略了慶祝這個部分。她那實際又重分析的大腦能夠理解讓事情變小、變簡單，但要慶祝每一件小事，就沒什麼道理了，她對此不覺信服或自在，所以她逕自執行她建立的習慣，有成功也有失敗，但看不到別人口中所說的大改變。

後來，我和琳達一起修改她的小習慣、讓它們更具改變能力，我明顯看出她需要好好慶祝她的行為。

感覺成功不只是讓習慣扎根的技巧，也是治療「不搞大就

放棄」思維的解藥，更是看待自己的新濾鏡。

琳達為讓自己克服慶祝的關卡，她嘗試了「慶祝突擊」，這是感受正面情緒的技巧當中、我最喜愛的之一。若想成功戰勝生活上的挫折，我鼓勵每個人都試試這項技巧：走進家裡最亂的房間（或你辦公室最髒亂的角落），計時三分鐘，開始收拾。每丟掉一張廢紙就慶祝一次。每折好或掛好一條毛巾就慶祝一次。還有把每一個玩具丟回玩具箱的時候——你懂我的意思了。你可以說：「做得好！」還有「哇！這看起來好多了。」然後揮舞拳頭，或任何適合你的動作都行。即使你不覺得由衷，還是慶祝每一個小成功，因為一旦三分鐘計時響起，我要你立即停止、專心感受你正有的感覺。

我敢說你的心情會比較輕鬆、並擁有顯著的「發光」感受。你對眼前的一整天和種種任務更感樂觀，你可能還會驚覺自己那麼快就改觀。我保證你環顧四周會有一種成功感。你將眼見你只花了三分鐘的時間就讓生活更美好。（這句話值得再重複一次：你讓生活更美好。）不光是因為房間變整齊了，還因為你花了三分鐘練習改變的技巧、了解到迅速完成的小慶祝居然如此有效果。

琳達花了三分鐘進行了整個流程，總共就只花了三分鐘。她變成她自己所說的「慶祝教徒」。不過幾個月的時間，她注意到自己甚至開始慶祝不屬於習慣的事情。她會在早上開車經過綠燈時、一個人在車裡大喊「太好了！」摺完最後一件衣服時，她會對自己說：「做得好，琳達！」這些時刻都是她以前不會注意到的。她以前只注意到那些煩人的事情——遇到紅燈，或者排隊結帳等了五分鐘、結果收銀走道關閉。但現在小

小的勝利會自己出現在琳達面前。她開始慶祝它們。琳達告訴我，這甚至不是下意識的選擇。那是因為她的大腦已經學到慶祝的感覺很美好，她已不知不覺養成了慶祝的習慣。

要記得，我們的大腦想要感覺美好。慶祝小勝利讓大腦得以重新繪製我們的生活。琳達告訴我，她已經「重新訓練大腦正面思考、而不再負面思考。」的確如此。現在即使她面臨困境，也能從小事情當中找出正面情緒加以慶祝。這幫助她跳脫負面處境，尋求好事、並專注在這上面。上一章提到的艾咪也是這樣，她改變面對前夫的態度，利用他的否定來提示她做正面的事。那幾個月，艾咪連其他習慣都認真慶祝，因而她的大腦已準備好隨時尋求感覺美好的機會——就連在不尋常的處境當中也是如此。

現在你腦中也許出現小小的警訊，你看到「正面」和「負面」字詞、感到稍許不安。你常聽別人說：「正面思考！」或「尋找希望！」，你可能會翻白眼，心想：要是有這麼簡單就好了，這樣不是每個人都能看到杯子的水已半滿嗎？是的，是可以的。

但讓我把話講清楚。艾咪做到的並非神奇思維，琳達所做的也不是彈指之間就把所有事情轉成正面。他們兩個人都經歷一段反覆嘗試的過程，幾經實驗、才找到能讓他們面對困境的常效工具。他們闖入大腦的獎勵中心、改變心態。這是一段周到審慎的過程，堅持下去就能開花結果。

不過，琳達的故事還沒結束。

2016 年秋，琳達感到自己又陷入沮喪低潮。她先生的阿茲海默症狀加劇，需要接受他們負擔不起的治療。她不知所措，

常常會趴在辦公桌上啜泣個十五分鐘。她一想到得一面工作、一面照顧孩子、又要穩住財務，就感到害怕。所以，她容許自己哭（順道一提，哭是好事）。但最後她告訴自己：「好吧！動手處理問題吧！」她當下會在辦公室裡站起來做個「慶祝突擊」。她會花三分鐘的時間整理情緒、進行慶祝──或者，如果她需要好好振作起來，則會給自己五分鐘的時間。這能讓她脫離自怨自艾的深淵。琳達歷經的哀痛足以壓垮任何人，但她學到，沉浸於悲傷在所難免，但不能一直陷在其中。

當她需要把自己從水深火熱中拉出來，慶祝突擊就是她的生命線。那年秋天琳達幾乎每天都會慶祝，讓她從辦公桌前抬起頭來、繼續向前。她確保自己明白她已經盡最大的努力，不愧對自己、家人，以及她身為小習慣培訓師所教導的每位學員。她慶祝這件事──慶祝已成為她培養且精進的技巧，她真希望她能早一點學會慶祝。

琳達的遭遇很悲慘，但箇中道理我們並不陌生。我教導小習慣、一路上聽到的故事的核心訊息都是一樣的：成功的感覺是改變的催化劑。慶祝讓你信心大增，這不僅是因為你現在已成為創造習慣的機器、更因為你越來越擅長對自己好。你開始尋求慶祝的機會、而非一味責備自己。然後，很快就會出現根本的改變。你以前一直認為你是某一種人，也許是像麥克一樣無法堅持固定運動的人，或者是像吉兒那種容易放任爛攤子不管的人，或者是向琳達那種無法把臉從辦公桌上抬起來、因為淚濕衣襟的人。你不覺得你有機會改變自己，但經過幾個禮拜或幾個月的時間，你在生活中培養出的這些小行為、超簡單的習慣已經全然改變你的世界結構。你發現你已經蛻變成不同

類型的人，成為你從不敢奢望的類型。你會在孩子起床前先去運動，大方模仿洛基、連郵差都被你嚇跑。你會甩掉哀傷情緒、積極慶祝每天的成功。你會知道自己有能力做出任何想要的改變。

那是撼動世界、改變一生的慶祝的力量，它非常巧妙、非常有效地改變你的生活。你現在已成為想要無所不成的那種人。

令自己感覺「發光」的小練習

本章稍早提到許多能幫你找到適合的慶祝方式的練習。一定要去做這些練習，這很重要。

以下方法也能幫助你找到能創造真正「發光」感覺的慶祝方式。

練習一：各種慶祝模式

本練習能幫助你找出慶祝小成功的新方法。嘗試這些選項、看看哪些適合你。如果你需要更多靈感，請參考本書附錄：「100 種慶祝與感覺『發光』的方式」

你喜愛的歌曲

想一首能讓你感到開心、成功和振奮的歌曲。唱（或哼）其中一段、做為你慶祝小成功的方法。

肢體動作

探究哪一種肢體動作能幫助你感到開心和成功，可能是揮拳、某個舞步甚或堅定地點頭。找到能幫你感到「發光」的肢體動作，並用它來建立新習慣。

口頭肯定

尋找你說出口之後能感到開心和成功的字句。有人說：「喔耶！」也有人說：「太棒了！」研究各種選項，找出至少一句能讓你感到「發光」的口頭肯定。

想像畫面

有些人利用想像力來創造「發光」的感覺。這也許要比前四種做法還難，但它既有彈性（任何地方都可以做）又強大（很多「發光」的感覺）。

花幾分鐘的時間列出你認為能讓你感到開心和成功的畫面——你孫子畫給你的笑臉、依偎著你的狗、踩在你最愛海灘的溫暖沙子上，任何對你有用的事情。探索各種選項，找出最容易想像、又最能創造「發光」感覺的做法。利用這個想像畫面來慶祝你的小成功。

練習二：嘗試慶祝突擊

至少做一次這項練習。若能讓它成為生活中固定的部分則更能加分。

步驟 1：找出家裡或辦公室最不整齊的區域。

步驟 2：計時三分鐘。

步驟 3：每收拾一樣物品，就慶祝一次。

步驟 4：繼續收拾與慶祝。

步驟 5：三分鐘時間到就立即停止，專心體會你的感覺。有什麼改變了？你學到什麼？

練習三：製作提示：感覺美好的改變效果最佳

本練習重複前言提出的練習，如果你當時沒有做，現在一定要做好嗎？謝謝。為幫助你記得感覺美好的改變效果最佳、而非感覺糟糕，請完成以下簡單任務。

步驟 1：拿一張小紙條寫下「感覺美好的改變效果最佳（而非感覺糟糕）」。

步驟 2：把紙條放在你常常可以唸出這句話的地方，例如，你可以把它貼在浴室鏡子上。

步驟 3：常常唸這句話。

步驟 4：留意這句話的道理如何在你生活中（以及周遭人們身上）發揮效果。

第 6 章

從小習慣開始個人徹底改造

　　蘇庫瑪滿 26 歲時，他注意到兩件事：周遭每個人都結婚了，以及他有個大肚腩。這兩件事似乎都是突然發生的。才不過一個月以前，每個人都單身、他還是個來自印度清奈的瘦子，但現在蘇庫瑪的肚子擠出褲腰帶外面，而且每次聚會後，他的朋友都和太太一起回家，只有他是一個人。同一句話一直浮現他腦中：「哪個女孩肯嫁給我呢？」

　　最後，蘇庫瑪決定有必要處理體重問題了。他開始更仔細注意吃進的食物、並且多加運動。儘管蘇庫瑪日益注重節食與健康飲食，他的大肚腩依舊頑固地不肯縮小。但他持續努力「大肚腩之戰」（他取的名字），讓它變得較無關外表、而更攸關健康。

　　蘇庫瑪開始經歷嚴重的背部和頸部疼痛，他甚至無法坐在桌前超過 30 分鐘。他是一家科技公司的資訊專家，長期坐著無可避免。他願意忍受疼痛，但長時間的工作實在是很難撐下去。他擔心工作表現受影響，終於去看醫生。醫生指出蘇庫瑪的腰腹部肥肉太多，他說，這是問題的成因之一。

　　蘇庫瑪不斷努力追求健康，多動少吃長達好幾年。不幸的是，蘇庫瑪陷入速成節食和極端健身的循環通病，他長期餓肚子又全身痠痛，卻看不到效果。沮喪和身體疼痛不斷加劇，在瘦身上面得不到任何回報，他一次又一次放棄野心勃勃的健身計畫、放縱自己回到坐在椅子上吃洋芋片的輕鬆人生。

　　不過，蘇庫瑪還是如願結婚了（他找到一個覺得他的大肚腩很可愛的女孩）。他太太找到了她自己的健身慣例，建議蘇庫瑪試試和她的健身教練一起運動。這項計畫有效執行了好幾個禮拜，但後來蘇庫瑪撐不下去了。他的工作越來越忙，每天花

一個小時健身壓力太大。他告訴自己：「我的問題是沒有時間。」

　　這種嘗試健身又找藉口的循環不僅讓他沮喪、還讓他焦慮不安。蘇庫瑪在睡眠和專注上都出了問題，但他覺得無力做出任何改變。

　　蘇庫瑪 43 歲的時候，他驚覺他與體重已經抗戰 17 年了。

　　他於 2012 年接觸到小習慣之前，一開始小小的不安全感、已經發展成痛苦的惡性循環。

　　蘇庫瑪展開小習慣法的方式和許多人一樣：做伏地挺身。一開始，他把規模保持超小。每天刷完牙以後，他會做兩下伏地挺身。他還創造出做五秒鐘棒式動作的習慣。有了那些超小的第一步，蘇庫瑪終於步上通往成功的正軌。運動的習慣不斷增強繁衍，最後他減了十公斤、腰圍少了五英寸。這樣的進步並非曇花一現，這認知的重大改變讓蘇庫瑪能多年保持理想體重、並變得更健康、更強壯。

　　今年 51 歲的蘇庫瑪每天早上固定做 50 下伏地挺身、接著是一個小時的日常鍛鍊、最後以五分鐘的棒式做結尾。他偶爾還是有背痛的問題，但已經能夠透過重量訓練和拉筋來阻止疼痛加劇了。

　　我最近聯絡蘇庫瑪告知我想要分享他的故事，他對我說：「BJ，我已經改造了自己。」

　　我在本書分享的都是人們從小習慣徹底改造自己的真實故事。每一個實例，我們都只探討行為設計過程中的一個關鍵點──像是動機匹配、增進能力、設計提示或全心慶祝等等。我已經引導你走過設計新習慣的整個流程、也介紹了幾個能讓你成為正港習慣忍者的重要技巧。

但到底要如何從兩下伏地挺身進步到 50 下呢？要如何永遠擊退大肚腩呢？要如何跑完你夢想多年的十公里呢？要如何存到足以應付緊急狀況的存款呢？要如何開創你談論數月的新事業呢？要如何降低膽固醇並維持下去呢？

關於以上所有問題，我可以給你滿意的答案：當你持續使用小習慣法，你的習慣規模就會自然壯大。

本章將解釋習慣是如何成長與繁衍。我還會提出架構、幫助你辨認出你已經具備的改變技巧，以及如何矯正偏離正軌的習慣。這些都能夠幫助你看清楚從小習慣邁向徹底改造的路徑。

讓我們先回到我在第 1 章提到的比喻。

培養習慣──無論是好習慣還是壞習慣──就像開墾花園。

這樣想好了：你可以站在陽台上，奢望眼前雜亂的後院能變得美麗。幾個禮拜過去，變得雜草叢生，你這裡拔一點、那裡拔一點，但實在太累，就不拔了。但你還是很希望院子可以長出美麗的植物。

更好的做法，是設計出你想要的花園。你找出想種的蔬菜和花朵（動機），挑選你容易照顧的植物（能力），然後思考每一種植物適合種在什麼位置（在日常慣例中找到適當時點）。

一開始得稍加規劃和照料，才能讓土壤中冒出細緻小巧的芽，但你慶祝每一個小成功，確保植物長出強壯的樹根。很快就能放手讓你根深蒂固的習慣自動進行了──壯大規模。

當然，你還得繼續做這些事情。你澆水拔草，但不去進行不同的流程、或讓自己勞累，和培養新習慣沒什麼不同。一開始也許得多多實驗和留意，但一旦以正確的方式建立起新習慣，只要持續下去，開花結果指日可待。

建立起花園後，太陽花會長得又鮮豔又高大，草莓也會繁衍延伸。

習慣也像植物一樣，會以自己的速度擴大規模。伏地挺身習慣也許從兩下增加到 50 下，但每一種習慣的最後規模依時間和個人極限而不一樣。每天早上吃一顆酪梨的習慣可能永遠不會再變大，但它可能會衍生出晚餐後吃藍莓習慣、或午餐吃芹菜習慣。

習慣發展成全規模需要多久時間呢？並沒有統一的答案。你聽到的習慣要花 21 天或 60 天才能完全形成的任何說法都不盡正確。神奇天數並不存在。

為什麼呢？因為習慣形成的時間取決於三件事情。

╋ 做習慣的人╋ 習慣本身（行動）╋ 情境

事實上，是由這三項要素的互動狀況來決定形成某習慣是否困難（或容易）。因此沒有人能肯定預估 X 習慣要花 Y 天才能確實建立。

人物　行動　情境

改變是個過程，就像在花園種花或手指上的傷口癒合一樣。只要是過程都有辦法讓它最佳化——加快事情發展速度、並一路修正方向。只要了解習慣是如何壯大，以及我們在壯大過程所扮演的角色，就能可靠地設計出我們想在生活中做出的改變——徹底改造。

讓我們來鑽研細節。

習慣會長大並繁衍

在增加習慣規模的過程方面，有兩種類型：會成長的習慣與會繁衍的習慣。

我在這裡用「成長」這個字眼，是指習慣變大。從每天三次深呼吸發展成每天靜坐 30 分鐘。從擦拭流理台到清潔整個廚房。這些行為的本質相同，只是做更多。習慣擴張了。

習慣像植物一樣會自然壯大

觀察習慣如何長大時，你會發現每一種習慣只能成長到一定的規模。（和植物一樣。）蘇庫瑪的每日棒式運動習慣最多只能到五分鐘，這已經很了不起了。他不是無意再為難自己、就是不想再增加時間——兩者都會削弱習慣。蘇庫瑪找到了他棒式運動習慣的自然成長極限。

你可能會問：「早期階段，蘇庫馬要怎麼知道何時可以做五秒鐘以上的棒式呢？」

好問題，我們很快會深入探討，但現在簡單的答案是：當他想要做更多時、就做更多。

習慣規模擴大的第二種方式是透過繁衍。這通常發生於你所培養的習慣屬於某個行為生態系統的一部分。如果你的志向

是讓每天更有生產力,則你可以選擇經典做法——茂宜習慣。
早上睡醒下床時,說:「這會是很棒的一天。」由於這個習慣有
規定的時間,規模不會變大,但卻會繁衍,而且可望產生漣漪
效果。

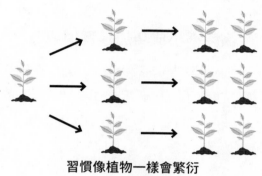

習慣像植物一樣會繁衍

　　茂宜習慣創造正面感受、激勵許多人在早上多做其他好習
慣——像是整理床鋪等等。進行茂宜習慣以後,也可以試試其
他習慣,像是出門前洗碗、或刷牙時想一件值得感激的事。

　　我之所以倡導茂宜習慣,是因為這簡單的動作能幫助你應
對一早的其他挑戰。在這些事情上成功以後,便為即將展開的
一整天創造出向上軌跡,振奮你的態度、提升工作表現。

　　隨著人們陸續回報茂宜習慣產生漣漪效果,我們越來越明
白,茂宜習慣不會壯大、而是繁衍,類似風把種子傳播到他處、
生長出美麗的花朵。像茂宜習慣這類小習慣很容易創造,而且會
自然累積到你的人生徹底改造為止(而且你早上不再賴床)。

　　有了清楚的志向後、再展開習慣設計流程,你便能自然而
然同時擁有成長型習慣和繁衍型習慣。如果你的志向是跑馬拉
松,則你很可能至少設計出一個和走路或跑步有關的習慣——

這屬於成長型習慣。最後你會越跑越快。同時,你也很可能創造一些繁衍型習慣,像是多喝水、多吃新鮮蔬菜等等。這些習慣能自然繁衍,讓你開始進行其他和營養相關的習慣。它們全都能敦促你達成跑馬拉松的志向。

高頻率小成功加速習慣成長

我開始使用小習慣法的時候,眼見我的習慣成長茁壯,我整個人生景觀都改變了。但要等到 2011 年我開始與人分享這套方法後,我才了解到茂宜習慣的擴大效應發生在每個人身上。我仔細檢查、訪談更多人、並搜集數據,看出了顯著的成長模式。你也能看出來。

成功導致成功,這句話你並不陌生,我的研究也證實這一點。但有件事可能會讓你感到訝異,成功的大小似乎沒有影響。當你對某事感覺成功,即使是超小的成功,你的信心都會迅速提升,而且再做一次或進行相關行為的動機也大增。我稱之為成功動能。令人驚訝的是,成功動能來自於你成功的頻率、而非大小。小習慣的目的是獲得許多迅速可得的小成功、而非一個花時間的大成功。我的小習慣研究數據顯示,因為在小事情獲得成功而做到大行為的人數多得驚人。這發現起初讓我感到不解,但等我問了質化問題以後,我相信我發現了創造漣漪效應的動態過程,並促成了重大突破。

我們可以回到行為模型、了解是怎麼一回事。

生活中的許多行為都有互相牴觸的動機,我們的一部份想做某行為、我們的另一部份又不想要——我們想要早起、但又想賴床多睡一會兒。

　　為生動說明這種動態，我想談談跳舞。

　　假設你參加公司節慶派對，現場有個很棒的樂團演奏起你喜愛的音樂，只有幾個人在跳舞，但部分的你想要跳舞，一種希望的感覺催促你跳舞：我會很開心、感覺美好——也許還顯得很酷。這是好結果的預期。然而，部分的你感覺恐懼。恐懼是壞結果的預期。你也許會想，如果我走出去跳舞，我可能會顯得很愚蠢、在同事面前丟臉。老闆可能發現我笨手笨腳、而重新考慮是否該給我升職加薪。

　　希望和恐懼是互相角力的正反向量，兩種向量的總和就是整體動機程度。

　　如果你能移除恐懼的向量，則希望就會佔主導地位，你的整體動機程度就會比較高，也許能把你拉到行動線之上。

　　有不少能夠削弱或移除恐懼這的反動機的方法。在社交場合中，紓解壓力的做法之一是喝酒，你一般會有的恐懼也許因此減低——或完全移除——尋歡和看起來很酷的希望出現，把在人前跳舞這件事拉到行動線之上。

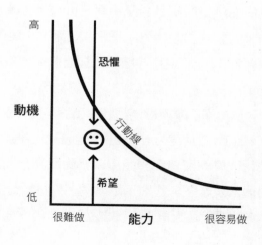

順便一提，這在公司派對上並非明智的做法。

還有其他方式也能克服跳舞的恐懼。你可以把舞池的燈光調暗。你可以先從人人都能跳得很好的簡單團體舞步開始。你可以鼓勵很多人下去跳舞。我曾為醫療專業人員舉辦研討會，為鼓勵他們下場跳舞，我發給每個人一副太陽眼鏡，效果非常好（而且這比喝酒還要健康又得體）。這些做法能降低在人前跳舞的恐懼、讓整體動機大幅提升。

另一種讓跳舞提高到行動線之上的做法是增加激勵因素。這有時是不錯的方法，但你往往會在別人生活中增加緊張和壓力，因為動機向量會互相激烈地角力。

假設現場沒有人跳舞，而花錢請樂團來現場演奏的大老闆走上台宣佈，如果你不跳舞，就不發年終紅利給你。於是你只好移動腳步，但氣氛非常緊張。

假設你朋友都在舞池裡，你孤單一人站在調酒缸旁邊，你朋友突然開始叫你的名字、要你下場跳舞。你搖頭拒絕。然後，現在每個人都叫著你的名字。這絕對會增加你做這件事的動機，但促使你跳舞的不是希望、而是社會壓力。儘管你非常恐懼，但向上的動機力量極強、把你拉上了行動線。這意味著你終於下場跳舞、並假裝很開心，因為社會壓力戰勝了你的恐懼（反動機）。

這場公司派對顯示單次行為的各種動機是如何互相對抗。同樣的動態──正反力量角力──也適用於日常習慣和長期改變。

設計長期改變的關鍵在於減少或移除反動機。這讓自然的激勵因素（通常是希望）壯大，足以長久支持新行為。

假設你老闆要你每天早上主持小組會報。部分的你想要做，

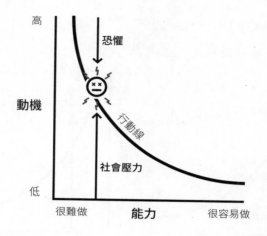

希望你的事業能因此更上一層樓，但部分的你害怕承擔責任。

你老闆知道你有一點不情願（而且他還沒讀到這本書），於是他增加了一個誘因：你只要主持會議一次，我就請大家吃午餐。於是你主持了小組會報。

第一次做某一行為是習慣形成的重要時刻。如果你覺得你第一次的主持經驗失敗，則你的恐懼向量會變強，拖垮你整個動機、讓你以後都不再想要主持會議。

但你的故事不一樣，你主持會議的表現非常亮麗，你讓會議順利結束，同事都來稱讚你的作風。成功感在這時扮演了非常強大的角色。如果你覺得自己主持會議很成功，恐懼這個反動機就會變弱、甚或完全消失。你的整體動機水準會提高。現在你能持續處於行動線之上，開心接受主持更多會議的新好習慣。

但這還沒結束。當有反動機消失，你便打開大門、招來更大、更困難的行為。我的行為模型中的行動線顯示，動機水準提高、你就能做更困難的行為。如果你讓主持會議的恐懼消失，下次你很可能會答應老闆要你主持全公司會議的要求，這

得花光更多時間、精力和腦筋──但現在你的希望高漲，因此，你主持大型會議、事業也更上一層樓。

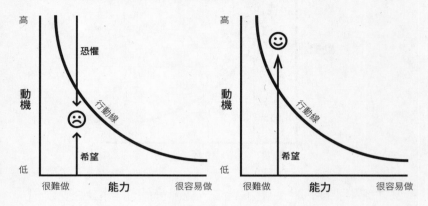

我現在了解為什麼小習慣數據會帶來那麼多突破性的發現。當人們感覺成功，即便是很小的事情，他們的整體動機水準大幅上升，在動機高漲之下，人們能做到更困難的行為。

就因為這樣，小成功能讓你在工作、生活、甚至你自己的心中脫胎換骨。

重點是：從你在改變的路上最想要做的事情開始。讓你先感覺成功，然後，把一切交付給這個過程。

我還有額外叮嚀，以確保你成為了解如何做出改變的習慣忍者。我要你想像任一志向、穩定且自信地達成它。不在死胡同裡猜測或繞圈子，清楚知道該做什麼。

要成為習慣忍者，就要做熟悉的事情：學習技巧。

改變是技巧也能系統練習

許多人認為形成好習慣並改造人生是神祕或神奇的過程。你現在知道，改變可以循系統進行，而該系統背後則是全套的

技巧。

我發現改變也是一種技巧，也就是說，不可能一開始就做到盡善盡美，但透過練習會越來越熟練。一旦擁有這些技巧，你便能把它們用在各式各樣的情況。

我最初提出改變技巧時，發現它們可歸為五大類，因此我針對每個類別來設計小習慣法。你使用我在前幾章教你的方法時，其實就是在練習改變的技巧，我之前只是沒說，但現在該是明白告訴你的時候了。

學得改變技巧就像精通任何技巧一樣，為成為頂尖的鋼琴家，你需要學會看譜、跟上節奏、表達曲調、記譜、並靈活運用手指。在方法正確之下，越練習就能變得越有信心、越彈越好。你不會一夜成為鋼琴家，同樣的，你也不會在一夕之間成為習慣忍者。但你可以馬上開始練習、看著你的技巧不斷提升。

想想任何你已學會的技巧：開車、游泳、玩牌、講外語、甚至走路，一開始都做得不完美——你也不會這麼指望。最初顯得困難或可怕的事情，像是進入高速公路，最後都變得普通又簡單。這正是技巧的發展過程，我們也要用這種方式看待行為改變。

了解改變技巧能幫助你看出它們、並積極練習。你不用精通每一項改變人生的技巧，但你熟練的技巧越多、就越能輕易且快速地實現任何志向。

技巧一：行為製作

行為製作是個奇怪的名字，但卻很有效。行為製作技巧幫助你挑選和調整你想在生活中納入的習慣。

雖然我沒有在前幾章使用行為製作一詞，你其實你已經在做了。你已學會：

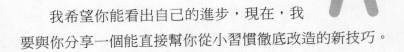

+ 找出許多行為選項（第 2 章）
+ 匹配出能達成志向的行為（第 2 章）
+ 讓行為容易做（第 3 章）

我希望你能看出自己的進步，現在，我要與你分享一個能直接幫你從小習慣徹底改造的新技巧。

知道一次要做多少新習慣，以及何時該增加

鋼琴的比喻也可用在這裡，想要彈得更好，就得練習曲子。你如何決定要練哪些曲子，以及該練多久後再加入新曲子呢？你可以選擇有挑戰性的蕭邦升 C 小調幻想即興曲，把它彈熟以後、再去練新曲子。（這對多數人來說是很悲慘的計畫。）或者，你可以在既有曲目加入「小小蜘蛛」這類簡單又好玩的曲子。或者，你可以採折衷做法。有效做出這樣的選擇是一項技巧。

另一個類似的選擇技巧可用於你未來的習慣上。知道一次要做多少新習慣，以及何時該增加的技巧，多半得靠你一頭栽進、多方嘗試、了解哪些對你有用。

以下是幾項行為製作的指導方針。

+ 專注於你有興趣的。有些人喜歡一次培養許多簡單的小習慣，有些人則喜歡挑戰較困難的習慣。什麼習慣最讓你感到興趣、覺得興奮？就是你該做的。如果你還是很困惑，基本的做法是：從三個超級簡單的習慣開始──

多數習慣客都是如此──然後每個月增加三個新習慣。

+ 擁抱多樣性。一開始的習慣越多樣化、你就越快學會各種改變技巧。選一些從入門步驟開始做起的新習慣──像是穿上走路鞋。再選其他縮小版本的習慣──像是只用牙線清一顆牙。另外不妨再混入一般類別──像是運動習慣、和食物相關的習慣、生產力方面的習慣等等。多樣性幫助你更快學會適合你的方法。

+ 保持彈性。如果你想要列出你終究想做的所有習慣，則不要太死板，你的偏好和需求會改變。今天你可能把每天早上練習倒立的習慣列入，但六個禮拜以後你可能完全失去興趣。過程中保持彈性，並預留新習慣的空間。

自然而然增加習慣

當莎瑞卡開始在生活中建立習慣，她從三件事開始：打開瓦斯爐（入門步驟）、坐在靜坐墊上深呼吸三次，以及澆完花時喝一口水。她的廣大志向是讓生活更可預測，以便於控制她的健康狀況、並開始納入更多健康的生活方式。幾個禮拜之內，她就從每天只打開瓦斯爐、進步到煮出一整桌早餐、最後三餐都自己煮──這是她以前一直覺得不可能發生的事情。為拉近夢想和現實的差距，莎瑞卡得做到比打開瓦斯爐還要更多的事情。那她是怎麼做到的呢？讓我們從剛剛提過的「知道何時增加習慣」技巧來找出答案。

打開瓦斯爐的習慣變得自動化以後，莎瑞卡增加了另一個習慣，把一壺水放在爐子上。這是自然又簡單的新增動作，然

後，其他習慣很快加入——把米從櫥櫃拿出來、牛奶從冰箱拿出來、肉桂從櫃子拿出來。莎瑞卡的煮飯過程進行得更深入後，她發現在髒亂的廚房裡做飯很困難。前一晚的外帶餐盒和刀叉堆在流理台——妨礙她做早餐。這似乎是早餐習慣順理成章開始繁衍的地方。

莎瑞卡對於擴展習慣感到自在與自信。她的下一步是增加晚上清理離瓦斯爐最近的枱面、以便早上有空間可以做早餐。這項新習慣很快就建立起來，因為她感到成功、這讓她急於持續進步，即使在過程中增加步驟也在所不惜。接著，那個習慣擴張成為前一晚清理所有的枱面。接著，她開始清理水槽、洗好所有的碗盤，因為早上起來看到乾淨的廚房感覺很美好。習慣接踵而至的成功和每一個行為的自然形成、激勵莎瑞卡在她最初的小習慣配方上增加更多相關習慣。

我詳細地與你一起走過這個過程、讓你明白「知道何時增加更多習慣」並非毫無彈性的技巧。它做起來很自然，毫不費力。從幾個各類型的習慣開始——我建議三個——看看效果如何。

如果你感到樂觀、有進步，則你知道你做對了。莎瑞卡說整個經驗就像在水流中游泳。多年來她早上起來看到髒亂的廚房、不吃早餐、失落地展開一天，她不敢相信整個過程居然那麼簡單。她說她有股力量撐起她、推她向前，她所要做的，就是繼續做她想要做的事情。

技巧 2：自我認識

接下來是了解你的喜好、優勢和志向。我們在前幾章討論過以下和自我認識有關的技巧。

+ 釐清你的志向或想要的結果
+ 了解是什麼激勵你——也就
  是說，要能區分你真正想要
  的、與你以為你該做的

以下是下一個能讓你從小習慣
徹底改造的技巧。

知道哪個新習慣對你有意義的技巧

中間兩個字——對你——很重要，因為每個人覺得重要的
習慣各不相同。你的目的是創造能從小處做起、但又極具意義
的新習慣。

以下是幾項預測新習慣是否對你有意義的指導方針。

+ 新習慣重申你想要的個人形象。如果你想成為一個和善
  又心存感激的人，則在另一半為你做晚餐後說聲謝謝，
  就是非常有意義、又會促使你徹底改造的習慣。
+ 新習慣幫你達成某個重要志向。如果你的新習慣明顯通
  往你的志向，則它就有意義。穿上跑步鞋的習慣看起來
  也許微小不重要，但如果你的志向是跑五公里，則它絕
  對有意義。
+ 新習慣儘管超小、卻有重大影響。莎瑞卡打開瓦斯爐這
  件事微不足道，但卻觸發一連串的改變。

找出你能做到的最小、最簡單、但對你有重大意義的改變。

我找到的改變如下：每天早上我把水瓶裝滿過濾水、帶著
一起出門。這其實是分別在三個不同的時間發生的三個習慣：

把水注入濾水壺、把過濾水倒入水瓶，以及帶水瓶出門。這些都是小事——而且你也許覺得它們毫不重要——但對我卻有重大意義。

部分因為我在史丹佛大學的學生，讓我對喝塑膠瓶裝的礦泉水感到不安心。我不想成為浪費的人，但又不想讓學生以為我不在乎地球的未來，這攸關我的形象。

我探索我的選項，這三個習慣是我的解決辦法。創造這些習慣輕而易舉，而且，沒錯，它們有漣漪效應，我不假思索就會去做其他的環保行為，像是撿起沙灘上的垃圾等等。（下個習慣：我要在健行時放個小垃圾袋在口袋裡。）

你可以透過回答以下問題來練習這項技巧：什麼是我能創造的最小但又最有意義的習慣？寫下幾個答案，就算你不馬上執行這些習慣也沒關係。想出的答案越多、練習這項技巧的次數就越多。

熟練這項技巧幫助你找出你能輕易創造並維持的習慣。但不僅如此，熟稔以後，你更能夠看出對你沒有意義的習慣、以避免浪費時間。

如果你在維持某個習慣上有困難，則應該先使用這項技巧。還記得吉兒對於擦拭流理台的習慣苦惱不已嗎？一開始她很難記住——畢竟，表面上看來，這是個乏味又無聊的習慣，但當她深入了解，她發現這個小動作關係著她更大的志向——更和諧的家庭生活和更良好的夫妻關係。一旦看出箇中關聯後，她就能想出必要意義來為這個習慣提供動力。她運用的技巧正是知道哪個新習慣對你有意義。

這項技巧對於動機很弔詭的習慣非常重要，這類習慣遊走

於「我想要做」和「我應該做」之間。有時候，若能發掘意義，就能更堅定地把某一行為轉變成「想要做」。也許你心想，我應該培養每餐吃青菜的習慣，但我實在不喜歡青菜，而且也不知道怎麼把它們煮得好吃。哈囉，抗拒心理。

你一旦找到吃青菜背後堅定的志向，就能更成功地創造習慣。你也許需要找出許多隱藏意義，也許你為人祖父母，想要保持健康、看著孫子女長大。也許你想在公司年度會報上衣著得體、顯得自信。這些較遠大的志向能夠幫助你強化吃更多青菜的決心。

另一方面，也許你發覺吃青菜並沒有任何意義，吃青菜的習慣一開始是你另一半的主意，你想不出來這對你有什麼重要。沒關係，丟下花椰菜習慣，專注於其他對你重要的習慣。

多多練習自我認識，能了解某個新習慣是否值得追求。如果值得，很好——你得更新動機。如果不值得，很好——你便有空間容納其他重要的習慣。精通這項技巧能讓你把精力用在更重要的改變上面。

技巧三：流程

隨著時間過去，你的習慣改變、你改變、你周遭的世界也改變。流程技巧讓你能因應人生的動態特性、以強化並發展習慣。

以下是你已經學到的技巧：

+ 如何排除問題

+ 習慣執行效果不佳時，如何修改做法
+ 如何排練習慣

這項新技巧直接關係著長期發展習慣。

知道何時敦促自己超越小習慣、挑戰困難的技巧

你持續執行新習慣時，自然想要爭取更多。這個時候，你可以學會找出舒適圈的界線，踏出去看看是什麼感覺。知道你的舒適圈界線能幫助你做到習慣的放大版、而又不會感受到痛苦或挫折、進而削弱習慣。。

讓我們來看看蘇庫瑪的伏地挺身習慣。他要怎麼知道什麼時候該從兩下增加為三下呢？他最後又是如何做到五十下的？

像這樣的習慣，舒適圈界線很容易找到，因為所有徵兆都是身體上的：肌肉痠痛、呼吸困難。蘇庫瑪每天刷牙後做兩下伏地挺身，做了一個禮拜之後，他發現自己體態變好，這項發現激勵他想要做更多。於是他增加次數，繼續做下去。

蘇庫瑪有效地擴張他的伏地挺身習慣，因為他對於找到舒適圈界線越來越擅長，因此，他敦促自己持續進步。幾天過去、幾個禮拜過去，整個進步過程重複進行。不過，若遇到不想做太多伏地挺身的時候，蘇庫瑪就不會勉強自己，就只做兩下，並很高興能繼續保持習慣。這項技巧還包括要知道何時該退一步、只做基本要求。

行為設計步驟

⟡ **步驟 1：釐清志向**

◎ **步驟 2：探索行為選項**

-☆- **步驟 3**：為自己匹配出具體行為

☺ **步驟 4**：從小習慣開始

! **步驟 5**：找個好提示

😃 **步驟 6**：慶祝成功

☆☆ **步驟 7**：排除障礙、重複和擴張

現在該是把這項技巧加入行為設計步驟的時候了。

你的舒適圈界線並非直線，而比較像高低起伏的股票市場走勢圖。如果你長期維持你的習慣，舒適圈界線就會持續移動——但別在這上面想太多，專心找出你眼前的舒適圈界線、幫助你做出最明智的選擇。

以下是知道如何調整習慣難易度的指導方針。

+ 不要強迫自己過度超越習慣的超小版本。如果你生病、疲倦或只是沒心情，就退到超小的規模。等你想要做更多的時候，隨時可以提高標準，不過你大概沒想到，有需要的時候也可以降低到超小的標準。彈性是這項技巧的一部份。

+ 想做更多時、不要限制自己。讓你的動機指引你決定該做多少與該做多難。

+ 如果你做太多，一定要額外努力慶祝。過度鞭策自己擴張習慣規模會造成痛苦或挫折，因而削弱習慣。若發生這種情況（一定會發生的），你可以加強慶祝來彌補負面感受。

+ 利用情緒警訊來幫助你找到界線。沮喪、痛苦、尤其是逃避，這些都是你的習慣出問題的徵兆——你可能太快

增加太多難度了。另一方面，如果你對你的習慣感到無聊，則你可能需要增加難度。

技巧四：情境

情境是我們周遭的情況。（我會交錯使用「情境」和「環境」。）

沒有人住在習慣真空裡。我們周遭的人和環境影響我們習慣行為的程度遠超過我們的想像。由於習慣在很大的程度上是環境的產品，擁有良好的

情境技巧對於創造改變並持續下去非常重要。

我們之前提過這些情境技巧，尤其是關於工具和資源的部分。我們在第 3 章認識了莫莉，她一直想要吃得健康，但又做不到事先規劃、無法在週間選擇健康食物。莫莉發揮巧思、讓她先生做為資源，並找到讓她的習慣更可能成功的工具。她明白手邊有哪些機會、並使用這些情境策略，因而能夠更快成功建立起她要的飲食習慣。

我想更深入探討這個情境技巧，我將它描述如下：

重新設計環境、讓習慣容易做的技巧

這項技巧對於持久的改變非常重要。我和慧優體公司合作時曾問過執行長，他認為在不改變環境的情況下、成功減重且不復胖是否可能。他的答案？不可能。我們都認為，在減重的

過程中，若不改變環境，最後一定會復胖。我們兩人都知道情境很強大。

有兩個問題能引導你改變環境、降低周遭世界和你的好習慣之間的摩擦力，第一個問題是：我如何讓新習慣容易做？

這和我們在第 3 章提到的稍有變化——但此處我希望你從習慣的周遭環境下手、而不是透過縮小習慣規模讓它變容易。

我當初決定要建立牙線習慣的時候，我環顧浴室。我通常把牙線放在鏡子後面的櫃子裡。我心想：我要如何讓這個習慣容易做？答案非常明顯，我把牙線從櫃子裡拿出來、放在洗手台上的牙刷旁邊，這裡會是它的新家。這僅此一次的行為對於讓使用牙線成為紮實習慣有重大影響。

假設你每天下班回家吃黃瓜片的習慣已經進行了一個禮拜，你以前都直接去拿玉米片來吃，你希望吃點黃瓜片能讓你撐到晚餐時間。前幾天這個習慣進行得很順利，但後來你開始有時吃、有時不吃，並且去拿放在廚房枱面上的玉米片。很好，該是排除障礙的時候了，問第二個問題：是什麼讓新習慣很難做？

於是，你發現有時沒吃黃瓜片是因為冰箱裡沒有黃瓜了。你瞎找了 15、20 秒，默默咒罵家裡除了你以外、都沒有人會整理冰箱。黃瓜吃完了——只不過是你想要吃玉米片的藉口。另一次，你發現黃瓜很多，但沒洗也沒切。你很累、沒心情弄。所以又吃玉米片。現在你已獲得不少重新設計習慣的重要線索。

＋建立前一晚把黃瓜洗好切好的新習慣（每天的習慣）

＋告訴家人不要碰你的黃瓜（僅此一次的動作）

+ 確保冰箱夠整齊、你能立刻找到黃瓜（一週一次的習慣）

在習慣上增加環境重新設計，能夠降低阻力、釋放你的習慣到行動線之上。事先洗好、切好的黃瓜真是太棒了！

有些環境重新設計只需做一次就完成——告訴你家人不要碰黃瓜，以及把牙線放到洗手台上。

追求某一習慣時，你也許會因為要處理環境問題而想到增加其他的習慣。還記得莎瑞卡嗎？當她注意到雜亂的流理台阻礙她的做早餐習慣時，她發現了設計缺陷，她處理它的方式是加入另一個習慣——前一晚清理流理台。

當你有意識且周到地設計環境、來遷就新習慣時，你讓你整個生活更加容易。

以下是幾個重新設計環境的指導方針：

+ 設計新習慣時，花點時間重新設計周遭環境、讓習慣變得容易做。

+ 開始做新習慣時，邊做邊調整環境，並視需要重新設計，以便讓習慣容易做。

+ 挑戰傳統。誰說你一定要把維他命放在廚房、牙線放在浴室？也許你的維他命需要放在電腦旁邊。或也許你把牙線放在電視遙控器旁的使用效果最好。你是習慣忍者，不是順從者。找出最適合你的方式。

+ 投資需要的設備。假設你想要風雨無阻地每天騎腳踏車到十公里外的學校上學，則要預先阻止反動機的出現，購買相關設備，讓你在風雨中騎車不那麼痛苦。

目前為止，我談的都是系統和原則。本書要分享的是過程，而不是探討如何讓特定習慣達到特定結果。不過，現在我要改變方向，分享一個能讓你吃健康食物的技巧。

我猜想有部分讀者想要減重並維持──或你身邊有這樣的人──我想與你分享我這十年來最棒的減重辦法。

我稱它為超級冰箱。

減重多半靠改變飲食，雖然運動的好處多多，但卻不是減重的關鍵。把時間和精力鎖定在營養上面會有顯著效果，不過，倚重意志力來改善飲食實在不是個好方法──我們已經知道原因：有太多互相牴觸的動機力量，讓你難以堅持到底。不幸的是，今日世界的食物環境實在不利於我們想要改善飲食的志向。上班時、旅行時或外食時的健康選擇少之又少。有太多因素阻礙我們，現實就是如此。

現在讓我告訴你我的選擇：改變飲食有個務實的辦法，那就是重新設計你的食物環境，特別是家裡的冰箱。

我和丹尼一同改變了許多習慣，但超級冰箱可能是家中最棒的改變。我們重新設計冰箱以後，我們各自減掉了 15% 的體重，而且持續維持理想體重多年。整個過程──包括維持輕盈體重──感覺非常容易。

家有超級冰箱的情況是這樣的：

我打開冰箱，會看到一大堆玻璃保鮮盒、裡面裝了裡即可吃的食物。青花菜已經洗好切好，白花菜、芹菜和洋蔥也是一樣。還有保鮮盒裡裝了煮好的藜麥。我還看到新鮮水果和白煮蛋，可以直接拿出來當點心吃。我們還有原味脫脂優格、各種醃菜和芥末這類調味品。你懂我意思了。

我們的超級冰箱裡的景觀很美麗，但這不是重點。我們特別設計它，讓我們能迅速看到一大堆健康的飲食選項。我們冰箱裡的食物，在任時間吃多少都不會有問題。但我們決不會放入與我們的飲食計劃相牴觸的食物。

我們每個禮拜花時間採買與準備，讓這台超級冰箱能夠發揮功用。我們每個禮拜天把冰箱裝滿新鮮食物後，我會深吸一冰箱裡的氣味，因為它看起來就像《返璞歸真》雜誌（Real Simple）頁面一樣，美麗極了。

下一步則有點難度，因為你不想破壞這美麗的畫面。但這一步很重要：週間需要努力吃掉你準備好的所有食物。不要有任何浪費。盡量清空每一個保鮮盒。

僅管讓超級冰箱裝滿新鮮食物需要每個禮拜花時間和精力，但投資很快就有回報。如果我需要很快吃個簡單的午餐，我可以直接拿出幾樣食物、就可以吃了。晚餐準備時間只要一分鐘。任何時候我嘴饞（甚至半夜），我打開冰箱，想吃什麼就吃什麼。還餓嗎？我再去冰箱裡找其他可以吃的東西。全都是健康食物。不用虧待自己、也不需要壓榨意志力。

超級冰箱讓我體重下降、睡得更好、精神更佳。我們一開始設計超級冰箱時也沒有盡善盡美，一點都沒有，但在過程中，我們學會如和讓冰箱成為我們在健康飲食上的好朋友與好夥伴。

重新設計環境可以是很有趣的事情，而且好處立即可見。時間久了，你甚至不用思考就能使用這項技巧。最後，你走進旅館房間，如果房裡的擺設不支援你的好習慣，你會花幾分鐘加以調整──轉瞬間，它已為你量身訂做，讓你吃得更健康、睡得更好、神清氣爽、並達成你的志向。

技巧 5：心態

第五類技巧也是最後一個類別，我稱之為心態技巧，是關於你對改變的做法和態度，以及你對周遭世界的看法和解讀。

其實你已經學會一些很有用的心態技巧了。

+ 以開放、彈性和好奇的態度來看待改變
+ 能夠降低你的期許
+ 透過慶祝，開心感受你的成功──無論有多小
+ 保持耐心，相信對改變的過程

雖然慶祝是最重要的心態技巧，但以下技巧的重要性也不相上下。

擁抱全新形象的技巧

當你能放開舊形象、擁抱形象時，你從小習慣徹底改造的能力將暴漲。

人們展開小習慣時，我常聽他們說：「我的方法已經根深蒂固了」；「我不是那種能輕易改變的人」；或者「什麼方法對我都沒有用。」但這些人在小計畫展開後不久、甚至還有人只進行了五天就告訴我：「BJ，我真不敢相信，我錯了，原來我是能夠改變的人」還有「我發現我是那種能堅持到底的人。」

這句話──我不是那種人──一直出現，所以我決定把它納入小習慣評估流程中，我請人們在我的五天免費計畫結束

時、完成以下句子：「做了小習慣後，現在我認為我自己是＿＿＿＿的那種人。」

我開始搜集這問題的答案後，發現人們對創造習慣變得熟練後，自我認識也跟著轉變。他們在進行小習慣之前認為自己是某一種人，五天之後，卻紛紛開始擁抱新形象。許多新形象都強調有改變的能力，另外，在他們要建立的習慣種類和想做出的改變也都有了變化。

如果你問來自清奈的伏地挺身之王蘇庫瑪，形象是他難題中的關鍵部分。在他開始之前，他心想：我不是會運動的人。我不熱衷於吃健康的食物。我是很難入眠的人。在他看來，這些都是不可改變的個人特質——它們構成他是什麼樣的人。但當他趴下來做了兩下伏地挺身，便跨入了改造自我心理的第一步。

人類都有堅不可摧的動力去做出符合形象的行為，當團體面臨威脅，任何不按牌理出牌的成員都會為團體製造風險，大家會迴避這個人。這麼做有進化方面的道理——當食物、棲息地和其他資源端賴團體齊心合作時，能可靠預測一個人的行為很重要，甚至攸關生死。我們身為社會動物，會以符合某一形象來行動，只不過有時自己沒發現這一點。

蘇庫瑪開始做伏地挺身後，他的體能和心理強度都增加，這讓他對於運動有成功的感覺——他慢慢不再覺得自己是在健身房打混。以前他對於嘗試不同的健身器材感到不自在，會不斷質疑自己。他有力量使用臥推器嗎？如果他只能做幾下，會不會很丟臉？

蘇庫瑪試做了棒式和伏地挺身後，看到結果，形象出現轉變。現在他知道肌力鍛鍊是怎麼一回事、也知道自己有能力做

到。他更常上健身房、也更有信心。他甚至報名了他太太的個人教練開的兩週一次的課程。團體運動課出乎意外的有趣（他以前太害羞、不敢嘗試），他甚至還在飛輪課上交了不少朋友。

到底發生了什麼事呢？顯然是成長。但促成這項改變的是他擁抱新形象的能力。他拋開他不是運動好手的想法，在小習慣帶來的成功感之下，他以全新的方式看待自己。

形象的轉變是做出改變的推進器，因為這些轉變能幫我們培養出一整群的行為——不光是零星的一、兩個行為而已。這一點很重要，因為志向多半需要不只一種的習慣改變。想要達成志向——特別是在健身、睡眠和壓力方面——你需要一整組的習慣。

常去麥當勞的人和去農夫市場買菜的人展現出不同的飲食行為。如果你開始把飲食習慣調整像那些常去農夫市場的人，你的大腦就開始引導你朝相關形象的方向發展，在沙拉裡加入南瓜子聽起來不再瘋狂；反而很自然。轉變的形象幫助你思考以前在追求志向時、完全沒想到的新習慣。

成功擁抱自己在某一領域上形象的轉變、往往能促使其他領域跟著改變。蘇庫瑪在運動上的成功鼓勵了他面對他飲食不健康的問題，因而趁自己越來越健康之際、開始設計飲食。他減少每餐的份量、並在飲食內容做出小小改變，像是把白飯換成糙米飯等等。這也成為他的新形象——他吃得越健康、就想要吃得更健康。他以前總說自己是甜食控，但他的小習慣進行了幾個月後，事實已經不然。最神奇的是，他甚至沒有直接對付吃甜食的問題。不再愛吃甜食是他其他刻意追求的改變所產生的漣漪效應。蘇庫瑪出其不意地打倒了甜食怪獸。

　　他以前還認為自己的穿衣品味很差，但他後來發現，大肚腩消失以後，逛街變成一大樂事。現在他照鏡子覺得自己很帥。

　　蘇庫瑪質疑以前那些牢不可破的負面自我概念——這些形象讓他痛苦又沮喪，如果他可以改變他自己的那些部份，那些曾經堅若磐石的部分，那麼，他理當可以做出任何他想要的改變。這種主宰和的感覺和樂觀主義對蘇庫瑪來說是真正的改造。他在人生的各個層面都變得更有自信，他離開待了十九年的公司自行創業，用小習慣幫助大企業進行改造。

　　好吧，現在讓我們言歸正傳，來練習如此重要的擁抱新形象的技巧。

+ 完成以下句子：「我是＿＿＿＿＿的那種人」，填入一至多項你想要擁抱的新形象。

+ 參加聚集和你一樣形象的人、產品和服務的聚會。當我決定要進入發酵食品的世界時，我去參加了鎮上的發酵食品節慶，遇到比我更有經驗的愛好者。我看到新產品，還參加了研討會，聽取專家介紹如何醃製酸菜。我買了做發酵食品的器具。回家後，我更堅定地認同自己是吃——甚至製作——發酵食品的人。

+ 學會行話。知道誰是專家。去看和你想要改變的領域相關的電影。我學衝浪時，特別去查閱描述各種海浪的行話、並開始使用。我留意大型衝浪活動、並觀看衝浪好手的影片。我學會了解浪型、已經如何從當地地標看出浪頭是否太高或太低。茂宜海外有個當地人叫做「龍」的火山，觀察龍的形狀就能知道浪潮的狀況，如果龍露

出脖子，就是退潮，如果只露出頭，就是漲潮。

+ 穿 T 恤是宣告形象的常見方式。耐吉（Nike）公司發送
  印有「跑者」（RUNNER）的 T 恤。我穿印有衝浪板圖案
  或衝浪地點風景的 T 恤。我一年衝浪上百次，所以我不會
  覺得這麼穿很做作；把衝浪的形象穿在身上感覺很自然。

+ 更新你的社群媒體網頁。換上能顯示你新形象的檔案照
  片。（看看人們有何反應。）修改你的線上個人介紹。發
  和你的新形象相關的消息。

+ 傳授他人或做為榜樣來加深你的識別形象。社會角色力
  量強大。

別只是讀這本書──練習改變的技巧

別擔心，你不用一口氣學會所有改變技巧、也能夠獲取長
足的進步。你也不用全部用上（雖然我希望你可以）。不過，
你學到越多，改進與改造人生時就越有信心、效率和彈性。有
些技巧可以由教練或老師幫你執行，但你需要好的教練。最後
你可能學會這些技巧、自己就能使用。不過，在某些事情上，
一位好教練能有很大的幫助，因為（原因之一）你一開始就不
用一口氣學習那麼多技巧。

閱讀別人改變的故事和指導方針很不錯，但不要就此打
住。光看書學不會跳舞；讀交通規則也學不會開車。我很高興
你在讀我的書，但請你同時也把我提出的道理應用在日常生活
上。你可以像練習其他技巧一樣地練習改變。犯錯在所難免，
沒有關係。

行為改變是一種技巧，我發現這是思考習慣的全新方式，但學會技巧就能改變，就像學會騎腳踏車、游泳或使用電腦一樣，這應該能讓你更有信心。一開始也許搖搖晃晃，但持續下去，你會成功的。

你的小習慣有些會壯大、有些會繁衍。隨著你感覺成功，形象就會轉變，終究能從小習慣實現徹底改造。

我預測你會比你所想的更快成功。

改變技巧的小練習

練習一：從你已精通的技巧學習

在本練習中，我要你把你學會其他技巧的方式用在學習改變技巧上面。

步驟 1：列出至少五項你學會的技巧 —— 例如：開車、講法語或使用 Photoshop 等等。

步驟 2：寫下你是怎麼學會這些技巧的 —— 例如：找老師來教、從簡單的事情開始，以及每天練習。（我建議你至少花五分鐘來思考、並寫下來。）

步驟 3：仔細閱讀你的筆記、思考如何用相同方式來學習改變技巧。

練習二：練習行為製作技巧

行為製作的技巧之一、是知道一次要做多少習慣，這就是你在本練習中

需要思索的。你得設法同時創造出六個習慣、以了解你一次創造多個習慣的能力。

步驟 1：利用你目前從本書中學到的方法、寫下六個新習慣配方。也可參考附錄的「300個小習慣配方」。

步驟 2：把每一個配方寫在索引卡片上、或直接使用我在 TinyHabits.com/recipe-cards 提供的的範本。

心態　行為製作　改變技巧　情境　自我認識　流程

步驟 3：每一個配方的行為都要超小，如果不夠小，就再縮小規模。

步驟 4：每一個配方都要有個具體的錨點。加分題：找出每一個錨點的「最後動作」。

步驟 5：連續一個禮拜練習做這六個新習慣，視需要修改和排練。（如果你不喜歡某個新習慣、就刪除它、換成別的。）

步驟 6：一個禮拜後，思考你對於自己和小習慣有哪些進一步的了解，繼續維持你最喜歡的習慣、讓不適合的自動消失。

　　本練習要做得好，你需要重新設計環境和事先排練，接下來的兩個練習也會著重這兩件事。

練習三：練習情境技巧

　　此處你將練習情境技巧，重新設計環境來支持你想為人生做出的變化。

步驟 1：檢視行為製作練習所寫出的每一個新習慣配方。

步驟 2：針對每一項習慣，找出重新設計環境、讓習慣更容易做的方法。

練習四：練習流程技巧

　　流程技巧當中有一項很重要，那就是排練你的新習慣、並且每次慶祝。

以下是如何做到這一點的練習。

步驟 1：檢視你創造出的六個小習慣配方。

步驟 2：針對每一項配方，執行錨點行為和新習慣。

步驟 3：做新習慣時一面慶祝、或一做完馬上慶祝。

步驟 4：重複這行為順序七到十次。

步驟 5：排練習慣時盡量不要覺得彆扭。別忘了在運動場上、商業簡報還有更多事情上都是熟能生巧，在行為改變上面也是如此。

練習五：練習心態技巧

心態技巧當中有一項很重要，那就是接受只做小行為這件事。只用牙線清一顆牙、或只做兩下伏地挺身都很好。以下練習能幫助你適應這個觀念。

步驟 1：選出任一你想要固定進行的新習慣。（如果找不出來，就用使用牙線來練習。）

步驟 2：下次再做這個新習慣時，故意只做最小的版本。拒絕想要做更多的誘惑。

步驟 3：恭喜自己刻意做到小行為、並接受這種做法。

步驟 4：重複至少三天，以發展出即使改變幅度超小也很棒的心態。（若能對做到超小規模的習慣感覺良好，則便能不斷做得比預期好。）

練習六：練習自我認識技巧

自我認識技巧當中有一項很重要，那就是找出你人生中會有最大意義的最小改變。我認為這項練習是最困難的，因此我把它留在最後。

步驟 1：找出對你真正重要的人生領域，像是當個好母親或發揮惻隱之心等等。

步驟 2：花三分鐘思考出對該領域有重大意義的最簡單的單次行為。寫下來。

步驟 3：重複步驟 2，但這一次要寫出的是對該領域有重大意義的超小新習慣。寫下來。

加分題：從步驟 2 和 3 當中選出你想要實踐的行為。

第 7 章

解開糾結的壞習慣

系統性解決方案

　　茱妮（出了名的甜食控）到迦納出差時，一大早 7 點要找地方買冰淇淋。同事們提醒她這裡是西非，並問她怎麼會想在早餐時吃冰淇淋。

　　「因為我是個大人，我想吃什麼、就吃什麼，」她回答。

　　茱妮現在回想起這件事，不可置信地搖頭。她怎麼會花那麼久的時間才了解到出了什麼問題呢？她不只吃冰淇淋當早餐，還有雙份焦糖瑪其朵當午餐，電台節目廣告時，吃的是洋蔥口味的玉米零食（Funyuns 洋蔥圈！），晚餐又吃了更多的冰淇淋──這些各自獨立的行為成為她日常生活錯綜複雜的部分、累積出危害健康和快樂的大問題。

　　回想起來，茱妮嗜糖成癮的程度令人驚訝，但當時她的重心放在其他事情上、而且在她在人生的其他層面都非常有紀律。她除了是成功的電台主持人以外，還熱愛跑步，事實上，她當初報名小習慣營就是以參加芝加哥馬拉松為目標。茱妮在頭幾次課程中，創造出許多新習慣、來幫助她訓練核心、改進跑步耐力。那些新小習慣進行得非常順利，於是她開始創造和工作效率相關的其他習慣，甚至還採行幾個健康飲食法來遏止她吃甜食的慾望。

　　後來，她母親在 2015 年去世。

　　瓊跟她女兒一樣，都是認真專注的女人，她死於糖尿病併發症。茱妮飛到阿拉巴馬協助大姐安排母親後事。她的六個兄弟姊妹──最小的只有十九歲──都傷心崩潰、極度依賴茱妮。而茱妮忍著壓力和悲傷，試著為大家堅強，但她自己也受到極大創傷。當她回到家、她先生問她需要什麼，茱妮不假思索地說：「我需要 31 冰淇淋店的泡泡糖冰淇淋。」

　　茱妮兩年重了快七公斤，她發現她懸而未決的悲傷又從心底升起。她母親的葬禮結束後，她立刻回到忙碌的生活，兩個孩子、一份工作、一段婚姻。她患有自閉症的 11 歲兒子似乎越來越需要她、她的壓力也越來越大。現在回想起來，茱妮才明白失去母親的悲傷一直都在，她必須不計代價地振作起來、度過每一天。她不去面對傷痛，而用餅乾麵糰口味的冰淇淋和蛋糕填補內心空虛，結果只讓她對甜食的渴望加倍痛苦。

　　最後，甜食開始妨礙她的生活、她已經不能再否認。體重增加讓跑步更困難，工作時也感到精神不濟。身為電台談話節目主持人，她必須要能對問題做出即席反應、接招聽眾叩應提出的古怪問題。補充甜食後，她充滿精力，但同時也感覺注意力渙散、無法集中。

　　茱妮加入我的行為設計訓練營，希望學到專業見解、帶回去與同事分享，結果她發現她也可以把所有的技巧應用在她自己的健康上面。茱妮精神振奮地回到家，把家裡辦公室的牆壁貼上壁報紙，並拿出奇異筆。她找出她在人生各個領域的志向，然後做了行為群集，再畫在焦點地圖上。她還在最後一塊空白處寫上「停止吃甜食」、並把它圈起來。她退後一步、深吸一口氣。

　　就是它了。

　　這是她所做過最重要的改造行為，但卻是她跳脫現有生活所必須設計的。她興奮地起雞皮疙瘩，她知道這是她參加過最困難的競賽。

　　她計劃中的唯一問題是訓練營和小習慣並未提到如何破除壞習慣；她只學到如何創造新習慣。但茱妮一向自律、聰明又

大膽，才會有今天的成就，因此她想到能夠使用行為模型、來進行逆向工程，把這些行為踢出她的人生。

　　於是她做了以下的事情。

　　她把具體的吃甜食習慣——「我每天晚上吃冰淇淋當晚餐」——放入行為模型中，並找出導致這項行為在行為曲線上居高不下的動機、能力和提示機制。她發現疲勞和傷心提示她去吃甜食。茱妮還會用甜食讓她維持振作，想念母親時，也會提示她狂吃。

　　為擊敗這個糖果怪獸，茱妮試過把家裡的甜食全部丟掉。她嘗試忽略身體的疲累、或把冰淇淋用扭結餅乾來取代，並在車上準備無糖點心棒做為緊急能量補給。當她思念母親時，就會去玩寶可夢 Go、取代吃東西。

　　最後奏效的是從根源解決她的傷心提示。她先建立許多正面習慣——寫日記、透過社群媒體與朋友分享心情——幫助她用處理悲傷、而非壓抑悲傷的方式來悼念母親。她用健康的方式處理悲傷效果很好，做這些正面習慣的動機也越強烈。茱妮開始拉長不吃甜食的時間，找出許多能慶祝那些小小成功的機會。一開始，茱妮可以一餐不吃甜食，然後再撐幾個小時。這也許不是什麼大不了的事，但茱妮知道她必須降低期望。那些時刻讓她覺得勝利成功。

　　茱妮明白利用成功感的重要性，於是會大肆慶祝一整天沒吃甜食的時候。這是重大的里程碑。即使她的表現不夠完美，但還是保持方向、繼續努力，終於她做到了一整個禮拜都沒碰甜食。

　　茱妮知道要保持彈性和互動，她持續實驗幾十個新習慣。到處都是甜食的社交場合對她來說是一大挑戰，她偶爾也會屈

服於想吃餅乾麵糰口味冰淇淋的慾望，她對自己不會太嚴苛——她把它視為研究和應變的挑戰。她想出面對軟弱時刻的辦法，透過實驗和錯誤，她找到哪些有效、哪些無效，而且過程中依舊保持熱情、持續慶祝成功。

這些成功迅速累積，茱妮多管齊下的做法開始見效，她感覺現在可以自主選擇是否要吃甜食。她的糖癮挾持她多年，如今她終於知道自己能夠做出改變。茱妮於三月份上完行為設計訓練營，到了五月底，她寄信告訴我她做到了。

茱妮打敗了甜食。

茱妮告訴我她用學到的行為設計和小習慣技巧終止了吃甜食的習慣，我為她感到驕傲，也啟發我廣泛分享終止壞習慣的方法。多年來，我成功終止了我的壞習慣，但我一直把重心放在幫助人們建立新的正面習慣。我對於涉足壞習慣的領域心存猶豫，因為我不是成癮專家，探討壞習慣很難不提及藥物濫用和強迫行為。我無意擔任心理治療師或醫生的角色。我知道小習慣無法解決嚴重的成癮問題，但對於有一般壞習慣的人來說，我有好消息：小習慣能改變一切。

不妨把習慣分為三大類，我指的是好與壞所有的習慣。上升習慣是需要努力維持、但很容易停止的習慣——鬧鐘響立即起床、上健身房、或每天靜坐。下降習慣是容易維持和難以停止的習慣——按鬧鐘的貪睡鈕、罵髒話、看 YouTube。

為幫助你戒掉下降習慣，我創造了一套叫做行為改變總體計畫的新系統。這套系統提供完整的做法，不用猜測，依步驟執行就可以了。當然，這套計畫建立在行為模型之上。

　　B=MAP（行為＝動機＋行為＋提示）是設計新習慣、告別壞習慣的基礎。我之前花了好幾章的篇幅來談論如何讓事情變簡單，現在我要談談如何讓事情變困難（提升能力）。對於我們不想要的習慣，我們不再建立有效提示、而是設法移除它們。我們不再設法強化動機，而是想辦法削弱它們。

　　在介紹行為改變總體計畫之前，先後退一步、來解構如何看待壞習慣。畢竟，這是問題的重要部分。

　　壞習慣也像好習慣一樣，從容易改變一路到很難改變都有。在「很難改變」的那一端，你會使用不同的語言──破除壞習慣和打倒成癮，似乎這不想要的行為是個需要全力打擊的惡棍。但這種用詞（以及所衍生出來的做法）對於解決這些挑戰一點用也沒有。我真心希望我們停止使用這種說法：「破除壞習慣。」這說法誤導人們。「破除」一詞讓人對於擺脫壞習慣產生錯誤的期許。這個字眼暗示如果你一次用盡全力、壞習慣就會消失。可是，事實並非如此，你很難一次用力擺脫不想要的習慣。

　　不用「破除」，我建議使用另一個字眼和比喻。想像一條打滿了結、纏在一起的繩子，壓力太大、盯著螢幕太久和做事拖延等不想要的習慣就像這條繩子。你無法一次解開所有的結，用力拉扯、反而會讓情況更糟糕。你必須逐步解開繩結，而且不用一開始就專注在最困難的部分。為什麼呢？因為最糾結錯亂的部分往往在繩結深處。

　　你必須採取系統性的做法、並從最簡單的繩結開始解開。

　　茱妮首先列出了她甜食習慣繩子所有打結的部分，然後從最容易打開下手──晚餐完全不吃甜點，先做到一天、然後是

兩天。接下來,她把電台休息室裡所有的冰淇淋丟掉。最後,她一口氣丟掉家裡冰庫所有的冰淇淋。整個解繩的過程逐漸累積動能,以前覺得可怕的事情——悲傷時沒有甜食可吃——開始不讓她那麼恐慌了。一個晚上不吃甜點讓她知道她比自己所想的還要堅強。還有,她開始看出這些繩結彼此的關連,這也是情況出現快速改變的時候。如果當初她採用破除壞習慣的傳統方法——把甜甜圈換成芹菜——則她可能早已放棄,因為只憑意志力行事非常困難,而困難的事情往往無法持久。再加上,如果你一開始就不想做某個行為(如果她根本不想吃芹菜),則這個好習慣絕對無法形成。於是你對於做不到感到難過、更注定掉入失敗的循環。

無法停止壞習慣會引起愧疚或罪惡的感覺,為什麼呢?許多文化都很重視個人責任——認為如果你無法做對的事情、一定是個性有弱點。這種想法在行為改變的領域中一點幫助都沒有,而且還深植於我們的心靈。

首先要記得:如果你在破除壞習慣上被誤導而失敗,我要告訴你,這不是你的錯。你只是被灌輸錯誤的思維和做法,讓你進入了挫敗和失衡的循環。

第二件要記得的事是,你可以用更聰明、效果更好的方式來設計改變。這就是我為你寫這一章的原因。該是澄清與承認事實的時候了:壞習慣的基本要素和好習慣並無不同,行為就是行為,都是動機、能力和提示同時作用的結果。

行為改變總體計畫

我的總體計畫分三階段來終止不想要的習慣。

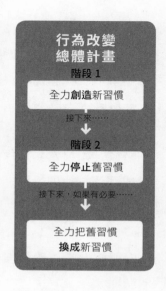

　　你先創造新的好習慣，然後再專心終止和舊習慣有關的特定行為。如果終止的效果不好，就移往第三階段，把舊的習慣換成新的。這些階段中各有許多步驟，我將它們列在附錄裡的流程圖中。（列於此處太繁瑣。）

　　傳統的改變方法（有用的那些）也符合我的總體計畫。例如動機式訪談，這是協助客戶釐清動機的諮詢方法。這是少數我認為值得一試的傳統做法之一。接受過動機式訪談的人們能更了解他們去做或不做某一行為的原因。

　　問責夥伴可扮演許多不同的角色。表面上來看，對某人負責似乎全靠動機，沒錯，動機發揮很大的作用，但如果妥當利用，問責夥伴還能夠影響你的能力。夥伴能告訴你如何讓你不想要的行為變困難、甚或做不到。如果你想減少盯著螢幕的時間，問責夥伴也許會建議你安裝計時器、在晚上 8 點自動關閉

網路，讓熬夜上網這件事變困難。（謝謝你，問責夥伴。）

總體計畫顯示傳統方法在這個完整的系統中能排在什麼序位，協助解開壞習慣的糾結。該計畫不只有列出一堆技巧和指導方針，還包含更強大的功能：解開困擾你的壞習慣並改變人生的演算法。準備好了嗎？

階段 1：全力創造新習慣

先說個好消息。

你閱讀本書、練習小習慣，就已經朝終止壞習慣的方向邁進。創造新好習慣是行為改變總體計畫的第一階段，專心進行第一階段，你已經學會改變的技巧、也看見你能夠改變的證據，這賜予你更多力量來解開你不想要的習慣糾結。

改變的技巧

還記得茱妮在糖癮問題上創造了多少新習慣嗎？

一個也沒有。

茱妮「巧妙地」進行那些沒有情緒負擔的習慣。新習慣都很安全、沒有威脅性。這讓她在沒有情緒打擾的情況下學會了改變的技巧。

假設你為體重困擾多年，也許你被嘲笑體重過重、也許你每次看病時都被醫生唸。因此你可能會以為減重應該是你當前的首要課題。

我主張在第一階段採取不同做法，不要把重點放在減重或任何讓你痛苦的事情。發展和其他領域相關的習慣——整理、人際關係、創造力或任何跟減重毫無關係的事情。

　　最好的做法是先建立起你的技巧、精通改變過程本身。第一階段應該創造出你擅長的習慣，以便迅速獲得成功，這才是學會改變技巧的最佳方式——為未來增加重要技巧和見解。但第一階段還沒結束。

形象轉變

　　當你創造出許多正面改變後，便更接近你想要成為的人。如果這些改變讓你有成功的感覺，你就會自然以不同的方式看待自己、開始擁抱新的形象。我們在上一章談到新形象能產生更多正面的新習慣，但它也有另一個副作用，那就是嚇走你不想要的習慣，那些習慣已經不符合你的新形象和煥然一新的你。當初蘇庫瑪在生活中納入越來越多的運動之後，某些壞習慣就慢慢消失了。現在，他不搭電梯、改走樓梯，因為他認為他自己是那種會走樓梯的人。晚上看電視變成偶一為之，因為他晚上多半要和朋友打回力球、或和太太一起牽狗散步。蘇庫瑪並未真正計畫要終止這些壞習慣，但他新增了許多好習慣，幫助他擁抱新形象，大幅改變了他人生的樣貌，許多壞習慣自然不適合存在。

　　如果在生活中添加好習慣能夠處理掉你不想要的行為，我們可以就此打住了。但即便是照顧周詳的花園也會生出雜草，所以讓我們繼續下去。

　　不妨把第一階段視為準備時間。我知道「準備」這兩個字聽起來無聊又乏味，但若你挑選的新習慣是你樂在其中的事情、並且慶祝每一個成功，這個階段也可以充滿樂趣。你的新習慣、新技巧和新形象對於邁入第二階段都很重要。現在該是

正視那糾結不清的繩結、設計策略的時候了。

階段 2：設計停止舊習慣

前幾個章節已說明如何設計形成新習慣，但你也能設計終止舊習慣，而行為模型再度成為設計基礎。

你可以改變行為模型中、三大要素中的任一項，來終止某一行為。你可以降低動機或能力、或者移除提示。

長期改變任一要素都能終止該習慣。

聽起來很簡單，對不對？

嗯，是、也不是。

人們多半能輕易停止每天運動或早上 5 點起床的上升習慣。但你閱讀本書不是為了要終止這類習慣，而是想戒除讓你不健康又不開心的下降習慣。

戒除習慣首重具體

在終止壞習慣上，最常見的錯誤就是激勵自己達到一個抽象的目標，像是「不再為工作緊張」或「停止吃垃圾食物」。這些目標聽起來似乎具體，但事實不然。它們是許多習慣糾結

在一起的抽象標籤，我把這種情況稱為籠統習慣。如果你只專注於籠統習慣，你可能不會有什麼進步，就像一次就想解開整個繩結一樣，是不可能打得開的。你需要鎖定某一個纏結才能一一打開。這意味著要找出專心培養的具體習慣。而行為群集能在此處幫助你。

在雲朵圖形裡寫下你想要停的籠統習慣。

然後，在雲朵周邊列出造成這籠統習慣的所有具體習慣。我以吃太多垃圾食物的籠統習慣為例，列出所有具體習慣，讓你了解這個圖形應有的樣貌。

為什麼這些步驟很重要

若只著重籠統習慣，可能會感到挫折或害怕，因而產生逃

避心態：我現在沒時間或我等一下再做。

不過，等你列出所有和籠統習慣相關的具體習慣後，就會覺得解開這個糾結的大型壞習慣更加可行。

我剛開始用這個流程來停止不想要的習慣時，我在家亂放東西的籠統習慣居然可以列出 15 個以上的具體習慣。我得在此提出警告：我列出那麼多弄亂家裡的具體習慣後，有點難過，我的雜亂習慣居然如此龐大。真的嗎？我有那麼邋遢嗎？沒錯，我顯然是如此。

當你使用這個方法時，我並不想讓你出其不意地湧出這種暫時的黑暗感受，似乎所有遵循這項流程的人都難免如此，因為他們面對了壞習慣的現實。不過，這種黑暗感受很快就會撥雲見日，當我檢視我不愛整潔的具體習慣時，發現有些可以迅速且輕易地解決：是的，我可以停止把毛衣搭在櫃子上、我也可以停止把書本堆疊在廚房枱面上，我的黑暗感受因而消失。

有了這套計畫，我覺得能掌控一切。事實上，我開始感到樂觀。你會跟我一樣，再加上早期成功（不再把毛衣搭在櫃子上）的加持，你也能處理更棘手的糾結。

所以，我要強調：當你看到許多具體習慣被各個擊破，不要就此打住，也不要興奮過頭。保持下去，再挑一個繩結、設法把它踢出你的生命。不過，要從哪一個具體習慣下手呢？

答案非常重要，所以我用不同方式說三次：找最簡單的，找你最有把握做到的，找你覺得沒什麼大不了的。

人們往往想要挑選最困難、最根深蒂固的習慣來戒除，但這是一大錯誤。這就像企圖解開龐大繩結深處最糾結的部分一樣。從最容易戒除的具體習慣開始做起。

　　一次尋求解開多個具體習慣也可以，你自己決定，但無論如何，不要多到無法應付。別忘了你一路上還在練習與學習改變技巧，把困難的事情留到有更多技巧、更多動能時再處理。你會發現，隨著技巧與信心逐漸增加，剩下的纏結會變能更容易解開。你也許不需要一一處理所有的具體習慣，因為有些在過程中自己就會消失。

　　此處的步驟反映我之前解釋過的行為設計流程，只不過現在我們是反向終止某一行為，對習慣執行逆向工程。也就是說，我們列出已經存在的習慣來撤除它們。無論是展開習慣或停止習慣，設計具體（而非抽象）行為都很重要。選出想要停止的具體習慣後（B=MAP 當中的 B），就進入下一步驟。別忘了，如果移除動機、能力或提示，你就能停止具體習慣，而我的研究顯示移除的過程有最佳的順序，那就是先從提示開始。這就是行為改變總體計畫的下一步。

從提示來停止習慣

　　有時你只需要對付提示、就大功告成，而做到這一點的方式有三種：移除提示、避開提示、或忽略提示。

移除提示

　　移除提示是停止不想要的習慣最簡單的方法。而移除提示最佳的方式就是重新設計你的環境。

　　假設你想要停止上班時查看社群媒體。你可以關掉手機、把它設為飛航模式、或關掉社群媒體應用程式的通知。這些做法都能移除情境提示，可以就此戒除習慣。

這種做法的小習慣配方會像這樣：我到辦公室坐下後，我會關掉手機社群媒體 app 的通知。

我的小習慣法配方

我……　　　　　　**之後，我會……**　　　　　要讓習慣深植於
大腦，我得馬上：

到辦公室　　　　　關掉

坐下來　　　　手機社群媒體 app 的通知　　　　😊

錨點　　　　　　　**小行為**　　　　　　　　**慶祝**

利用生活中既有的
慣例來提醒你做小
行為（你的新習
慣）。　　　　　　你想要的新習慣，但縮小規模
讓它變超小──而且超簡單。　　去做能在內心創
造正面感受的事
情（這種感受叫
做「發光」）。

你還應該移除手機上社群媒體的應用程式，這是僅此一次的行為，但往往比日常動作還要有用，因為它一次就搞定、不需要養成習慣。

設計移除提示時，你可以使用小習慣法來移除每天都會出現的提示、也可以透過僅此一次的行為永遠移除提示。在社群媒體的使用上，小習慣法可能比較適合，因為下班坐捷運回家時滑社群媒體可以紓壓，因此完全移除 app 也許不是最好的方法。

避開提示

如果無法移除壞習慣的提示，可以嘗試避開它。若你想停止早上喝咖啡配甜點的習慣，就停止去咖啡店，改在家裡泡咖啡，就不會有甜點的誘惑存在。

避開提示的方法包括：

+ 不去你會被提示的地方
+ 不和會提示你的人在一起
+ 不讓別人把提示放在你周邊
+ 避開會提示你的媒體

你應該還記得我如何利用小習慣配方避開在餐廳裡吃太多麵包,當服務生走過來,我說:「不用給我麵包,謝謝。」如此一來,我主動控制我的環境,便能避免桌上出現一籃麵包的提示。

不過,你也許無法避開所有被提示的情況。要是你就在有賣甜點的咖啡店工作、或提示你的人是你避不開的上司呢?

忽略提示

最後一種選擇是忽略提示,但這得靠意志力,也許會是個問題,因為面對位於行動線之上的習慣(亦即有足夠的動機和能力),你得花費額外精力去忽略提示。

但你以前一定這麼做過。面對讓你沉迷某事的提示,你努力拒絕、把它推開。但屢次拒絕提示會削弱意志力,派對上有人要你喝酒,你頂多拒絕一、兩次,要是一直有人拿酒給你(你也想要喝),你最後很可能會豁出去。這是因為你每次拒絕別人的「請求」都得依靠意志力。

緊張時尤其如此。某天早上你忘記在家吃健康早餐,而你沒吃早餐就不會有精神撐到會議結束,於是你到咖啡店買了個藍莓馬芬來吃。或者,當你緊張的時候,就會很想躲在社群媒體裡。

忽略提示也許不是長久之計,不過,如果你發現自己什麼時候意志特別強大、很想試試看,則當你成功忽略提示、沒去

做壞習慣時,一定要記得慶祝。

明白了吧,處理提示有三種方法:移除、避開或忽略。

如果其中之一能夠奏效,就太好了。你找到了把剔除具體習慣的最簡單的方法。

成功移除某個具體習慣後,再回到你的行為群集、另選一個具體習慣來移除。如果你已停止在加油站買早餐的習慣,一定也能停止拿公司接待區免費糖果來吃的習慣。

但如果你沒有辦法移除、避免或忽略提示呢?

這在所難免。

當你無法從提示下手的時候,就移往行為模型的下一個要素。

從能力來停止習慣

行為改變總體計畫的下一步是讓習慣變得更難做。

我在第 3 章曾說明能力鏈的五個環節:時間、金錢、體力、腦力和慣例。當時我們使用能力鏈幫助我們讓習慣容易

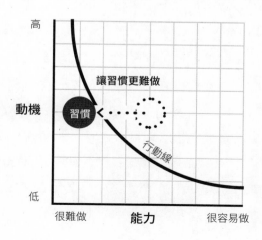

做,而現在我們要削弱或打破能力鏈、讓習慣更難做。讓我們分別檢視這五個環節,以及如何重新設計它們。

1、增加所需時間

若能改變環境、讓壞習慣需要更多時間進行,則可以阻止它的發生。假設你想要停止的籠統習慣是吃甜食。你列好的行為群集,選好先對付的具體習慣:「晚上一面看電視一面吃冰淇淋。」

你無法移除提示,因為它存於你內心,你心中有個聲音會說:「嘿,現在來吃冰淇淋蠻不錯的。」你也無法忽略這種提示,因為你的甜食癮總是戰勝意志力。那該怎麼辦呢?

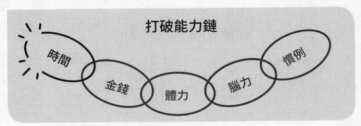

做法之一是重新設計周遭環境,讓家裡沒有冰淇淋可吃。大約 15 年以前,我和丹尼立下了一個規定:冰庫裡沒有冰淇淋──沒有例外。你也可以在家訂定這樣的規定,下一次你在網飛上追劇時,心底的聲音又響起,你卻無法立刻拿出冰淇淋桶和湯匙,而需要穿上鞋子、開車去商店、找到冰淇淋、付錢、然後回家。這要花很多時間,在理想的情況中,足以讓你說:「太麻煩了,我只不過是想看《摩登家庭》(Modern Family)重播。」這樣的重新設計能夠減少──或者消除──你晚上吃冰淇淋的習慣。

2、增加所需金錢

能力鏈的下一環節是金錢，於是問題變成：我如何讓這個習慣更花錢？

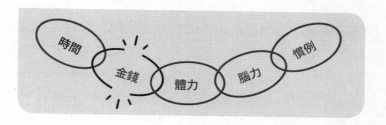

如果你想要剔除某個習慣，則從金錢下手有點弔詭。你也許不會為了吃碗冰淇淋而收自己十塊錢，即便如此，你還是可以考慮讓某習慣更昂貴的做法，如果沒有用，再移往其他環節。

如果你是為別人設計改變習慣，則金錢也許是可行的做法。假設你不讓小孩玩太多電動，你可以向他們索取每小時一百五十塊的費用。如果你不想員工喝太多汽水，可以提高販賣機飲料的價錢。如果你不想你學校裡的職員開車上班，則可以增加校園停車費用。

這種做法對你來說應該不陌生，香菸和汽水的附加稅就有異曲同工之妙。這類產品價格上漲後，人們就會少買、整體消費也下降。道理在於漲價降低了人們做壞習慣的能力。

3、增加所需體力

要讓習慣變困難，你還可以改變做這項習慣所需的體力。冰淇淋的例子增加了時間、而買冰淇淋也需要體力。雙重困難是我們家「冰庫裡不放冰淇淋」政策奏效的原因之一。

　　我在加州家裡的辦公室沒有椅子，我是為了增加一整天坐著的困難度、而特別設計移除它。我可以坐下，我沒有禁止自己，但我得到其他房間拉張椅子子到書房，太麻煩了。所以我多半繼續站著。

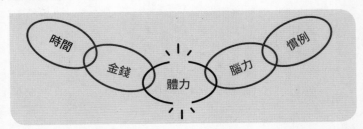

　　在我們位於茂宜的家裡，沒有可以打開即看的電視。我們有一台電視機，但被收起來了。這是故意設計的，為了要看電視，我得把電視機從儲藏室搬到客廳，接上有線電視線。我們讓看電視變得困難，因此無法隨便打開電視，只有在我們決定值得經歷這一切麻煩的時候才看。

　　若你想把這種概念利用到極限，可以試試我 20 幾歲做的事情。我唸碩士班的時候，我妹妹搬來跟我住。我沒有電視，但她搬了一台過來。我不想我們兩個看太多電視，我無法想像在電視的聲音下唸書，於是我想出一個計畫。我買了一台很舊的健身腳踏車，雇來工程系的學生幫我接上電視，讓它變成腳踏車發電。我總共花了不到兩千塊錢，就有了解決辦法：腳踏車電視。想看這台電視，就得不斷踩踏板。這台腳踏車電視的效果超乎預期，我們不但減少了看電視的時間、身材也變得更好。

　　能力鍊中的所有環節當中，體力是我最喜歡用來終止壞習慣的一項。你可以趁動機高漲、能抗拒壞習慣的時候進行重新設計。如此一來，當你心情改變，想要吃冰淇淋、看電視或喝

酒的時候，會了解到你的習慣已經變得很難做，也許根本不值得花力氣去做。

4、增加所需腦力

對某些習慣來說，最佳的解決辦法是增加所需要的腦力。這個環節利用人類的偷懶天性，也是我們進化成盡量保存精力的藉口。

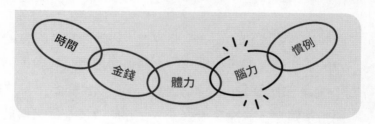

想想這如何應用在社群媒體上。若你把密碼設得很複雜，像是 iLkie3beingouT51d（意指：我喜歡待在戶外 I like being outside），而且不允許系統儲存它，則你每次想要看動態或發表圖文，都得鍵入這一長串瘋狂的密碼。由於不假思索的行為才稱得上習慣，讓自己需要專心可以做為停止某習慣、或降低頻率的好辦法。

當人們加入慧優體這類塑身計畫、需要計算卡路里或追蹤點數的時候，就會吃得比較少，部分原因是因為他們得額外執行需要思考的步驟。

這種做法一定有效嗎？不見得，但記錄卡路里比瞎吃費腦力嗎？當然是，這就是它能奏效的原因之一。

5、讓習慣與重要慣例相牴觸

能力鏈的最後一個環節是慣例，這是最微妙、也最難應用

的一項，但絕對值得考慮。設法讓你不想要的習慣與另一個更有價值的重要習慣相牴觸。

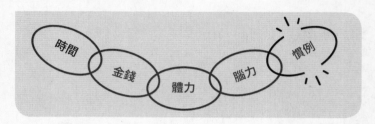

黎明時衝浪變成我的一個重要習慣，也是我現在形象的一部份。我的新衝浪習慣讓我傍晚的幾個舊習慣變得難做，因為我得在一大早保持警覺、面對莫測的浪潮。我開始提早吃晚餐、避開螢幕藍光、並提早上床。這些好的改變全都來自於我創造了一個與晚上不健康習慣相牴觸的早晨習慣。

到目前為止，我介紹的都是透過改變提示和能力來終止不想要的具體行為，但如果你重新設計了提示和能力，依舊效果不彰，還有其他辦法。

總體計畫的下一步是調整動機。

調整動機來終止習慣

想要停止某個習慣的時候，許多人會先從動機下手。這多半是個錯誤。為什麼呢？因為調整下降習慣的動機並不容易（對於自由落體式的習慣更是不可能）。

若能從提示或能力下手，則你不會想要在動機上輕舉妄動。只有在前幾個步驟都無法解決你的壞習慣後，再嘗試調整動機。

想想這個例子：如果你能降低煙癮，就可能成功戒煙。假設你使用尼古丁貼片、或說服朋友跟你一起戒菸、或甚至透過

催眠而有不錯的效果。這些方法值得一試、有時的確能奏效。

A 選項：透過降低動機來停止習慣

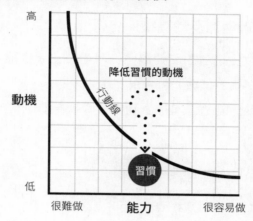

另一個例子：假設你工作壓力大，晚上總是喝太多酒。則你也許能夠改變白天的處境、讓你晚上不會有那麼強大的喝酒動機。也許你能在下班前靜坐、先恢復情緒平衡。或者你可以在回家途中聆聽療癒音樂來降低壓力，之後就不會想喝掉那麼多酒。

以下列舉各種能降低習慣動機的行為。

+ 早點上床能降低按鬧鐘貪睡鈕的動機。
+ 使用尼古丁貼片能降低抽菸動機。
+ 參加派對前先吃健康食物能降低你在派對上吃不健康食物的動機。
+ 每週針灸一次能降低你吃止痛藥的動機。

我有個關於降低動機的有趣例子，崔斯坦‧哈里斯（Tristan Harris）是我以前的學生，他鼓吹人們在不經意當中停止使用科技。他說，其中一種方法是把手機螢幕調成灰階。他認為，

螢幕上看不到生動的色彩，對你的大腦來說，那些網路迷因和社群媒體圖文就不那麼刺激、有吸引力。

B 選項：透過增加反動機來停止習慣

第二種做法是增加反動機，但我並不主張採取這條途徑。它也許偶爾奏效，但我認為它的弊大於利。

以下是幾個能透過增加反動機來降低整體動機的做法。

+ 在臉書上公開承諾你不再喝酒。
+ 立誓如果你再抽菸、就要捐三萬元給某個腐敗的政客。
+ 具體想像出你繼續每晚打電動的悲慘人生。

請注意，這些行為並未從根本處理你的行為，你只是加入一個可能會阻止你的相左動機。

動機對上反動機是場戰爭，這種緊張態勢造成壓力、導致屢屢失敗，大傷你在臉書上的形象、讓你損失三萬塊錢、或將你悲慘的未來生動地刻蝕在大腦裡。

反動機會逼迫我們自我批評。你想要降低飲食熱量，在冰箱上貼「不要再吃了，你已經超重了」絕對會降低動機，但同時也會讓你沮喪。我們在感覺美好時改變的效果最好，而不是改覺糟糕，所以要確定你的反動機行為不會讓你有罪惡感。

創造反動機很容易，這可能是它那麼受歡迎的原因。但如果這麼做能廣泛奏效，就不會有那麼多人還維持壞習慣了。處罰或威脅自己多半不是停止習慣的好辦法，因為承受心靈受傷的風險一點都不值得，尤其是，如果你還有其他的選項。下一章探討幫助別人改變的道德問題時，我們會再加以詳述。

縮小改變規模

如果以上做法都無法讓你停做某一具體習慣，請不要放棄，你還有更多選擇。總體計畫的下一步驟是縮小你的野心，包括以下方法：

+ 為停止習慣訂出較短的時限（停止抽菸三天、而非永遠）
+ 縮短做壞習慣的時間（把看電視的時間從四個小時縮短為半小時）
+ 減少做壞習慣的次數（把每天滑社群媒體的次數從十次降為一次）
+ 降低做壞習慣的強度（把喝酒速度從乾杯降為慢慢喝）

縮小規模為什麼能奏效呢？

人們對於停止習慣的心態往往很矛盾，一部份的你想戒除、一部分的你想繼續。透過縮小規模，你不會太為難想要繼續的那個自己。假設你想要停止使用臉書，但又擔心失去和朋友聯繫的機會，則可縮小規模來消彌心中的緊張。

告訴自己你只停用臉書三天，現在你的具體習慣有了不同的版本：你也許會發現停用幾天會比永遠停用簡單的多。如此一來，你開始成功、有了創下更大改變的機會。在不用臉書的這三天裡，你可能發現停用臉書沒有你害怕的那麼難、而且這項改變讓你感覺良好。或者，你發現停用臉書對你的人生沒有多大改變，於是停止這項習慣不再是第一要務。無論如何，你都獲得了讓其他改變更容易的技巧和見解。

若以上方法都沒有用，則進入總體計畫的下一個階段：用新習慣取代舊習慣。

階段 3——設計替換行為

把壞行為換成好行為是個常見的做法，許多所謂的專家會要你從這個方法做起。但若說停掉某一習慣的唯一方式就是換掉它，這不見得是對的。巧妙運用我之前介紹的諸多方法，就可以停止許多習慣，但也有一些習慣是可以透過替換而成功戒除的。如果你先執行了總體計畫的前兩個階段、發現效果不彰——那麼，歡迎來到替換的世界。你是有系統性的到達這一步，也就是說，你已經做過該做的努力，而你投注的時間和精力將得到回報。

替換習慣要具體

就像第二階段一樣，用新習慣來替換舊習慣時必須要明確具體，一定要慎選新習慣。否則，替換不會成功。如果你選出某個新習慣是因為你覺得它「對你有好處」，則替換很可能失敗。如果你想停止上班看政治新聞的習慣，想把這個時間改成做文書工作，則很可能不會替換成功。為什麼呢？因為文書工作的新習慣不如看新聞那麼吸引人，在生理和心理上都很難執行。文書習慣在動機和能力上都不如看新聞的習慣，替換註定不會成功。替換行為時，你得好好運用你的習慣創造技巧，找出一個比舊習慣容易做、動機又比較高的新習慣。

這也是總體計畫的一部份：你利用第 2 章提到的方法，創造行為群集，然後繪製焦點地圖找到黃金行為，為自己匹配出新習慣。

假設我們遵循以上步驟找到了可以替換的新習慣，成功會是什麼樣貌呢？對我來說，與其閱讀那些讓我血壓飆升的政治

新聞，我可以改看衝浪影片。我會有足夠的動機去看這些影片，因為我熱愛衝浪、想要精進技巧。而且觀看影片又比讀新聞來得容易，因此我找到了能替換舊習慣的新習慣了。成功！

以下快速複習第 2 章提到的、為自己匹配出黃金行為的三大標準：

+ 影響：這項行為很有用
+ 動機：你想要做這項行為
+ 能力：你能夠做到這項行為

現在你已經為自己匹配出黃金行為，接下來呢？提示。

重新連結替換習慣的提示

重新連結提示的意思是，當你被提示時，做的是新習慣、而非舊習慣。假設你想要停止責罵你正值青春期的女兒，這是舊習慣，提示是每次她不小心激怒你的時候。下次在遇到這種情況，你把則罵他的舊習慣替換成真心稱讚她的新習慣。

隔天晚上，她拿優格吃、忘記關冰箱，你感到熟悉的惱怒油然而生，但現在這成了新行為的提示。你不再責罵：「要我講幾遍，關冰箱！」而改說：「我很高興看到你吃健康的零食。」

做這個新習慣時，別忘了慶祝並享受「發光」的感覺。這是你創造出的新習慣，你得讓它扎根。稱讚女兒選擇健康的食物後，你會覺得你對女兒做了件好事。恭喜自己能夠全心支持她、成為你一直想要當的好父母。如果她吃驚地看著你、面露微笑，然後主動去關冰箱——那也是一大勝利。（不過重點不在此！）

排除障礙指南：若你忘記去做新習慣，則可以多次實際練習和在腦海演練，而且不要忘了慶祝，便能將就提示和新習慣連結起來。

如果你無法把舊提示重新連結到新習慣，則你的新行為可能不夠「黃金」。這沒有關係，一回生、二回熟。也許你想要換掉的習慣是特別頑固的下降習慣，也許你無法讓舊習慣變困難、或降低它的動機，此時，不妨回去重新選出另一個新習慣來替換。如果還有困難，可以進入下一步驟。

調整能力和動機來替換習慣

如果重新連結提示無法讓你停止舊習慣，則你可以進行現在這個步驟。在這個時候，你應該很確定你的舊習慣要比新習慣的動機高、或者容易做——或者兩者皆是。把舊習慣和新習慣畫在行為模型圖上，可以幫助你看出情況。舊習慣遠高於行動線，這意味著舊習慣對你比較有吸引力，所以你會繼續做舊習慣、而非新習慣。

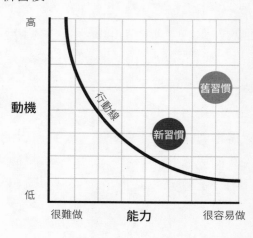

為改變這種情況，你有以下四種選擇。

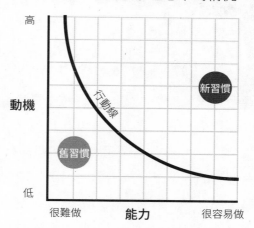

	新習慣	舊習慣
能力	1 增加能力 讓新行為 更容易	2 降低能力 讓舊行為 更困難
動機	3 增加動機 讓新行為 更有動力	4 降低動機 讓舊行為 更少動力

把精力專注於任一選項能幫助你做出新舊替換，但如果四管齊下，則能更加成功。下圖顯示理想中的情況。

不過，並非四種調整都做得到，你也許無法降低舊習慣的動機。沒關係，只要能讓舊習慣變困難、新習慣變簡單又夠有動力，還是能夠替換成功。

如果目前為止沒有一個辦法奏效……

別氣餒，你還是有其他選擇。整個過程重點在於找出哪一種方法對你有用，這就像買鞋子一樣，你選擇的第一雙也許很好看，但你試穿後並不合腳。不要硬穿，也不要責怪自己或放棄。再找其他鞋子來試穿。此外，你還可以嘗試以下做法。

+ A 選項：重新依照步驟找出更好的新習慣來替換。
+ B 選項：縮小替換範圍。先換三天試試看，再決定下一步該怎麼做。
+ C 選項：回到總體計畫的第一階段，透過練習其他新習慣來建立你的技巧和信心、並改變形象。稍後再來處理頑固的壞習慣。

過程本身就是技巧

在戒除習慣方面，沒有一個技巧能夠一體適用，但卻有一套流程讓你能立刻開始應用我的行為設計總體計畫，而且透過練習熟能生巧，將能夠擅於查明關鍵問題、並加以解決。

你也許有遲到的壞習慣，或者你有拖延的壞習慣。這些都是特別的例子，因為這些壞習慣來自於你沒有做的行為。面對省略或躲避類型的習慣時，你需要讓行為發生、而非停止行為。技巧高超的習慣客在面對這類壞習慣時，會把重點鎖定在第一階段，回頭去創造新習慣，直到解決問題為止。

這個過程本身就是技巧，當你找到適合你的方法時，未來的挑戰就更容易克服了。所以請繼續努力。

每次獲得成功結果以後，再回到你的行為群集圖、找出其

他需解決的具體習慣,以穩定、可預期和可靠的方式來逐漸解開籠統習慣的糾結。

我自身的經驗是,多做幾次後,我發現讓壞習慣變得費力對我來說最有效,你最後也會像我一樣找出適合你的模式,而且你會看出壞習慣的溫床,因而加以避免。

你還會發現周遭讓你的壞習慣容易做的人。在某些行為改變方法中,這些人被稱為推動者,千萬不要小看他們!我永遠不會忘記一個叫瑪莎的女人——她是我多年前參加慧優體減重計畫時認識的(我一面訓練他們的產品團隊、一面自己參加他們的減重計畫)。瑪莎參加慧優體已經好幾年,成敗參半。她減了幾公斤、又復胖幾公斤,但整體來看,她似乎無法維持理想的體重。有一天在我們的小組會議上,有人提出別人創造食物誘惑的問題,幾乎每個人都遇過公司廚房放了生日蛋糕、或同事要你幫他吃一半餅乾這樣的事情。瑪莎也分享了她前一個週末的經驗,在美式足球賽季期間,他們全家會在週日一起看電視轉播,她大嫂會做乳酪沾醬、她哥哥會叫披薩。這對於瑪莎來說,是一大減重障礙。

她說,她在賽前先飽餐一頓健康食物,就不會受美食誘惑。然後,她開心地和兒子坐在沙發上,為他們喜歡的隊伍加油。披薩在中場休息時送到,她先生拿起最大的一片,走到她旁邊、在她鼻子前揮舞,並說:「哦!瑪莎,這聞起來不是很香嗎?」大家都笑了,但瑪莎笑不出來。她一向對她先生的笑話很捧場,但這一次她生氣了。這不是他第一次嘲笑她、要她吃跟他一樣的食物。有時她屈服、有時她抗拒。這次她不一樣,因為她在全家人面前受辱。她告訴我們,她先生因此在沙

發上睡了好幾晚——但更重要的是，這讓她了解到，她先生一直在助長她的壞習慣、破壞她在慧優體計畫上的成功。

並非周遭的每個面向都可以重新設計。你無法重新設計出不賣汽水的電影院，也不可能重新設計酒吧行銷、讓它在折扣時段不提供廉價飲料。你可能也沒辦法重新設計你先生或同事的心態、阻止他們拿甜食給你吃。（等一下，也許你可以。但這屬於另一章的內容。）但行為設計法提供了許多方式來鬆開每個繩結。雖然每個壞習慣都有獨到之處，但解開它們的方法是一樣的——針對你的特殊情況量身訂做的具體步驟和技巧。不需要憑空猜測，只要一點好奇心、再加上很多的「發光」感覺就夠了。

戒除習慣帶來美好成果

我們在前一章談到眼見你創造的好習慣自然茁壯、成效斐然是多麼愉快的事情，我保證，如今你看到壞習慣從你人生中發酵的角落拔除，也會一樣愉快。這本身已經是件好事，而更令人驚嘆的是（至少我認為如此）你在人生中創造出一大片新空間。當你擺脫不想要的習慣、便空出更多時間來從事你喜歡的計畫、增進工作上的生產力、耕耘人際關係、或拓展新形象，這些用來填補空間的新事物可以是你自己選擇、也可能來自周遭人們。以下是個美好的例子。

茱妮解決了她的甜食習慣後，有天下午，她聽到窗外傳來聲響，她出去查看，發現是他 11 歲的兒子伊萊佳正唱著他剛自創、關於海豚的歌。患有自閉症的他一向安靜，從來沒唱過歌，至少茱妮沒聽過。他抬頭看到她站在門口，他笑了。茱妮

走向他，強忍著快樂的淚水。她此時明白，要是在六個月前，她會因為白天吃太多糖分而癱在沙發上睡著，而錯過她兒子美妙的歌聲。

現在她可以坐在他旁邊、鼓勵他多唱、問他問題、並告訴他她以前也愛唱歌。

她告訴她先生兒子的改變讓他有多驚喜，她先生則提醒她過去這幾個月全家人都改變了。她兒子開始唱歌、她先生也戒掉喝了一輩子的汽水，這都不是巧合。他們看到茱妮做出改變以及有多快樂，鼓勵他們也跟著改變。兒子伊萊佳在組織力和專注力上面都有顯著進步，還是他媽媽為偶像，而茱妮慶祝的事情從無糖餐點、最後到兩度跑完德州奧斯汀市全馬競賽。她生命中的每一個人，從同事、家人到朋友，或多或少都因為她的改變而受到影響。茱妮的努力居然還附帶禮物與附加作用——這真是一大驚喜。

行為設計不是孤獨的追尋，我們所設計的每一個行為、做出的每一個改變，都會涓滴成塘。我們透過行動影響家人、社區和社會，而他們也影響我們。我們創造與維持的習慣有其重要性，本書目前為止側重於我們的行為對個人的重要性，但這只是故事的一部份，重點不光是減掉五公斤或晚餐不滑手機。行為設計旨在創造改變、勇於邁向能成就最佳自我的道路。沒錯，它在我們身上奏效，但也在我們所愛的人與想創造的世界上奏效。

因此，下一章可能是最重要的章節，我們將學會一起來改變的真義。

練習停止與替換壞習慣的小練習

以下三項練習可依任何順序進行。

練習一：練習創造停止壞習慣的行為群集

挑一個你沒有的壞習慣。為什麼呢？因為這練習才會少點威脅性、讓你學到更多。

步驟 1：假裝你是有某個壞習慣的人。

步驟 2：畫出行為群集圖、或從 TinyHabits.com/resources 下載範本。

步驟 3：把此人的籠統壞習慣寫在雲朵圖形裡。

步驟 4：在雲朵周圍寫下至少十個具體習慣。這需要花點想像力。

步驟 5：透過創造想像的行為群集，你能夠累積技巧。當你把這個方法用在人生中真正的挑戰時，你會更有信心、也更有成效。

練習二：練習移除提示一天

步驟 1：挑一個你常使用的社群媒體或運動賽事 app。

步驟 2：到設定把該 app 的通知關掉。

步驟 3：觀察 24 小時當中發生的狀況（與沒發生的狀況）。

注意：如果你發現通知關掉之後生活品質變好，就讓它保持關掉。如果生活更糟，就把它打開。無論如何，你都學到了東西。

練習三：練習替換習慣、慶祝成功並維持下去

步驟 1：找一個能暫時當垃圾桶的容器。

步驟 2：把新容器放在和你原來的垃圾桶不一樣的位置。

步驟 4：有東西要丟掉或回收時，用新垃圾桶、不要用舊垃圾桶。一開始你可能無法完全換用新垃圾桶，想加快改變，請進入步驟 5。

步驟 5：演練使用新垃圾桶七到十次，每次都要慶祝。盡情感受「發光」。

步驟 6：回去工作，觀察你執行新習慣的狀況。留意你的習慣改變——替換習慣該有的感受——是本練習的主旨。

注意：如果你忘記使用新垃圾桶，就增加演練次數，而且每次都要慶祝。（練習替換習慣幾天之後，若你想要，可以再回到舊習慣。）

第 8 章

——

大家一起來改變

麥克和卡拉感到卡關。他們的兒子 21 歲，住在家裡，絲毫無法承擔成年人該有的責任。克里斯 18 歲那年輟學，他們認為他應該找份工作、或回學校完成學業。克里斯似乎完全不想努力，雖然他有份兼差的工作，但他連基本的事都做不好，不會收拾自己製造的髒亂、付不起自己的帳單、和弟弟也處不好，一手創造出的緊張讓家裡每個人窒息。

克里斯待在家裡的時間越久，麥克與他的關係就越糟。漠不關心是克里斯最好的狀況，情況糟的時候，他亂發脾氣。若嘗試叫他收拾或洗碗，會讓他碎念加暴怒一整個禮拜，毫無例外。麥克會先提出最簡單的要求、叫克里斯收拾他的房間，但過了好幾天都毫無動靜。他再提出要求，加重語氣，他兒子會說呀、啊、我會收拾之類的應付之詞，但從來不會行動。

不幸的是，麥克的居家辦公室緊鄰克里斯的臥房，所以麥克常會看到房內的髒亂，而心想：我兒子不聽我的；他不尊重他生活的空間、也不感激我為他做的一切。他根本不在乎。然後，麥克會把克里斯臭罵一頓、命令他遵守家裡的規定、去找個更好的工作、愛惜他們的物品、準時付帳單，不要拖到後來讓他們付更多的遲交費用。這時，克里斯會怒氣沖沖、最後還是不收拾房間（也不做任何他被要求要做的事情）。他會戴上耳機、和半個地球之外的人打網路遊戲。

之後麥克和克里斯好幾天不跟對方說話、有時甚至好幾個禮拜。每一次的爭執總讓敵對和沮喪的暗流更加洶湧。麥克開始後悔自己在家上班，然後，他叫小兒子收拾自己的房間，對方會回嘴：「我為什麼要整理？克里斯就不用。」

這個時候麥克往往會穿上運動鞋，全速衝出前門，幻想著

自己再也不回來。

有時他們成功說服克里斯和家人一起吃晚餐，麥克看著餐桌對面的克里斯、感到無比悲傷，心中的罪惡感也不小。克里斯出生時，麥克和卡拉才大學一年級，他們根本不知道怎麼照顧小孩，他基本上是和他們一起長大的。克里斯一直是個特別的孩子，他對事情的理解力和大人一樣，也會參與他們的談話。克里斯跟著麥克和卡拉一起去上課、參加派對和開車旅行。他們很慶幸他是如此聰明的小大人，可是，即使當時他還小、就已經有令他們不解的暴怒傾向，他常常發脾氣、無法控制自己。

克里斯在學校的成績很好，他要加強的只是每堂都出席，但這問題後來也影響他在其他方面的表現。克里斯在其他方面的技巧遠不如他的數學和英文，麥克也試著告訴克里斯，人生還有比成績更重要的事情，像是與他人互動、具備工作道德、準時出席，以及負責任等等——克里斯在這些方面都力有未逮。

克里斯的聰明總是掩蓋了他的情緒問題。全家人花了好幾年的時間進行心理諮商，麥克才了解到克里斯對事情的感受很深刻、但沒有適合的工具來處理這些感受。即使麥克知道克里斯的冷漠和距離是防禦機制，但還是很受傷——部分因為麥克想要親近兒子，部分也因為麥克覺得自己不是個好父親、沒能幫助兒子妥善管理情緒。

現在看看他們的處境。已經無計可施。生活陷入冷漠、痛苦和緊張。

麥克和卡拉的婚姻關係越來越緊張。剛開始的時候，他們立場一致，一起接受諮詢、嘗試各種誘因、還從他們讀的幾本

書裡歸納出縝密的計畫，但全都沒有用。現在他們對於下一步意見不合。他們該趕他出門嗎？卡拉舉棋不定，但麥克不斷提醒她兒子在高中時他們撒手不管的下場——克里斯開始為幫派做事。說幫派並不為過，他上的私立男校有非常多的黑手黨子弟，當克里斯開始幫朋友的爸爸當「車手」，麥克很清楚是怎麼一回事。他和卡拉要克里斯休學，但現在他們又擔心他過得太安逸（和金錢無虞）。這正是麥克和卡拉感到卡關的原因——21歲的人不能處罰、只能逐出家門——但做父母的又不想走到這一步，還有什麼選擇呢？如何讓已長大成人的兒子振作起來？做出改變？克里斯是個好人，風趣又有見地，麥克知道他兒子能闖出一番事業。他也知道克里斯並不想跟父母一起住，他想要有自己的地方、自己的生活——他只是不知道該如何做到。

　　麥克想破頭、想到快發瘋，也想不出該怎麼辦。畢竟，他是個有能力的人，他在家裡也許失敗，但在工作上非常成功。他是個事業有成的策略師，把原本小規模的營養公司發展成業界領導者。他的專長是用創意方法解決大挑戰，而且會不斷設法改善、進步。最後麥克終於找上我的行為設計訓練營。

　　麥克的領悟性很強，他是那種能迅速把新科技用來解決舊挑戰的系統性思考者。我以為麥克迫切想學會行為設計的一切、是為了提升專業能力，但我後來發現他的熱切是因為他發現他終於能夠幫助克里斯。麥克完全能理解行為模型的道理——克里斯的許多行為突然間有了合理的解釋，而且他也明白了他以前的干預為什麼沒有用。麥克了解到，他需要把重點從動機轉到能力上。動機，尤其是青少年的動機，是不可靠

的。他也看出兒子需要一個好記又立即的提示，這要比他長久以來抽象的叨念有效多了。

麥克迫切想要試用所學，但他沒忘記從小習慣開始的重要性，於是他決定先解決咖啡機的問題。這雖是個小小的家庭紛爭，但卻會影響一整天的心情。麥克為自己買了一台不錯的咖啡機，他做了許多研究，為自己選中這一台感到自豪，他細心保持清潔、並以正確順序操作──也就是說，每次煮完咖啡後一定要沖乾淨，才不會阻塞。克里斯從不記得清潔，麥克現在想起不禁莞爾，但當初這是讓他惱怒的事情之一。他下樓後，興沖沖地要煮咖啡，發現克里斯把咖啡渣留在咖啡機裡。麥克總是幫他老大不小的兒子收尾，然後怒氣沖沖跑到他房間大罵：「咖啡機用完要清乾淨，你要我講幾次？」或者「你不愛惜我的東西，就沒有資格用它。」

克里斯總是給他白眼、或頂嘴怒嗆，一大早的衝突讓兩人陷入沮喪與憤怒的惡性循環。

如今有了重要的行為設計工具，麥克得以破解這個問題。他的志向很清楚──他想要克里斯尊重他的物品。在這件事情上，具體行為是愛惜這台咖啡機。於是麥克問了「突破問題」：我如何讓這項行為更容易做？他思考了一下，他想要克里斯做到三步驟流程：把咖啡機濾器拿出來、清洗乾淨、再放回去。要克里斯立刻全部做到顯然不可行，於是麥克決定分解這件事、讓它變簡單，並要求他兒子只做到第一個具體步驟。

「嘿，克里斯，下次用完咖啡機以後，可以拿出濾器、放在流理台上嗎？」

克里斯給他一個滑稽的表情，說：「好。」

　　隔天早上，麥克下樓準備泡咖啡時、會心一笑。咖啡濾器被放在流理台上，歪歪斜斜地躺在那裡、旁邊還撒出一點咖啡渣，但濾器已經在那裡了。麥克心中油然升起一股驕傲。他拿著咖啡走上樓時，想起了我的準則：幫助人們感覺成功。

　　「嘿，克里斯，謝謝你把濾器放在流理台上，這對我意義重大。」

　　克里斯給他一個八年級時常做的「爸你真怪」的表情，說：「這沒什麼。」

　　隔天早上，濾器又在流理台上了，這讓麥克很驚喜——他並沒有再次提醒克里斯。麥克回去工作前簡單地對克里斯說了謝謝。克里斯持續做到這小小的任務，麥克開始相信他的做法真正奏效——而非僥倖。幾個禮拜以後，麥克請克里斯先清洗濾器、再把它放在流理台上，而克里斯答應會去做，因為他發現把濾器拿出來毫不費力、但卻讓他爸爸異常高興。

　　一個禮拜以後，麥克沒看到濾器在流理台上，頓時心一沉——他太熟悉克里斯做事半途而廢了。但他告訴自己，他兒子還在學習這個習慣，因此壓抑自己不去叨唸克里斯。但等到麥克從咖啡機拿出濾器，才發現它已經被清洗乾淨。克里斯已經拿出它、清洗它、並在無人要求的情況下把它放回去。

　　麥克在心中默默歡呼。

　　這感覺就像他意外獲得升官或得到一個很棒的生日禮物一樣，這快樂和他已成年的兒子所做的這件小事不成正比，但麥克後來告訴我，重點不在於咖啡濾器——而在於希望。這是麥克多年以來第一次對於自己和克里斯的父子關係感到希望。他們的早晨時光氣氛完全改變，麥克上班前不再與兒子惡言相

向，而感到非常驕傲。他對兒子用讚美之詞取代叨念或爭執。他終於覺得自己是個好父親——能幫助他愛的人更快樂、並學會如何和諧共處。

從清洗咖啡濾器開始、很快便拓展到各種以前有爭議的行為。麥克和卡拉看出克里斯的憤怒和沮喪是他面對事情不知所措的表現。當他們要克里斯去做像是整理房間或準時付帳單這類較大的事情，他不知從哪裡做起，因而惱羞成怒、覺得自己無能為力。但當他們把具體的事情分解成小行為、提出以下這類要求「你能把用過的毛巾放進洗衣籃裡嗎？」或「你能把你的晚餐餐盤放進洗碗槽裡嗎？」克里斯就能做到。他在這些小事上面感覺成功，就有信心做更多。麥克和卡拉一路從旁陪伴、輕柔地慶祝他的勝利。這不僅讓克里斯感覺美好，也讓他們感覺美好。沒有人喜歡叨念孩子或感到沮喪——我們想要慶祝他們的成功。這一點都不難，只要你讓行為保持超小、幫助別人感覺成功就行了。

我最近詢問麥克的事業，但他更想要告訴我他家裡的改變。克里斯還跟他們一起住，但他現在兼兩份差、努力存公寓的頭期款。他們的關係處於他小時候以來的最佳狀態。緊張氣球已被戳破，他們都感到彼此的關心。克里斯跟家人一起吃飯，笑容更多、也會跟他們談心。他弟弟不再用他當藉口不做家事，父母的叨念也幾乎聽不到了。克里斯覺得自己更被了解，而他父母則更有把握幫助他在人生中航行。麥克有時會環顧家中，對於以前認為遙不可及的和諧氣氛感到不可思議。

然後還發生了一件事：麥克生平第一次收到克里斯送的生日禮物（遲了幾天，但誰會在乎），是三張黑膠唱片，都是他

在收藏的靈魂樂專輯：史提夫・汪達（Stevie Wonder）、雷・查爾斯（Ray Charles）和詹姆士・布朗（James Brown）。麥克把兒子拉過來、給了個熊抱，一面壓抑眼中淚水、一面謝謝他。

克里斯笑了。「沒什麼大不了，老爸。」

透過流程而非規則，改變團體行為

我們都知道社會動力是強大的行為驅力。這種效應隨處可見：我們觀看足球時的表現、對政治高談闊論的態度、還有在網路上或面對面時對待人們的方式。人類多半群居，因此社會影響一直都在。但社群媒體強化並倍增這些影響，人們的生活更是息息相關。這時更應該深度思考這些社會動力是如何形塑個人和整體的行為、最後影響地球上的每一個人。

你從本書所學、讓你有能力保護自己不受外界影響，並設計出新習慣，為你周遭的人創造出和諧、健康又有意義的人生。

現在你明白你不想要的習慣是如何形成、還有一些是社會壓力所創造出來。也許你全家人無法在不滑手機的情況下好好吃頓飯，也許你公司競爭激烈、沒有人敢休假，也許你參加的讀書俱樂部已淪為喝酒俱樂部。存在於團體中的習慣和標準要比個人習慣更牢不可破，但你一定要記得，我們可以一起做出改變。

現在你知道行為的原理，便可以找出讓這些你想要或不想要的習慣維持不墜的基礎。改變團體行為有三大方法：你可以設計自己的行為、讓你遠離團體的負面影響。你可以與其他人合作，共同設計改變團體行為。或者，你可以為他人設計出對他們有利的改變——就像麥克為克里斯所做的一樣。後兩者是本章的重點，我們會深入探討，並了解如何視情況加以調整。

　　你使用小習慣和行為設計，可以成為別人生活中的後盾。只要一個有技巧又體貼的人（就是你！）就可以改變整個團體，不過，雖然你的確可以用行為設計來改變文化，但我會建議你不要一開始就想改變整個國家。先建立好你的改變技巧，從自家附近開始下手——像是工作小組或你的家庭等等。我一向倡議把家庭——而非個人——視為改變的單位。我們身為行為設計者，應該設計出產品和服務來幫助家裡的每一個人一起改變。

　　麥克在幫助克里斯建立起日常生活習慣之前，先成功改變了自己的行為。麥克改變了他要克里斯做的事，以及對他提出要求的方式，把語調和姿態從發號施令改成全心支持。他得到的成功對於克里斯和他自己的行為都有極大影響。我們與他人一起生活和工作，每一個改變對所有人都有或好或壞的影響。無論我們是否存心，群體都會一起改變。

　　但我不認為你應該把改變交給運氣。精心有效地設計自己的未來，讓改變造福你生命中的每一個人。

　　為家人、工作團隊或社區進行改變時，理想中應該要得到全體的合作和支持。但這種情況不大可能發生。我剛開始在史丹佛的實驗室裡進行為期一年的團體改變計畫時，天真的以為每個人的家庭都和我一樣。我的另一半和我每次想做出改變，像是飲食或使用科技等等，我們都會支持對方。我小的時候，我母親曾大幅改變我們的飲食習慣，以幫助我妹妹改善她的學習障礙。當時我們都很不情願放棄白麵包（沒有纖維）和冷凍中國菜（糖分太多），但我們全家一起改變。

　　我把這些個人經驗告訴我實驗室裡的研究人員，他們立刻講出自己的經驗來反駁我。我聽到有個當父母的對兒子說：「你

只是進入了另一階段，等你結束時再告訴我。」另一位研究人員告訴我她的另一半跟她說：「嘿，親愛的，你的小小計畫能否暫緩，等小孩回學校上課再說？」從這些故事當中，我看到家人對於你的志向能支持、也能破壞。

　　如果你對於在家裡做出改變遇到困難，則行為設計的原則能有幫助。克服困難的方法之一，是應用我的準則 1：幫助人們去做他們早就想做的事。你的另一半一直想要成就什麼？你的工作小組目前有什麼志向？（如果你不知道，去問他們！）然後幫助他們達成那些志向。

　　也許你的另一半現在不想吃得更健康，但他希望家裡更整潔。那就從這件事開始做起。要記得：改變造成改變。你從他人想要的改變開始、讓他們步上改變的道路。等到他們建立信心和技巧，就會歡迎其他的改變，我向你保證。別放棄改變家人的飲食，但也許你一開始要做的和你想的不一樣。也許你先改變家裡的整潔習慣、或從另一半的其他志向做起。如此一來，你的另一半很可能受到這些正向改變的激勵，而開始建立與你更有志一同的習慣。嘿，我在想，也許我們該少喝點汽水。

　　如果你無法主導改變，也別放棄。行為設計和小習慣適用於任何群體在任何情況下的團體改變。就算你得不到授權或支持，這些方法依舊提供可行的架構。畢竟，每個團體情況都不同──而團體改變也像個人改變一樣，成功率最高的做法是透過流程、而非規則。

想改變他人建議堅持兩項準則

　　「改變他人」要注意一件事──這種概念可能會讓別人覺得

有點緊張。首先，我們得了解，我們一直都在影響別人的行為，只是多半沒發現——這是群居的特性——而且沒有人覺得困擾。

我們常常想要幫助家人執行新的飲食計畫、或幫助同事處理生產力的問題。但如果你要別人做某個困難的事情，他們很可能會失敗，增加日後改變的困難度。在我看來，最合乎道德的做法是盡量使用最佳方法來幫助別人的同時、也別忘了我們自己對別人的影響。

使用行為設計和小行為來幫助別人，則成功在望。

支持別人進行改變時，讓我的兩項準則指引你。

一、幫助人們去做他們早就想做的事。
二、幫助人們感覺成功。

幫助另一半、同事、老闆、顧客或子女做他們想要做的事情時，你在道德上站得住腳，而且幫別人感覺成功多半不是壞事。一旦你對於你想要幫助他人執行的改變有信心，就可以投入了。

如何一起來改變

之前我提到本章會詳細介紹兩種團體改變的方式，我分別為它們取了有趣的名字，讓你明白又好記，叫做「頭目」和「忍者」。

頭目

在這項方式中，你的角色是頭目，你分享你在小習慣、行為設計和團體行動方面的所學，主導團體改變。這在家裡和非

正式的工作場合都很常發生。你在公司休息室談到該如何解決某個棘手的問題，突然靈光乍現——我們需要一份行為群集和一張焦點地圖！你向同事說明這些方法，隔天大家來到會議桌前，共同找出問題、集思廣益來創造改變。身為頭目的另一種做法則是幫助別人學會小習慣和行為設計，分享本書是最簡單又有效的辦法。或者，你可以採取較隱蔽的做法。

忍者

你以忍者的角色巧妙地悄悄發揮行為設計。家裡或團體中的其他人不會注意到你在做什麼。這就是麥克處理克里斯和咖啡機的做法。他沒有告訴克里斯他把咖啡機的清潔步驟分解成容易做的小部分，也沒有讓克里斯知道他在慶祝成功——但還是奏效了。使用行為群集這樣的行為設計技巧、或讓行為變更簡單的做法可直接用來幫助別人改變——不需要特別告知。

無論你是頭目還是忍者，都一樣要遵循下圖的步驟。

行為設計步驟

- **步驟 1**：釐清志向
- **步驟 2**：探索行為選項
- **步驟 3**：為自己匹配出具體行為
- **步驟 4**：從小習慣開始
- **步驟 5**：找個好提示
- **步驟 6**：慶祝成功
- **步驟 7**：排除障礙、重複和擴張

設計團體改變流程

在團體中創造改變的方法基本上和個人改變是一樣的，但執行的做法稍有不同。

1、一起釐清你們的志向

行為設計從釐清志向開始做起。如果你是設計產品、為自己設計習慣抑或幫助團體一起改變，這都是你的第一步。

頭目

若你幫助家人改變飲食，你可以提出目標、看看家人的反應：「我們希望全家能吃更多新鮮蔬果，這是不是我們想要達成的目標呢？」

在商業計畫裡，你可能賦予明確的目標——明年營收增加20%——或者是比較不明確的志向——降低員工的壓力。你已經知道你的出發點，扮演好頭目的角色，讓團體知道你希望達成的目標，確保每個人都達成共識。

忍者

你不需要對外聲稱你正在使用行為設計，一樣可以釐清目標。你可以直接說出你的目標。

「確定一下，我們正在設計 X，對不對？」

「是的，沒錯，」有人回答。

「好，太好了！只是要確定我們達成共識。謝謝！」

這種忍者的動作似乎輕而易舉，但你釐清目標是幫每個人一個大忙了。

2、一起探索行為選項

釐清志向以後，就要探索行為選項了。

頭目

領導團隊進行行為設計時，你可以進行我在第 2 章介紹的揮舞魔法棒聚會，也可以拿出行為群集表單、請大家填上能達成志向的各種行為。

我發現只要經過精心指導，揮舞魔法棒的方法能夠讓小團體發想出各式各樣的行為，但如果超過 20 人，發想過程會變得較難推動。大團體可以填寫行為群集表單。只要稍加說明，你的家人、工作團隊、或整個公司──我曾一次領導過上千人──便能成功想出許多行為。你要選用哪一個方法、視你的團體性質和你的領導風格而定。

忍者

你也可以在適當時機問以下問題，暗中揮舞魔法棒。

+ 你們希望發生什麼事？如果我們有魔法，誰會做什麼事？
+ 假設我們能讓任何人做任何事。我們會讓他們採取的理想行動是什麼？

想一想以下這個忍者行為設計的場景：你參加社區公園討論會議，你是志工，公園發展主任希望大家多多利用公園，你明白這是她的志向。

為協助會議成功，你重申她的志向，然後提出上述的魔法棒問題。

當你邀請你的團隊從這些方向來思考，大家都會覺得會議變得更有趣，因為你做到了兩件事情：你讓會議重點放在具體的目標、幫助每個人跳脫抽象。而且你還幫助每個人看出許多可能的解決辦法。因此，整個團隊不會隨便決定採用第一個想法。

由於你默默地揮舞魔法棒，五分鐘前還覺得棘手的問題、現在變得解決在望。

3、為團隊匹配出黃金行為

想出許多可以可能行為以後，便可以思考要實際採取哪一個行為。我在第 2 章解釋過，你選出的行為最好有影響、容易做、又有動機。理想中，你挑選的行為要同時具備這三項特性，這些是你的黃金行為。

為團體匹配出黃金行為的最佳方式是焦點地圖法。你可以讓大家一起進行。全家人或整個工作小組一起合作能夠集思廣益。當你們在繪製焦點地圖的時候達成共識，執行黃金行為時，所有人便準備好互相支援。在所有的行為設計方法當中，團體繪製焦點地圖是我最喜歡的。

頭目

我曾指導過數百個團體利用焦點地圖法、為工作專案或自我改進找出黃金行為。

團體繪製焦點地圖的整體架構和我第 2 章描述的相同，但增加了一些重要做法。

個人繪製焦點地圖時，先把行為一一寫在卡片上。而寫在卡片上的這些行為來自於揮動魔法棒時的發想、或行為群集表單。

擔任頭目的角色時，你要向大家說明焦點地圖有許多回合，而在第一回合中，大家要把卡片放在縱軸上，影響最高的行為放最上面、毫無影響的行為放最下面。

請組員輪流拿卡片放在地圖上，直到所有卡片都放上去為止。然後，再請大家輪流調整卡片的上下位置，而且不用說明調整的原因。輪到的人都可以移動卡片，只要閱讀卡片內容、然後調整位置就可以了。有時人們對於某一張卡片的位置有不同的看法，因此會移動它好幾次。這很正常。（別擔心，只要讓流程繼續進行就好了。）

繼續進行下去，直到每個人都對卡片的位置感到滿意為止。大家有了共識以後，第一回合就結束了。

在第二回合裡，組員輪流把卡片橫向移動，向大家說明，

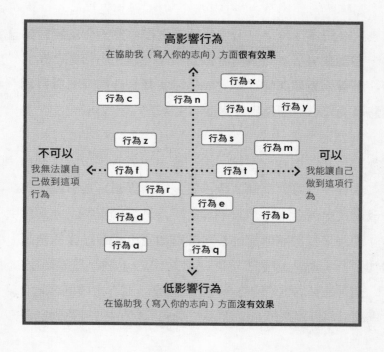

覺得自己做得到的行為就可以移向右邊，覺得自己做不到的行為則移向左邊。

請大家輪流來橫向移動卡片，直到每個人都對卡片位置感到滿意為止。

對於每一個行為稍加評論並調整位置之後，你將能在地圖的右上角找到你們的黃金行為。引導大家討論如何把這些黃金行為付諸實行，最後可能從中挑出一、兩個行為。（超過五個野心就太大了。）

多數團體都驚見他們迅速又輕易達成共識、找到現階段該專心做什麼行為，以及該暫時忘記哪些行為。在頭目的引導之下，原本冗長又緊繃的流程縮短成 30 分鐘左右，而且每個人離開現場時、都對結果非常滿意。（若想更了解如何主持團體

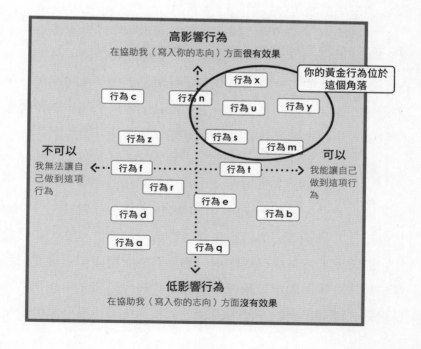

高影響行為
在協助我（寫入你的志向）方面很有效果

你的黃金行為位於
這個角落

行為 c　　行為 n　　行為 x
　　　　　　行為 u　　行為 y
行為 z　　　行為 s
　　　　　　　　行為 m

不可以
我無法讓自己做到這項行為

可以
我能讓自己做到這項行為

行為 f　　　行為 t
行為 r
　　　行為 e
行為 d　　　　　　行為 b
行為 a　　行為 q

低影響行為
在協助我（寫入你的志向）方面沒有效果

焦點地圖流程，請參考我在 FocusMap.info 上的說明。）

　　注意：如果團體找出的黃金行為屬於一種習慣，接下來請進入小習慣模式。但並非所有的黃金行為都是習慣，有些是僅次一次的行為。

忍者

　　假設你正在和家人討論某事、或在公司會議上，你需要讓大家專注、團結，但又無法進行正式的焦點地圖流程。

　　那樣的話，我有個忍者解決辦法。等到大家紛紛提出不同的意見後（也許是因為你默默揮舞魔法棒鼓勵大家發言），你可以提問：哪一項方案是我們實際做得到的呢？

　　這個問題結合了我的行為模式裡的動機和能力要素，而且是找到可以做為黃金行為的最快方法。

4、讓黃金行為變容易、每個人都做得到

　　如果團體的黃金行為是個需要持續下去的習慣，則進入小習慣模式、讓這項行為變得越簡單越好。但別忘了，即使是像每個都來參加訓練課程這類僅此一次的行為，也要盡量簡單。

頭目

　　問大家是什麼原因讓這個行為（或習慣）很難做，以及如何能讓它變得簡單。假設你在兩個禮拜以前你在專案小組發起一項新嘗試。身為經理的你，希望每位組員每天發一次電子郵件給你、分享他們當下執行專案面對的最大障礙。可能是法務部門尚未審閱新合約、或者沒有足夠預算來進行高品質的使用

者研究、或者網路一直斷線。無論是什麼問題，你都需要知道這些障礙，才能加以解決、幫助每個人順利進行。這聽起來是個大計畫、而且全組都很支持，但兩個禮拜過去，結果卻不如預期。該是問「發現問題」的時候了。

下次的專案會議上，你問大家對於發電郵這件事的想法：是什麼讓這項每日慣例很難做到？

你還可以更具體一點，一一詢問能力鏈裡的各個環節：你們有沒有足夠的時間？金錢？腦力？體力？這件事和我們既有的慣例相牴觸嗎？大家一起討論，團隊能夠幫助你——也能幫助彼此——找出最弱的環節。結果你們發現是這並不是時間的問題，而是多數組員不知道什麼樣的事情算是障礙。找出癥結所在後，你明白原來是腦力的問題（但你不會說出來！）你有幾個選擇：訓練組員找出障礙的技巧、讓這件每日慣例變簡單。或者，給他們一份清單，一一解釋各種可能障礙：專案透明度、法務問題、預算限制、合作問題、技術難題。如此一來，能力鏈中這項最弱的環節可望成為強大環節，幫助每個人在提報每日障礙電郵上做得更成功。

註記：我在寫這本書的時候，原本想要在用小習慣創造商業成功上多加著墨，但全書篇幅會過長。不過，我還是想分享我撰寫的小習慣與商業成功專章，請見 TinyHabits.com/business。

忍者

假設你希望另一半每天和你一起運動、但他意願不高。不妨問他一個「發現問題」：你覺得是什麼讓每天運動很難做到？

　　如果你的另一半跟多數人一樣，他會說：「我沒時間。」你是個有技巧的忍者，知道時間不見得是真正的問題所在，但先假設是時間的問題，問：如果你可以每天和我運動十分鐘，你覺得你做得到嗎？如果他說可以，就找個十分鐘的運動。不過，他可能會提出另一個藉口：我太累，沒力氣運動。

　　你看吧：問題不出在時間，而是體力。那麼，就找個不會太累的運動，像是每天早上跟著音樂跳一小段熱舞、或做幾個簡單的瑜伽姿勢。別忘了要重新設計環境、讓他容易運動──睡前先把瑜伽墊鋪好。別太擔心只做一個拜日式對健康是否有幫助，因為讓某人展開一個健康習慣──無論有多小──已經很了不得。如果你的另一半做了拜日式後感覺成功，他自然會擴大他的運動習慣。

　　在忍者的模式中，你非正式但有系統性的找出讓某人很難做出某個行為的原因，然後按部就班地強化那些較弱的環節。

　　做得好，忍者。

5、設法提示黃金行為

　　你已讀過第 4 章，所以你知道提示有三種：人物提示、情境提示和行動提示。你需要知道哪一種提示對團體有用。

頭目

　　若你在協助團體創造習慣，先使用小習慣法，問大家：這個習慣能自然融入日常慣例中的什麼位置？如果你要協助組員每天寄障礙報告電郵給你，你可以問他們：哪一個既有慣例能提醒你做這個新習慣？

　　大家可以一起探索選項，但每一個人都要選出他自己的錨點。有些人的配方也許是這樣：我吃完午餐回去到辦公室之後，我會拿出我的障礙清單、寫一封簡短的電子郵件。

　　提示去做某個行為的方法有很多。你可以請新來的工讀生一一提醒每個人寫電郵。但這並非長久之計。也許你可以發送每日電郵提醒？是的，這也可以，但不如利用既有慣例當提示來得巧妙。

忍者

　　這一步驟的忍者做法和頭目相同。如果沒有用，則你可以俗氣一點，問：「你認為該如何提醒自己做這件事？」

　　我很喜歡找出有效的做法、然後把它推廣到整個團體。讓我們回到寫障礙報告的習慣上。我們把任務變簡單以後，看看效果如何。找出哪些人成功做到這項任務，問他們是什麼提示他們做這件事。他們會有個提示（即便他們不自覺）。等你找

我的小習慣法配方

我……	之後，我會……	要讓習慣深植於大腦，我得馬上：
吃完午餐	拿出我的障礙清單	
回到辦公室	寫一封簡短的電子郵件	

錨點
利用生活中既有的慣例來提醒你做小行為（你的新習慣）。

小行為
你想要的新習慣，但縮小規模讓它變超小——而且超簡單。

慶祝
去做能在內心創造正面感受的事情（這種感受叫做「發光」）。

到成功的模式後，建議每一個人都使用相同提示。

假設你分別向十名組員詢問他們寄障礙電郵給你的情況，其中五位做得很成功，而這五位當中、又有四位會在去吃午餐前先把清單卡放在電腦鍵盤上。等他們吃完午餐回來後，這張清單就能提醒他們要發電郵。於是他們的配方就變成這樣：午餐時間我拿出皮夾之後，我會把障礙清單放在鍵盤上。你把這項技巧告訴大家，推廣到整個團隊。

6、慶祝成功讓習慣扎根

本步驟只適用於你想在團體中創造習慣的時候，如果你的解決辦法是單次性的行為或決定，則可以跳過這個步驟。

頭目

我希望本書能改變領導者和組員、父母和子女、醫生和病人互動的方式。當你了解我的重點之一──人們透過感覺良好來改變的效果最佳、而非感覺糟糕──你就能在生活中實踐這句話，還能用它來幫助周遭人們做出改變，無論是員工、子女、另一半或病人都可以。

權威人物的回饋舉足輕重，權威人物的認可更能促進轉變。如果你能在對的時刻提供意見、來幫助別人感覺成功，你就會習慣去做這項好行為。但這還不是全部。我在第 5 章提過，感覺成功的效應會逐漸擴張。來自我們崇拜和信任的人的讚美效果非常強大，而對某些人來說，這個人就是你。

當你扮演頭目的角色時，有三種做法能利用「發光」的力量來創造團體改變、並永久改變團體文化。

第一、教導你的團體：情緒可以創造習慣。利用第 5 章最後的幾個練習來幫團體成員找到屬於他們自己的慶祝方式，鼓勵他們發展與應用這項技巧。

第二、你可以成為團體的「發光」來源。做父母的很自然就會幫助幼兒學步、好的老師也自然知道如此。茂宜島上有個學衝浪的地方，當新手第一次駕馭浪頭，觀眾（多半是朋友和家人）都會拍手叫好。

我們在這方面多半能做得更好，我們可以更常、更快給予回饋。如果你等到某人到達重大里程碑，這當中已經錯失許多幫助他感覺「發光」的大好時機。

第三種做法是我觀察到學會小習慣法的家庭所做的：個人的好習慣由全體一起幫他慶祝。小孩子很快就能有樣學樣，媽媽撐著流理台做兩下伏地挺身，一旁的女兒拍手，說：「做得好，媽咪！」

忍者

身為忍者，你也可以像頭目一樣、扮演讓他人「發光」的煽動者。不過，你得做得隱密一點。當有人做了好行為時，為幫助對方讓習慣扎根，你可以說：「哇，真棒，你把桌面收拾乾淨有什麼感覺？」這個問題能讓你同事在下次整理書桌後、更快感到「發光」。你還可以重新定義成功，讓別人知道，即使還沒達成結果，過程中也一樣會成功。當有人不喝汽水改喝水的時候，就算體重機上的數字還沒改變，已經成功了。當有人練習靜坐，就算內心並未真正平靜，也是成功。光是安靜地坐著就已經是成功了，可以為此感覺美好。

在我的研究中，我列出了 32 種不同的說法來肯定成功。（這是八欄四列的方格架構。）例如，認可某人達到個人的最佳成績就是肯定成功的 32 種說法之一。你做得太好了！另一種方式是幫助對方看出他做的比任何人都要好。

有些人會從第一種做法獲得更多「發光」的感覺，有些人則喜歡聽到自己比別人好、而更感「發光」。

如果你知道每一位團體成員喜歡哪一種說法，你就可以利用讚美的力量幫助他們發展習慣、表現越來越好。

以下是從我的架構汲取的幾種讚美學生的方式。

+ 你在作業上的表現非常沉穩。
+ 你考試滿分。
+ 雖然上次沒考好，但這次展現了強大實力。
+ 你的學習速度比班上其他人都要快。
+ 你是全班進步最多的。

我的 32 種肯定成功的說法列於本書最後，供你參考，不過你也要留意日常生活的情況，當你提出正面回饋時，最大的影響是什麼？試試不同的做法、觀察有何效果。

人們對於各種說法的反應不同，但依我的經驗，有個方法適用於每個人。

接下來我要介紹的方法效果強大，好壞影響都有。這是我第一次以書寫的形式與人分享這個方法，請把它用在最高尚的用途上。

情緒力量最強大的回饋有兩大特性：它和你關心的領域相關、它屬於你覺得不確定的區域。我用以下圖形來顯示兩者重

疊之處，我稱它為「強力區」。

回饋強力區

你的孩子或同事在乎的領域

對於在這領域的表現感到不確定（或焦慮）

在強力區提出的任何回饋都會被放大，因為他們在乎這件事、而且感到茫然。這意味著你能夠激發出強大的「發光」感受或讓對方蒙上巨大陰影。假設你看到新手媽咪想安撫嬰兒，她想要當個「好」媽媽，但因為她是新手，她對這一切都很不確定。如果你說：那是很棒的技巧！我姊姊就是這樣安撫她的寶貝，而她是我認識最棒的媽媽，則這位新手媽咪會從頭到腳感到「發光」。

另一方面，想想以下說法的衝擊：你要我來試試看嗎？你的嬰兒看起來很很不舒服。哎呀！對新手媽咪來說，這樣的對話隱含意義很清楚——你做得不對。這句話位於強力區，但卻是負面的，而且可能很傷人。這位母親永遠不會忘記你——基於所有錯誤的原因。

過去這一年來，我個人努力的目標之一是「與人互動時激勵對方」。我甚至還在辦公室掛了一幅美麗的畫，上面寫著「謝謝你，史黛芬妮」。我把我的研究發現用來追求這個志向，盡量給周遭的人適時的回饋來激勵他們：我的學生第一次在課堂上報告時、我的另一半煮了新菜餚，以及有人打電話給

我問我的研究。這些情況都是激勵對方的大好機會——他們在乎某個議題、而他們不確定。我只要發自內心說句正面的話就可以了。人們往往在脆弱的情況下給人負面回饋。你一開始報告時候速度太慢。這魚有點乾；你烤了多久？我從你問的問題可以看出你沒讀過我的研究。

哎呀！不要這樣。

當個善良的忍者。

7、一起來排除障礙與排練

現在來到行為設計的最後一個步驟，無論你設計的是單次行為還是持續的習慣，都要盡量排練，如果有哪些地方不如你預期，就採取具體行動來排除障礙。

頭目

帶領團體進行改變流程時，先講清楚第一次嘗試培養習慣也許不會成功。向大家說明創造習慣如同試鞋，你試穿的第一雙也許不是最合腳的。這比喻能讓大家有較務實的期許，而且如果首次嘗試不成功，身為頭目的你也不會失去可信度。過程中要不斷修正方向。

說明以行為模型為基礎的排除障礙順序。如果我們嘗試創造習慣失敗了，我們就會排除障礙，從提示開始檢視。而且我們不會責怪自己缺乏動機或意志。我們所做的是設計——和重新設計。如果我們需要利用意志力，就表示我們做錯了。

如果修改提示、並且讓行為盡量簡化後，還是不成功，就回頭挑選另一個行為——我們真心想要做的行為。

忍者

　　如果你以忍者之姿來排除團體行為的障礙，則可以用新方式來應用行為模型。一樣的從提示開始，然後檢視能力。然後——做為最後手段——再煩惱是否需要調整動機。最理想的情況是你跳過動機，為團體重新匹配出大家已經有動機的新行為。

　　行為模型圖能釐清忍者應該採取或避免的步驟。想像你負責公司的健走計畫，你邀請大家參加 30 天健走挑戰，回覆率慘不忍睹，只有不到 2% 的人報名參加。

　　你排除障礙的第一步是檢視提示，大家有沒有收到活動邀請電郵呢？也許它到垃圾郵件了。也許收件匣已滿。找其他方式去提示報名行為——親自致電邀請或手寫便箋。

　　如果你確定大家都收到提示（你也親自一一送上手寫便箋），而結果還是不理想，則進入排除障礙的下一步。遇到這種情況，我喜歡用抽象劃分在行為模型圖上圖示情況。

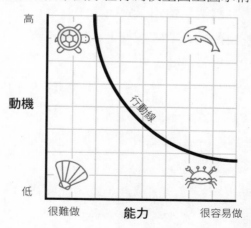

　　右上角顯示所有回覆你的提示、加入健走計畫的人，我將位於此區的人稱為海豚，他們既有動機又有能力。他們做到了

目標行為——提示出現時，報名了健走挑戰。左上角是提示出現時沒有報名的人。他們有動機，但基於某種原因，健走挑戰似乎太困難。我把此類型的人稱為烏龜。

位於左下角和右下角是沒有動機參加健走挑戰的人：螃蟹和蛤蜊。螃蟹有能力、但他們不想做。蛤蜊既沒能力也不想做。當你設法讓海豚以外的人來報名時，先鎖定烏龜，並利用能力鏈來找出如何為他們把行為變簡單。暫時不管螃蟹和蛤蜊。他們不大可能會報名，不用在他們身上浪費時間。

我在訓練營教授類別劃分時，發現這是人們學習行為設計時最有啟發性、又最具爆炸性的見解。創新者往往企圖一次解決四種類別，或者他們以為應該先鎖定最困難的族群——蛤蜊。兩種做法都不對。在行為設計中，你幫助人們去做他們早就想做的事。螃蟹和蛤蜊根本不想參加健走挑戰，海豚和烏龜才有意願，所以要先幫助海豚和烏龜。

然後，再為螃蟹和蛤蜊另外找個他們會喜歡的活動——打乒乓球、參加烹飪社、或騎自行車。或者乾脆不管他們，好好享受與海豚和烏龜一起健走。

不過，有一種情況可以考慮去爭取螃蟹的支持（也許蛤蜊也可以）。這種例外僅限於必須要做的行為，像打流感疫苗這種非常重要的事情。這個時候（也只有這個時候），你可以改變對象、納入螃蟹族群。

如果你非得讓螃蟹參加健走挑戰，則要找個他們認同的志向。如果你原本的活動宣傳把健走描寫成健康又好玩的活動，而螃蟹不吃這一套，那就再找個有意義的理由。你也許得做點研究，並非所有的螃蟹都會認同一樣的志向，但想像以下的可

能改變：

+ 參加健走挑戰、獲得免費週五系列音樂會套票。
+ 參加健走挑戰、與高層主管面對面聊天。
+ 參加健走挑戰、獲得免費健走鞋一雙。

在以上例子中，你都不需要回頭再從行為群集裡重新挑選另一個行為。你做的是我所謂的女王蜂解決辦法。不改變行為，而用別的志向來塑造它。（下個故事你會看到實例。）

用我的行為模型來劃分類別能給你和你的團體意外清晰的條理。你與組員分享這種思考模式，也把同事的地位提升為忍者。他們可以把精力放在他們想要獲得結果的地方，不用浪費時間去說服螃蟹和蛤蜊。

有時候團體改變的流程非常直接，你和大家循序做到我說的步驟就可以了。不過，行為設計和小習慣法的美妙之處在於它們很有彈性。現在你已知道一起來改變流程的大致框架，讓我們來看看實際應用的情況。我姑且把這兩段真實故事稱為「雙變故事」。第一段故事的主角是我們都認識的行為改變模範生。第二段故事的主角則利用小習慣法提高職場抗壓性，而這是個壓力極大的工作環境——醫院。

全家改變：成功克服學習障礙

釐清志向和結果

艾咪的女兒在幼稚園就被診斷出注意力不足過動症（ADHD）。有位神經心理學家說瑞秋是他見過最聰明、但又最

不專心的孩子。艾咪知道她女兒心思細膩，但似乎每一個小動作都會拖慢瑞秋的速度。她無法聽從別人指示，因為她常常陷入思考。要她做出決定非常痛苦。但幾乎所有瑞秋的老師都同意，如果她能控制思緒、不要轉移注意力，直接完成作業或回答題目，她會是最成功的學生。瑞秋四年級時轉入特殊教育班，艾咪每天都為了要盯她寫完功課所苦，而瑞秋只想要打電動或去外面玩。

艾咪使用小習慣和行為設計成功創業、和前夫惡劣的關係也得以改善，她想不出任何不能把這些方法用在瑞秋身上的理由。她做的第一件事是找出瑞秋的遠大志向，關於這一點，瑞秋花了點時間並問了幾個有創意的問題。結果她發現，對於瑞秋來說，得到好成績、獲得老師的讚賞和學會乘法都不比她當下想要做的事情來得重要。艾咪一直努力尋找瑞秋執意想要做與避免做（寫作業）的行為背後的原因，她知道關鍵在於找到對的志向，她用了女王蜂法：她準備把每次的作業（必做）和瑞秋已經有的志向相連結。

艾咪告訴我，她靈光乍現的時刻出現在她和瑞秋的對話當中，她問道：「我知道寫作業很痛苦，但你覺得，如果你不學會克服它、會怎麼樣呢？」

「嗯，我想我會有更多空閒時間，」瑞秋說。

「是沒錯，但等你四年級結束時會是怎樣呢？其他人都升上五年級，只有你沒有。」

瑞秋睜大眼睛：「什麼？」

「而且，要是他們升上六年級後，你還在四年級呢？」

頓時，她女兒開竅了──這是個新概念。「我不喜歡那樣。」

「好，所以聽起來你想要和同學一起唸完四年級。這很好──現在我們知道你想要的是什麼和你的目標，便能找出好辦法讓它發生。」

事實證明，這段對話對艾咪的重要性不下於對她女兒。她弄清楚了瑞秋對於寫好功課沒有興趣，在意的是艾咪。瑞秋真正關心的是和朋友一起升級。於是艾咪把這個志向放入行為群集裡的新雲朵圖形裡，從這個方向與瑞秋討論能幫助她順利升級的具體行為。

匹配出具體行為

既然做課後作業是讓艾咪和瑞秋一起改變的具體行為，他們便從這件事開始做起。

讓它變容易

下一步是讓瑞秋容易做到。目前最大的障礙是注意力集中的時間，瑞秋要持續專心一段時間並不容易──尤其是上了一整天的課以後。所以，艾咪嘗試把功課分解成更小的部分。他們做功課的時間每次遞增十分鐘──在她寫功課的玻璃桌上排放學用品，或列出需要完成的功課表單。每完成一部份，他們會休息五分鐘、去玩彈跳床。他們使用閃卡和影片做輔助；分別嘗試用電腦和紙筆寫作業。在過程中，他們會補強能力鏈中的任何缺口。

艾咪一路上都讓她女兒明白她的思考過程，並隨時要瑞秋提供意見。如果瑞秋抗拒某種做法，艾咪會和她談條件──然後試試看。以瑞秋的方式做五天，然後以艾咪的方式做五天，看

看哪一種做法比較好。艾咪明白她不僅是在幫瑞秋完成作業,也在教她如何實驗和管理自己的行為。她在教瑞秋改變的技巧。

找出你的提示

在瑞秋放學後的慣例中找到做功課的插入點很重要。若等到吃完晚餐才寫功課,一定失敗。屆時無論他們用了哪一個「讓它變簡單」的技巧,瑞秋都一樣因疲累而無法專心。所以,他們了解到功課一定要在放學後馬上寫完。他們以此為原則,逐漸往細部鑽研。艾咪在每一個寫作業行為上都訂出一個小行為配方:之後,我會_____。他們嘗試在各種不同的放鬆方式後繼續寫功課,持續修改出能夠奏效的配方,例如:我們跳彈跳床五分鐘之後,我會從書包裡拿出功課。他們一起探索,發現重點在於把寫功課這件事分解成小習慣:整理學用品、擬定待做事項表,以及在這些功課上點綴有趣的活動。

一起慶祝勝利

艾咪不忘大肆慶祝他們的作業習慣配方。兩人嘗試過擊掌、跳滑稽舞步、貼獎勵貼紙,看哪一種慶祝方式最有效果。瑞秋天生就是個老實又可愛的孩子,非常喜歡各種慶祝方式。艾咪也一定讓瑞秋知道,他們慶祝是因為她完成了某事,讓她有強烈的「發光」感受、並讓新習慣更有效扎根。

排除障礙、重複演練和擴張行為

瑞秋和艾咪不斷回頭檢視行為群集、納入更多新習慣來幫助她寫作業、並在課堂上創造出更多成功。有些習慣已深植於

她的學業生活，其中，瑞秋四年級培養出一個幫助她管理時間、把事情完成的習慣，配方是：我放學回家之後（「最後動作」：放下書包），我會檢查聯絡簿，寫下每一項功課的完成預估時間。她的慶祝方式是存於內心的感受──瑞秋為每項作業預估時間後，一想到晚上得空閒時間可以做的事情，她就備感興奮。這只不過是在紙上寫下數字而已，但卻能幫助她學會時間管理。瑞秋更加了解哪些作業需要花多少時間，然後依此排出優先順序。起初，艾咪每隔幾天就會幫她檢查她的估計時間、並討論哪些估計錯誤、為什麼出錯，以及如何修正。艾咪協助瑞秋自己執行這個習慣，很快地她便能自己做到了。這也化解不少母女之間的壓力，因為瑞秋越了解自己的能力和動機，艾咪就越不需要介入。艾咪也見到她女兒的時間管理能力的確因而改善，除了能準時寫完作業之外，還展現在整理房間上面。瑞秋在學業上培養出的習慣向外影響到她生活的其他部分。

瑞秋上六年級以後，已經不在特殊教育班。她不僅非常融入正常班級，還去修了進階課程，畢業時還獲得榮譽學生的頭銜。

艾咪當初開始利用小習慣來幫助瑞秋時，並沒有指望甚或夢想會有這樣的轉變。她只希望她女兒能好好利用她與生俱來的天賦。就算瑞秋四年級留級，也不是什麼大不了的事，但艾咪若沒有協助女兒發揮潛力，將會一直後悔苦惱。她對自己的做法也小心翼翼，如果她對瑞秋太嚴厲，將造成持續的焦慮和緊張，讓努力終成白費。

艾咪在一起改變的過程中找到無限快樂，而瑞秋則獲得無限成功，艾咪後悔沒能早點學會小習慣，讓她的老大和老二也能受惠。

職場挑戰：減輕醫院裡的壓力

幾年前，有間大型研究醫院請去我解決院內護士過勞的問題。我找來已成為小習慣教練和培訓師的琳達一起幫忙。負責簡報的醫院主管表示，該計劃的目標是「協助護士培養提升抗壓力的習慣。」「抗壓力」是這項活動的正面說法，但其實大家都知道這意味著員工身心俱疲，這對於院內護士、醫生或醫務人員都是個日益嚴重的大問題。

我知道在醫院工作壓力很大。護士照顧生病的人，就算再無微不至，還是有病患死亡，而醫生、病人與家屬有時會提出不合理的要求。不過，等我深入了解這些護士以及他們的工作實況，才驚覺護士值班時壓力有多大，而這份壓力影響了每一位護士上班與下班的生活。

我和琳達以視訊的方式教課，有機會在電腦螢幕前一一面對每位護士。有些護士在家裡上課，穿著睡衣、睡眼惺忪，一面坐在沙發上吃外帶食物。他們看起來一點都不像護士──反而像熬夜開趴的大學生。也有人在醫院辦公室上課，一臉疲憊地盯著電腦攝影機。

我和琳達非常想幫助他們，而琳達是個很理想的合夥老師，因為她在利用小習慣減輕壓力方面是專家。護士們都非常清楚要照顧好病患、就得先照顧好自己，但他們不知道如何把這個志向付諸實行。

我們每週花一小時的時間訓練他們小習慣達一個月，其他時間他們得自己練習分解行為讓它變小、創造配方、排練錨點習慣順序、慶祝和排除障礙。

　　我們慢慢認識這些護士，了解他們在工作上有哪些既有習慣。他們上班時幾乎都不休息，還繼續用著老舊難用的電腦軟體。最令我詫異的是，他們在 12 小時的上班時間內幾乎不喝水。這些護士們知道這不是個健康的行為，但醫院文化把他們逼到極限。不喝水就不用上廁所，他們認為這樣就能幫助更多病患，也相信同事會感激這樣的付出。

　　但這樣全力的付出代價高昂，很多人長時間值班後、回家無力和另一半及孩子們好好相處，他們頭痛、甚至失眠。

　　為讓小習慣訓練變容易，我創造了配方製造工具。我和琳達請護士們在工作表左邊寫下許多錨點（每天工作上要做的慣例）。

+ 我停好車之後……
+ 我登入電腦之後……
+ 我每次見病人之後……
+ 我幫病人做完心電圖之後……
+ 我查看按呼叫鈴的病人之後……
+ 我洗完手之後……

　　然後，我和琳達一一協助護士找出能讓他們減輕壓力的小行為。我們得到一長串清單，選出其中幾項，放入工作表右邊的配方範本中。

+ 我會做一次深呼吸。
+ 我會對最靠近我的人微笑。
+ 我會喝一口水。

+ 我會請人幫忙。
+ 我會說：「謝謝」。

　　有了左右兩個部分，護士們就可以自行組合了。將左邊的一個錨點配上右邊的一個小行為，很快就可以創造出能在值班時嘗試的配方。他們互相幫忙，分享有用的配方。

　　以下是幾個他們創造的配方。

+ 我上班停好車之後，我會閉上眼睛、做三次放鬆的深呼吸。
+ 我打卡之後，我會想：今天我要幫助真正需要我的人。
+ 我每次見病人之後，我會直視他們、對他們微笑。
+ 我用完電腦之後，我會喝一口水。
+ 我結束小組群聊之後，我會感謝我第一個講到話的夜班護士。

我的小習慣法配方

我……	之後，我會……	要讓習慣深植於大腦，我得馬上：
上班停好車	閉上眼睛	
回到辦公室	做三次放鬆的深呼吸	
錨點	**小行為**	**慶祝**
利用生活中既有的慣例來提醒你做小行為（你的新習慣）。	你想要的新習慣，但縮小規模讓它變超小──而且超簡單。	去做能在內心創造正面感受的事情（這種感受叫做「發光」）。

我們教導護士們在忙碌、高壓的工作中實行小習慣法，明顯看到他們在疲憊與百忙當中還能一起改變。

但還不僅於此，護士們盡情慶祝。我們花了一整堂課讓他們明白如何慶祝他們的小成功，以及慶祝的原因，效果出奇的好。護士們慶祝他們自己的成功，這正是我們所冀望的。但他們還開始為彼此慶祝——為抽空喝口水的護士鼓掌、為在休息是坐下來的同事擊掌，以及在某人深呼吸放鬆之後說「真為你高興！」

我們後來又繼續訓練院內其他工作人員，包括急診室醫護人員和醫院行政人員。我們還進行了正式研究，來測量小習慣對於這些護士的影響。

在這些護士開始接受我們的訓練之前，每個人匿名填寫了關於壓力和抗壓性的問卷。為期三個月的訓練結束後，護士們又填寫了一樣的問卷，數據顯示他們在以下幾個領域出現統計上的重要改善。

+「我每天執行減輕壓力的習慣。」
+「我上班時妥善管理我的壓力。」
+「我每天練習建立抗壓性的技巧。」
+「我每天上班時實踐健康的習慣。」
+「我上班時能察覺什麼時候一切順利。」
+「我能設計出在家的正面習慣。」

我和琳達很高興看到小習慣法能在職場上協助克服如此棘手的問題。不過我們更高興看到我們的努力能讓這些醫護人員減輕壓力、更健康、為那些需要他們的人提供更好的服務。

　　我還從整體印象、而非研究數據得到一個大驚喜：如果壓力太大、常常與時間賽跑、感到手忙腳亂，就無法做出大改變。而且甚至連試都不想試。我眼見到，對於身處這種情況的人來說，小習慣是唯一務實的途徑，而且可能是你和你周遭人們唯一的務實選擇。

放眼全局

　　當你透過行為設計的濾鏡來看世界——把行為視為有待解決的謎題——家裡或辦公室之外領域的都變得大有可為。我們生活在一個充滿大大小小問題的世界，我相信只要練習好行為設計的原則、小習慣法和改變的技巧，你就擁有解決挑戰的一切所需。我見到我所訓練的學生和業界人士使用行為設計成功解決棘手的難題。無論你的一起來改變指的是強化人際關係、幫助子女發揮潛力、或者改善高壓的工作環境，我都希望你能明白，有了正確的做法、幾乎任何改變都可能發生。

　　行為設計並非一個人才能進行的事情，我們設計出的每一個習慣、慶祝的每一個小成功，以及做出的每一個改變，都讓我們超越個人生活，我們透過行動，塑造我們的家庭、社區和社會，而他們也塑造我們。我們延續下去的行為很重要。行為設計不只是減重五公斤或晚餐時放下手機，更是成為你想要成為的人——並創造你想要生活於其中的家庭、團隊、社區和世界。

增強團體改變技巧的小練習

練習一：分享行為設計的基本原理

步驟 1：請工作團隊或家人撥出 30 分鐘的時間，一起學習某個史丹佛大學科學家發明的新方法。

步驟 2：拿出行為群集工作表、或請他們自己畫。

步驟 3：請大家在雲朵圖形裡寫下一個志向。

步驟 4：請他們想出至少十個能達成志向的行為。（給他們五分鐘的時間——但你可能需要幫他們。）

步驟 5：請大家選出五項最能幫助他們達成志向的行為，並標上星號。

步驟 6：請大家圈出自己有把握做到的行為。標有星號、又被圈起來的行為就是他們的黃金行為。解釋黃金行為的意思。

步驟 7：請大家分享他們的黃金行為、並討論是否能實際執行。如果你們需要進一步設計新習慣，則協助大家使用小習慣法。

練習二：利用行為設計一起來解決問題

步驟 1：請工作團隊或家人撥出 30 分鐘的時間，一起學習某個史丹佛大學科學家發明的新方法。

步驟 2：請他們想出一個全體共同的志向。你的工作團隊也許想要更佳的會議品質，而你的家人也許希望晚上有更優質的相處時間。

步驟 3：從步驟 2 挑出一個志向，確定每個人都明白它的意思。

步驟 4：請大家進行找出團體志向的黃金行為流程。（參見前一個練習的步驟 1 道步驟 6。）

步驟 5：請每個人與大家分享一到兩個黃金行為。（寫下來讓每一個人清楚看見。）

步驟 6：一一檢視你寫下的每一項黃金行為。問團員或家人要如何實踐這些行為。一起討論，訂出計畫。

練習三：為想要做出改變的行為設定一致目標

步驟 1：在集合大家之前，先決定團體志向是什麼。工作小組的志向可能是更正向的溝通、或推動真正重要的計畫。

步驟 2：揮動魔法棒，找出你自己的一組行為（或請人幫你一起發想）。

步驟 3：重複檢查這些行為是否都具體，然後把它們分別寫在四乘六吋的卡片或半張紙上。

步驟 4：請大家集合，向他們說明這個志向。

步驟 5：把卡片發給他們，每個人拿到的張數相仿。

步驟 6：指引團隊進行本章描述的焦點地圖繪製流程。詳細的團體焦點地圖介紹請見 FocusMap.info。

步驟 7：組員們找出哪些行為位於地圖的右上方（黃金行為），詢問大家如何能實際執行每一個行為。

步驟 8：一起討論、訂出計畫。

結語➕

改變一切的小改變

2008 年我到阿姆斯特丹演講，早上發表開幕主題演講後，又參加完整天的議程；晚宴後，我和丹尼才走進旅館房間，手機就響起簡訊鈴聲。是我哥哥傳來的：蓋瑞特用藥過量死了。我眨了眨眼再看清楚，訊息很簡短，直說令人傷心的重點，讓我知道這是真的。但我的第一反應還是：不。我反覆說著不，越來越大聲。我的喉嚨緊到打不開，掙扎地把簡訊內容嘶喊給丹尼聽。直到今天，我還是很難大聲說出這幾個字。

蓋瑞特是我姊姊琳達的兒子，他 20 歲的時候還叫我 BJ 舅舅，每次見面一定給我來個熊抱。他是家裡最貼心的孩子，每個人都知道這一點。他的兄弟姊妹半開玩笑、半認真地叫他金童。他熱愛向日葵，而且在大胃王比賽中幾乎所向無敵，尤其是巧克力脆片餅乾。

我腦中湧現數百個他的畫面，感覺起來像是百萬個無解的問題。

用藥過度？他幾個月前就已完成勒戒、沒有再碰藥物。我以為他已經戒斷成功。發生了什麼事？我和丹尼坐在床邊、不發一語，錯愕難過了好幾分鐘。我知道我姊姊正經歷人生最悲慘的痛苦，但我在地球的另一邊。我勉強揮去心中的震驚和疑問，說：「我們來整理行李飛回家，現在馬上！」

丹尼起身攤開我們的行李箱，我打電話問服務台我們多快能到達史基浦機場。當時午夜剛過，我們把所有東西塞進箱裡，幾分鐘之後，就上了計程車開去機場、搭乘下一班飛往拉斯維加斯的班機。

琳達是我的大姊，我依稀記得她站在客廳一塊小小的黑板前面，當時我可能只有三歲，我坐在小椅子上，她正在教我很重要的一課：膠帶濕了就不黏。她黏了一段乾的膠帶在黑板上，又把另一段膠帶泡在水裡、然後企圖把它貼在黑板上。它黏不住滑了下來，琳達說：「你看，BJ ！」

我和我大姊一向有很特別的關係──也許因為她是老大、或者因為我們的個性很合。我們都喜歡學習和施教，我們總是設法從事幫助他人的工作。你大概能從我說的故事中看出梗概，琳達是個細心體貼的人──她有八個小孩、而且是我所知遭遇最悲慘的人。

我和丹尼一聽到蓋瑞特不幸的消息、立刻飛抵拉斯維加斯，然後直奔琳達家。我們陪伴著我大姊和她家人承受著這難以言喻的喪親之痛，我唸祭文、並擔任抬棺者。

葬禮結束後，親友聚集在琳達家，端來砂鍋雞、致上最深的悼念之意。我看到琳達離開廚房、走向側陽台。大約一分鐘之後，我過去找她，我走到外面，天色已經開始變暗，我看到我大姊坐在石頭上，像胎兒一般雙手環抱雙腿、倚在牆邊。她一隻手掌遮住臉部，正在啜泣、發抖。我過去坐在她旁邊，伸出手臂抱著她的肩膀。我不知道該說什麼，於是我們倆就這樣靜靜地坐著。

　　她後來告訴我她需要遠離人群、遠離葬禮、遠離她感受到的可怕空虛。但等她獨自來到陽台，才明白她不可能逃離這一切，於是她再也承受不住。

　　琳達不僅在我小的時候對我呵護備至，我長大了她還是繼續照顧我。九〇年代初期，還在念研究所的我宣布出櫃，我最先就告訴我這位大姊。她處理這件事的態度比我想像的還要體貼與溫柔。我們生長於保守的摩門教家庭，對於男歡女愛這種事不得稍有踰越。我說出了這樣的大祕密，對於一位虔誠的女子來說，情緒大受衝擊是免不了的。但我在琳達的眼裡是她的小弟，她隨時關心照顧我。所以，那天在陽台，我知道該輪到我照顧她的時候了。在我坐下來安慰她之前，我對自己說：不管付出什麼代價，我都要幫助她。

　　表面上，幫助你愛的人走出痛苦是單純又熱切的渴望，但沒想到這對我來說卻是個重大時刻，就此影響了我專業與人生的方向，結果琳達也受到同樣的影響。

　　蓋瑞特死後，打擊依舊接踵而至，那幾年琳達命運多舛：她先生確診阿茲海默症、而且病情急轉直下，家族企業虧損、進而破產。一路上我盡量陪伴琳達，但有一次她發現她面臨抉擇，她苦讀獲得碩士學位、在全國各地穩步發展她的顧問事業，協助父母親們了解社群媒體新領域。但幾年下來，顧問工作的收入不甚理想，而且頻繁出差剝奪了和孩子相處的時間，琳達想要換新方向發展。同時，我知道收入也是一大考量，她需要養家。

　　當時我教授小習慣法已經有一段時間——每年的學員達數千名。我的教學不收費，但這份工作很有趣，而且我可以從每

天的親身經驗中更加了解人類行為。

　　每天和數百人互動需要花時間，而時間又是我最珍貴的資源。我連度假或出差演講的時候，還會花時間訓練來自世界各地的學員。我樂見我的習慣客用我的方法獲得成功，他們介紹小習慣給朋友、朋友又介紹給朋友，一直相傳下去。

　　雖然我每天助人很快樂，但我開始擔心這會讓我無暇從事我「真正的」工作──學術上的。但我不能不管每個禮拜報名我免費課程的數百人。再加上琳達需要幫助。

　　她是小習慣的最佳人選。她對於行為設計已經非常了解（她曾幫助我在史丹佛大學舉辦訓練營），她是個優秀的老師，而且她對於身心健康方面的工作非常有興趣。我知道以琳達的條件、她非常適合擔任小習慣法教練。我希望這份工作能成為她的收入來源。同時，我也想培養一群專業團隊，來幫助我訓練那些報名我的免費五日計畫的人們。這會是幫助琳達、又減輕我每日壓力的好辦法嗎？

　　的確是的，但我沒想到事情的進展超出我原本想像的範圍。你在本書讀到琳達採用小習慣而得到的驚人成功，但與她和其他教練一起共事，我因此能夠見證她一步步的轉變。整個過程令人驚奇，我眼見她精通改變的技巧、我眼見她從中獲得自信、我眼見她心態出現大幅改變。前後六個月的時間，我眼見她一面幫助別人改變人生、一面也扭轉自己的人生。她不斷進步、打拼，更重要的是，她重拾希望。

　　我從訓練人們執行小習慣的經驗中知道，它讓人快樂。道理很簡單，你幫助別人改變他們的人生，每天都見到正面的影響，這種感覺很美好──它讓你「發光」。

琳達是個鼓舞人心的例子──感覺美好的改變效果最佳。她正是改變人生的最佳見證。

2016 年的時候，我做了一個夢，我夢到我在飛機上、而飛機正要墜落。

機艙劇烈晃動嗎？坐我旁邊的人緊抓我的手臂嗎？人們驚聲尖叫嗎？也許吧，但我只記得我心裡想著：我就要死了。但奇怪的是，我既不恐懼也不驚慌，可悲的是，我的一生也沒有像走馬燈一樣閃過眼前。反之，我心中充滿懊悔，我的許多見解就要跟著我一起埋葬。痛苦的死亡就在眼前，我卻只想到我還沒向世人說明行為改變的真相。我來不及幫助數百萬人變得更健康、更快樂。

我睜開眼睛，發現這只是一場惡夢，我心想：哇！真奇怪，我都要死了，而這就是我的反應？

我懂了：我必須廣泛分享我的見解──而且越快越好。我需要設法把我所知的一切讓全世界知道。

多年來我一直想要寫書，但似乎總是有其他計畫要忙。

我在史丹佛大學主持行為設計實驗室，每年教授新課程、訓練業界創新者、手上隨時都有好幾項計畫。

那場夢對我當頭棒喝，在當時，我的研究結果只發表了一小部分，而且不是一般人能夠看到的。我的行為設計研究在網路上很難找到，我每天都在教授並應用我的研究，但卻只有我在史丹佛的學生和來參加業界訓練營的人士才有機會學到。其他人只能從我的演講或推特略知一二。更糟糕的是，我在書房櫃子裡有一大堆收錄我人類行為改變相關架構、流程圖和創新

概念的檔案箱和筆記——沒有人看得到。

每當人們寫電郵或打電話給我尋求協助時，總讓我痛苦。他們有值得追尋的目標，來問我：「我如何學到更多你的研究結果？」而我總是心虛地回答：「看我在推特上的內容、也可以上網搜尋我的影片。」我等於沒回答問題，而我覺得很愧疚。當時我完全無法提供行為設計模型和方法的完整內容、可以讓祕魯那位學生設計出更好的回收服務、讓那位在縣政府健保處工作的人員設計出有效的免疫計畫、讓家庭能改善生活，更無法集結成書付梓上市。

我的墜機惡夢讓我了解到，小習慣幫助了琳達、同樣可以幫助別人的姊妹、兄弟、爸爸、媽媽和女兒。我知道這些見解能幫助那些覺得被生活擊垮的人、深陷羞愧與自我批評的人、明知想成為什麼樣的人與想過什麼樣的生活，卻不知從何努力的人、對有意義的改變心存質疑的人。

如果多年前我放棄繼續專研小習慣、如果我沒有設法幫助我大姊，我可能就不會有這樣重大的覺悟：我在史丹佛的研究以及和業界主管的合作儘管重要，但不會改變世界。

你們才會。

我並不是指那種手牽手、心連心的比喻，而是「傑克，讓我直說這就是事實你可以改變世界」。現在，你知道你用小習慣法創造出的習慣一點都不小——它們非常偉大。

習慣也許是改變的最小單位，但卻也是最重要的單位。在改變的同心圓當中，習慣是最中間的一個。想想看，有個人從一個習慣開始、拓展成兩個習慣、在拓展成三個習慣，不但改變了自己的形象，還鼓舞了另一半，而另一半又影響他的同

事、改變了他們的心態,像野火燎原一般一直拓展下去,瓦解了原本無助的文化,讓每個人都有能力,逐漸改變整個世界。讓自己和家庭先從小處做起,進而展開創造改變浪潮的自然流程。

當我準備好立大志的時候(這種時候常常發生),我會思考行為設計所扮演的角色,用它來翻轉今日過於普遍的失敗螺旋,能夠創造世界性的大改變。要是正確的行為模型和有效的改變方法能成為常識與常規呢?則改變的潛力將無可限量。年輕學子可以學會「發光」、並運用在日常生活。全世界的醫護人員可以幫助病人培養出健康的習慣,也可以用同樣的概念讓自己更有效管理壓力。以行為改變的角度來看待每一個業務挑戰,則公司週一早上的會議可以更有生產力。創新者可以使用行為設計來創造出讓人們蛻變的產品。立法者和執政者可以輕易地把抽象的問題轉化成具體的行為——然後授權各地方政府來創造與執行解決方案。

這樣的未來願景也許要過幾年才會實現,但好消息是,我們現在可以開始培養改變的文化。引發這種連鎖反應的最快方式就是由你來推廣行為設計的思維與做法。這是你今天晚上在餐桌上就可以做的事情——與親友分享你在本書所學到的。對改變達成共識是集體改造的基礎。當你從一個正確的共同觀點來看待問題,就能迅速且成功地解決它,而行為設計就是最佳觀點。工作團隊學會我的模型後,在行為和改變上面都能獲得一致的看法,大家都學會這些方法後,也會用同一套方式來為改變設計出具體實用的做法。而且,這讓他們更有效率、更有影響力、並降低衝突、減少浪費寶貴時間。有了你的幫助,你

社交圈中的每一個人都能了解人類行為是如何運作，以及如何設計改變，獲益匪淺。

以下是你現在就能創造改變文化的做法。

透過分享

+ 與人談論你周遭的人如何改變。分享本書最突出的見解——例如我的準則。
+ 幫助人們去做他們已經想要做的事情。
+ 幫助人們感覺成功。

你還可以修改這兩項準則讓自己心有戚戚焉。

+ 幫助你自己去做你已經想要做的事情。
+ 幫助你自己感覺成功。
+ 分享你覺得本書最有用的重點。也許你可以用花園的比喻來說明習慣的運作：我們的習慣是不斷改變的景觀，你可以精心設計、讓它繁茂，也可以放任不管、讓它雜亂。培養習慣的第一步，是在對的地方種下小小種子，然後持續培育。或者，你可以分享終止壞習慣就像解開糾纏的繩結一樣。這簡單的畫面能讓人明白如何擺脫既有習慣，還能幫助人們從羞愧和自我批評中抽身。這些觀念很容易分享，能讓人直接以正確有用的新方式來思考改變和習慣。

透過實行

+ 教導與指引他人「發光」。說明這個新字詞指的是一種
  強大的情緒。描述「發光」的感受及功用（讓習慣扎
  根）。你還可以說明要如何慶祝，當別人做了什麼好事
  的時候，你也可以主動幫他慶祝。任何時候、甚至（尤
  其是）小成功都可以創造「發光」。女兒拿起一個玩具
  （地上還有十幾個）、把它收好——為她鼓掌或給她一個
  大擁抱。

+ 分享本書或書中的練習。上網找到我的行為群集範本，
  和親友一起使用。你會發現本書的小練習對於學會工具
  非常有用，能用於工作、教會或學校上。

+ 創造正向改變的家庭傳統。不管看起來有多難，從現在
  就開始。透過分享小習慣法和「發光」的概念，你今天
  就可以開始與周遭的人互相支持改變。一起學習與練習
  改變技巧，將能創造出幫助別人擁有能力的永續貢獻。

2007 年，我教授可能是我最著名的一堂課——《紐約時報》
譽為「臉書課」。當時臉書剛推出應用程式代管平台，我在史
丹佛大學開了一門新課，探討人們每天使用社群網路如何能影
響別人。學生們當時利用我早期的原則和流程版本，創造應用
程式、在（社群媒體的）真實世界免費提供。他們比我想像的
還要成功。不到六個月的時間，學生們不花一毛錢就吸引了兩
千四百多萬名用戶。我見到使用行為設計來改變世界的絕佳潛
力，以及附帶而來的偉大責任。

我在本書分享了關於行為改變思維和設計方式的重要見解，在我看來，這無異於許多突破性的發現——當你發現某個法則，它都有可能被用在好的方面與壞的方面。你可以使用基本化學原則來創造肥料和救命的藥物，也可以使用同樣的原則來製造化學武器。

臉書課程結束後，我立刻專研如何把以科技為媒介的社會影響用在可能是最有野心又不切實際的善舉——世界和平。我花了三個月的時間創造出一門叫做「和平科技」的新課程，並鼓勵學生加入我。相關研究並未隨課程結束而告終，直至今日，以「和平創新」為名的計畫依舊在實驗室和各地中心進行，並且在海牙設立總部。

我在史丹佛大學之外的工作規模較小、但目標一樣崇高，我教導創新者如何創造出改善人身健康、財務安全和永續做法的產品。做善事是我的天性，我生長過程奉行的宗教傳統強調：多得者需要多付出。我對此一直深信不已。

我明白我何其有幸能做這份工作。多年來，人們對我敞開胸懷、挑戰我、鼓勵我。讓我能傾我的研究、我的創新和我的人生來發現與釐清你現在學到的模型和方法，包括小行為法在內。我感到我一再獲得答案、逐漸拼出全貌，環環相扣以後，我得到了全新又熟悉的道理。

然後，我做了那個墜機的夢，才發現我尚未把我的研究結果與世人分享，這讓我很困擾。我堅信，有做善行的潛力卻不為人類造福是不道德的，這就像找到了癌症的解藥卻藏私一樣。

但我很感激也很開心這本書終於完成、而且已經在你手中。（我也很高興我因此睡得更安穩。）如果現在我再做墜機的

夢，就不會覺得懊悔了。我等不及要看你使用這些模型和方法
讓人生更快樂、幫助周遭親友、並且讓世界更美好。

　　我相信這本書提供了你所需的一切，能克服橫阻眼前的挑
戰、並體悟你還有哪些尚未完成的夢想。有了這套改變的系統，
將不用再憑空猜測，任何想要的志向或結果你都能設計出來。

　　但這還不是全部。現在你可以過濾掉一切關於習慣和人類
行為的雜音和困惑。由於你知道行為如何運作，便知道什麼該
留意和把握、什麼又該忽略和摒除。如果有朋友轉寄某個新運
動或節食計畫的電郵給你，瞄一眼就可以知道你想要知道的一
切。它能否幫助你去做你已經想要做的事？它能否幫助你感覺
成功？這些問題的答案呼之欲出，是因為如果改變計畫無法滿
足這兩項要求，就不值得你花時間追求。

　　人類在世上的生活品質決定於我們每天做出的選擇──選
擇如何過日子、選擇如何生活，以及更重要的是，選擇如何對
待自己和他人。我見到現今人們似乎更苦悶、更分歧、更不知
所措，這讓我很難過。在這個世界村裡，我們與自己和他人都
越來越疏離。解決這份苦惱的第一步就是盡情感覺美好。

　　習慣是達到這個目的的工具。

　　習慣教會我們改變的技巧，敦促我們追尋夢想，並為這世
界創造更多「發光」的感覺。擁抱成功的感覺、並為日常生活
增添良善，則自己和他人的世界都更加明亮。你擊敗了羞愧和
罪惡，為自己和他人終結了聽了一輩子的自我垃圾話。

　　你在本書讀到的最深度改變並非個別習慣的形成，而是經
驗的徹底轉變。從受苦到比較不苦、從恐懼到希望、從不知所
措到主動出擊。這些轉變之所以成功出現，是因為艾咪、茱

妮、琳達、莎瑞卡、蘇庫瑪、麥克和其他人決定盡情感覺美好，並運用它做出更大的改變。他們因而克服了悲慘的境遇、不良的循環和多年的自我批評。他們重新獲得人生的控制權，還發現每個人都有能力做到的事情——小改變能改變一切。

我在附錄附上額外內容。如果你想參考更多工具和資源——像是個案研究、工作表單和教學大綱等等——請上 TinyHabits. com/resources。

致謝 +

本書能順利付梓主要是因為，在我做了墜機惡夢之後不久，Doug Abrams 找到我，要我在史丹佛大學跟他吃午餐，席間他鼓勵我寫書分享我的研究。在本書寫作與出版過程中，Doug 持續提供寶貴的指導，他不僅是世界級的出版經紀人，更變成我真心的朋友、與不間斷的靈感來源。謝謝你，Doug，感激不盡。

Doug 介紹我認識 Lauren Hamlin，她成為我最密切的合作者，協助我把我的研究見解和親身經驗轉化成精煉的文字。來自東岸的她個性堅韌、而來自西岸的我天生樂觀，我們合作創造出超出我預期的成果──一本書。與 Lauren 合作非常愉快，這這段期間，我知道她做了不少犧牲，才把這些想法交到你們手上，並且──我希望──進入你們的心頭與腦海。Lauren，「謝謝妳」三個字不足以表達我對你的感激之情。

誠摯感謝 Lara Love 協助我致力於本書、並在重要時刻提供指引。我也很謝謝 Katherine Vaz 細心，書裡的一字一句都逃不過她的法眼，妳每次要告訴我壞消息時的貼心態度，以及協助我更能表達自己的貢獻，都讓我銘感五內。

對於 Houghton Mifflin Harcout 整個出版團隊，我永遠心懷感激，尤其是 Bruce Nichols，謝謝你對於我的作品展現高度信

心，以及對於將我的見解分享給眾人懷抱無限熱情。與你和你的團隊共事是有趣又開心的經驗。

我還要謝謝把本書打進國際市場的編輯和出版團隊：Ebury 的 Joel Rickett 提供精闢的編輯見解；Caspian Dennis、Sandy Violette 和 Abner Stein 團 隊；Camilla Ferrier、Jemma McDonagh 和 Marsh Agency 團隊。

早在我投入書寫之前，就受到許多人的協助，感謝我長期的合作者兼好友 Tanna Drapkin，我們在史丹佛和其他地方合作多年，Tanna 在我不足之處補強、在我耗弱時注入精力。沒有人像 Tanna 那樣長期又徹底地支持我的研究。

還有其他在史丹佛大學的同事多年來全力支持我的研究、教學和創新，許多人一路上鼓勵我、為我開創契機，包括 Byron Reeves、Terry Winograd、Roy Pea、Keith Devlin、Martha Russell、Phil Zimbardo 和已經去世的 Cliff Nass。我還要感謝史丹佛其他同事從各方面協助我，包括 Jennifer Aaker、John Perry、Tom Robinson、Bill Verplank、Tina Seelig 和 David Kelley。

我最初在 2011 年於社群媒體上分享小習慣時，完全沒想到這會成為我專業與個人生涯的巨大部分。我感念小習慣法早期的支持者和成功實踐者，尤其是 Liz Guthridge 和 Linda Fogg-Phillips，以及更多加入我計畫、提供回饋和見解的人──事實上有數千人。世界各地都有人為本書內容做出貢獻。

我要特別感謝在我寫作期間與我分享個人故事的人，有些故事被收錄於本書中、有些則沒有。無論如何，你們的經驗和見地都讓這本書更好 ── 而且寫來更有趣。謝謝 Mike

Coulter、Emily E.、Mallory Erickson、Juni Felix、Linda Fogg-Phillips、TJ Jones、David Kirchhoff、Shirisha N.、Margarita Quihuis、Sukumar Rajagopal 和 Amy Vest。此外，我還要感謝其他與我分享真實故事和案例的人，包括 TJ Agulto、Kevin Ascher、Ginger Collins、Roller Derby Renee Schieferstein、Joe Dimilia、Mark Garibaldi、Jonny Goldstein、Kate Hand、Brittany Herlean、Manjula Higginbotham、Maya Hope、Roger Hurni、Judhajit "JD" De、Brendan Kane、Erin Kelly、Ellen Khalifa、Glen Lubbert、Kevin McAlear、Jasmine Morales、Gemma Moroney、Barry O'Reilly、Steve Peterschmidt、Mary Piontkowski、Shirley Rivera、Ramit Sethi、Wingee Sin、Michael Stawicki、Khadija Tahera、Renee Townley、Michael Walter 和 Bert Whitaker。

我在此向我的同事 Stephanie Weldy 表達最深的感激，她在我寫作過程中幫助我度過每個緊急與非緊急的狀況。她幾乎每天當我的開路先鋒。她監督訪問過程——真人真事——並協助形塑本書結構和語調。

我培訓出來的小行為法專家群協助本書的進展，人數太多，無法在此一一列名，如果你是小習慣認證教練，我要感謝你花時間在我的方法上、並致力讓本書更適合每個人。我確定我會遺漏不少重要人士（抱歉），以下列出幾位全力相挺（以及此時我能想到）的教練：Amy Vest、Juni Felix、Linda Fogg-Phillips、Edith Asibey、Joshua Bornstein、Kristiana Burke、Mike Coulter、Judhajit "JD" De、Charlie Garland、Jonny Goldstein、Kate Hand、Katherine Hickman、Manjula

Higginbotham、Joshua Hollingsworth、Jason Koprowski、Shelley Lloyd-Hankinson、Martin Mark、Ruby Menon、Shirley Rivera、Christine Silvestri、Dave Spencer、Deb Teplow、Erwin Valencia、Stehanie Weldy、Michelle Winders 和 Misako Yok。

我想要特別感謝幾位對本書有重要啟發的人類情緒專家：James Gross、Lisa Barrett Feldman、Aaron Weidman 和 Michele Tugade。謝謝你們在百忙中撥冗協助。

在廣泛的研究查核方面——確保我的內容正確無誤——我要感謝許多人，包括 Elena Márquez Sequra、Brad Wright 和 David Sobel。（此外，David 在多年前參加我的訓練營，就建議我使用「動機潮」一詞。）

進入史丹佛之前，我有幸受教於多位優秀的師長，建立我的思維、挑戰我更精進重要技巧。他們為我撰寫本書啟蒙：Donna McLelland、Clayne Robison、Kristine Hansen、Don Norton、Bill Eggington、Chauncey Riddle 和 John Sterling Harris。

我還要感謝世界各地給我支持的人，包括 David Ngo、Derek Baird、Michael Fishman、Ramit Sethi、Rory Sutherland、Jim Kwik、Joe Polish、Tim Ferriss、David Kirchhoff、Amir dan Ruben、Mark Bertolini、Partha Nandi、Vic Strecher、Kyra Bobinet、Jeffery Bland、Mark Thompson、Rajiv Kumar、Sohail Agha、Ted Eytan、Tom Blue、Benjamin Hardy、Julien Guimont、Jason Hreha、Hiten Shah、Dean Eckles、Margarita Quihuis、Maneesh Sethi、Tony Stubblebine、Vishen Lakhiani、Barry O'Reilly、Andres Zimmermann 和

Esther Wojcicki。

　　我要謝謝我在茂宜島的友人協助我在寫作過程中坐得住之餘、還能保持積極樂觀。（寫書期間我多半住在茂宜島。沒錯，我有幸待在那麼優美的地方。）感謝 Dorothy、Jenn、Mitch、Bob、Wanda 等友人不時來看我、讓我開心。我還要感謝基黑灣那些衝浪好手——那些「黎明巡邏隊」隊員：Tommy、Glenn、Brandice、Dana、Jeff、Rosie、Mitch、John 等等。 我每天早上和你們一起衝浪時，並未多聊這本書，但你們的「阿囉哈」和鼓勵讓我每天早上活力充沛、一整天都能努力工作。對你們，我說「馬哈囉」。

　　我要特別感謝我的大姊琳達，她大方分享個人經驗，要任何人說出心痛的經歷都不是容易的事。我再度對我這位大姊感到敬佩。我也要對我的父母表達由衷感謝之意：Gary 和 Cheryl Fogg，他們從十年前就鼓勵我寫這本書，甚至在行為模型和小習慣的早期研究階段，就開始提供有用的回饋和指導。你應該能想像得到，在我的人生以及對世界的影響方面，我的家人一直是我最大的擁護者。

　　最後，我要給我的人生伴侶 Dennis Bills 一個大大的擁抱，20 多年來，他一直忍受著我對人類行為的癡迷。他除了讓我保持健康快樂，還貼心地提供無數關於小習慣、行為設計、行為模型等方面的個人經驗和討論……你懂我意思了。他堅定不移的支持賜予我超能力，讓我得以研究、學習、應用與教授數千人的經驗——並分享給你，本書的讀者。

附錄

以下附錄希望能幫助你更了解我的研究、並加以應用。

本書相關的其他參考資料和資源，請上 TinyHabits.com/resources。好好享用！

行為設計：模型、方法和準則

下圖整理出行為設計的模型、方法和準則，幫助你更了解全局。如果你想在工作專案或教學上使用本圖（或更新版本），請上 BehaviorDesign.info 了解使用方法。

行為設計

模型 如何清楚思考行為	方法 如何設計行為
福格行為模型 B=MAP 動機──PAC 人物 動機潮 動機向量 能力──PAC 人物 能力鏈 提示──PAC 人物	**小習慣**（小習慣的具體方法） 入門步驟 縮小規模 錨點（既有慣例──新習慣） 配方句型：我_____之後，我會_____ 配方製造工具 珍珠習慣 排練：錨點──習慣──慶祝 透過慶祝來感覺「發光」
其他行為設計模型 行為群集 自動性頻譜 改變技巧 行為改變總體計畫 強力區模型	**其他方法**（也用於小習慣） 排除行為障礙：P─A─M 行為群集工作表單 揮動魔法棒 焦點地圖（行為匹配） 發現與突破問題 設計流程：更容易做
準則 1. 幫助人們去做他們早就想做的事 2. 幫助人們感覺成功	

福格行為模型

如果你想使用本圖或其他版本，請上 BehaviorModel.org 申請授權。你也能在行為模型網站上找到其他版本。

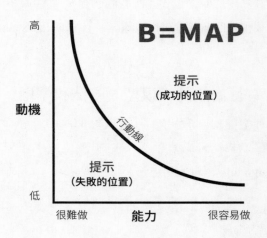

福格行為模型教學

兩分鐘腳本

步驟 1：前言

讓我用福格行為模式說明行為的運作方式。這會花兩分鐘的時間。行為是三項要素同時發生的結果：動機、能力和提示。

步驟 2：畫圖形

你可以用平面圖形來設想這個模型。縱軸是行為的動機程度，從高到低。橫軸是行為的能力程度，也是從高到低的連續體。右邊能力高，我標記為「很容易做」。橫軸左邊則是「很難做」的行為。

步驟 3：舉例說明

假設你想勸他人捐款給紅十字會，如果對方動機很高、又很容易做到，這項行為就會位於右上角落。當他受到捐款提示時，就會做出捐款行為。

反之，如果對方捐款給紅十字會的動機很低、而且又很難做到，這項行為就會位於左下角落。當他受到捐款提示時，並不會做出捐款行為。

步驟 4：行動線

動機和能力彼此相關，而這條曲線叫做行動線，顯示兩者的關係。若有人受提示時位於行動線之上，他就會做這項行為，在本例中，他就會捐款給紅十字會。然而，如果他受提示時位於行動線之下，就不會做出這項行為。

如果某人位於行為曲線之下，我們需要把他拉上去，如此一來，提示才能引發行為。我們需要增加動機、或者讓行為變得簡單、或兩者同時進行。

步驟 5：提要

本模型適用於人類行為所有類別。總之，當動機、能力和提示同時出現時，行為就會發生。三大要素少了任一項，行為都不會發生。

小習慣剖析

錨點—行為—慶祝（ABC 三步驟）

一、錨點時刻（Anchor moment）
提醒你去做新的小行為的關鍵時點，例如一個既有的慣例（像是刷牙）或發生的事件（比如電話鈴響）。

二、新小行為（new tiny Behavior）
錨點後立刻去做的行動，是新習慣的簡化版，好比用牙線清一顆牙或做兩下伏地挺身。

三、立即慶祝（instant Celebration）
完成新小行為後立刻做，任何能創造正面情緒的事情，像是說「我做得不錯！」

我的小習慣法配方

　　你可以用小習慣格式在索引卡上寫下你的習慣配方。一一寫下所有配方，放在索引盒裡隨時翻閱，並視需要修改。你可以上 TinyHabits. com/recipecards 下載我為你創造的範本，然後列印出來。

我⋯⋯	之後，我會⋯⋯	要讓習慣深植於大腦，我得馬上：
———————	———————	———————
———————	———————	———————
錨點	**小行為**	**慶祝**
利用生活中既有的慣例來提醒你做小行為（你的新習慣）。	你想要的新習慣，但縮小規模讓它變超小——而且超簡單。	去做能在內心創造正面感受的事情（這種感受叫做「發光」）。

讓行為更容易做

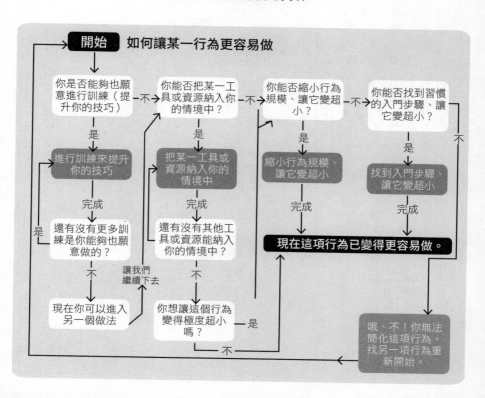

行為改變總體計畫——階段 1

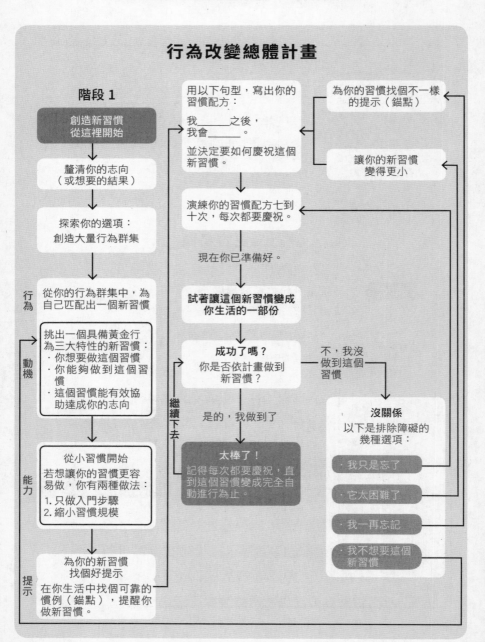

行為改變總體計畫——階段2

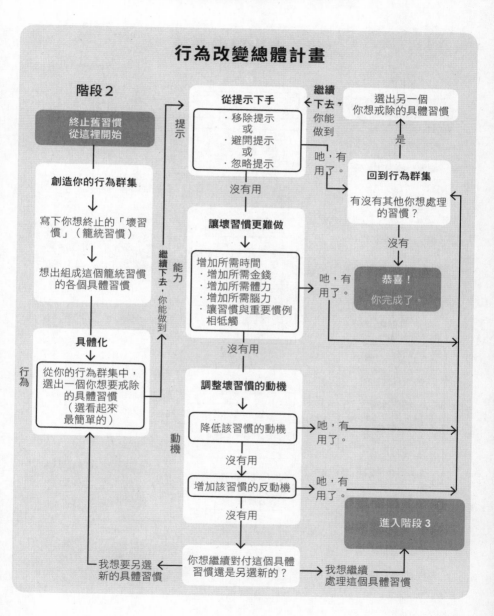

行為改變總體計畫——階段 3

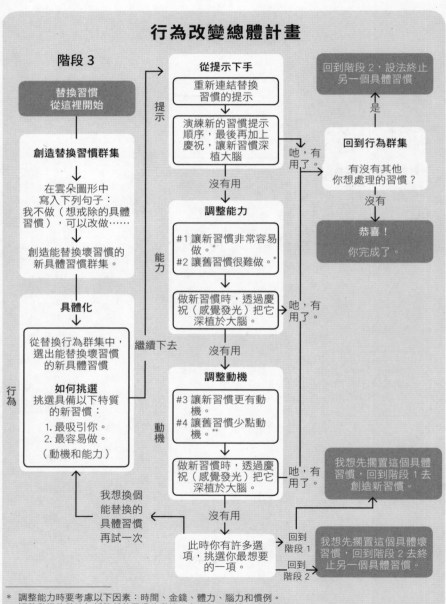

行為改變總體計畫

階段 3

替換習慣
從這裡開始

創造替換習慣群集

在雲朵圖形中
寫入下列句子：
我不做（想戒除的具體
習慣），可以改做……

創造能替換壞習慣的
新具體習慣群集。

具體化

從替換行為群集中，
選出能替換壞習慣的
新具體習慣

如何挑選

挑選具備以下特質
的新習慣：
1. 最吸引你。
2. 最容易做。
（動機和能力）

我想換個
能替換的
具體習慣
再試一次

提示

從提示下手

重新連結替換
習慣的提示

演練新的習慣提示
順序，最後再加上
慶祝，讓新習慣深
植大腦

沒有用

能力

調整能力

#1 讓新習慣非常容易
做。*
#2 讓舊習慣很難做。*

做新習慣時，透過慶
祝（感覺發光）把它
深植於大腦。

沒有用

繼續下去

動機

調整動機

#3 讓新習慣更有動
機。**
#4 讓舊習慣少點動
機。**

做新習慣時，透過慶
祝（感覺發光）把它
深植於大腦。

沒有用

此時你有許多選
項，挑選你最想要
的一項。

他，有
用了。

他，有
用了。

他，有
用了。

回到
階段 1

回到
階段 2

行為

回到階段 2，設法終止
另一個具體習慣

是

回到行為群集

有沒有其他
你想處理的習慣？

沒有

恭喜！

你完成了。

我想先擱置這個具體
習慣，回到階段 1 去
創造新習慣。

我想先擱置這個具體壞
習慣，回到階段 2 去終
止另一個具體習慣。

* 調整能力時要考慮以下因素：時間、金錢、體力、腦力和慣例。
** 調整動機的做法包括降低舊習慣的動機、和增加反動機，或雙管齊下。

32 種肯定成功的說法

成功的感覺能協助創造持久的改變，我在此列出 32 種說法讓人感覺成功。

這 32 種說法對每個人的效果各有不同，我的研究顯示，有些人喜歡聽到對於自己表現的回饋，有些人喜歡聽到同事的讚美，有些人（不過比較少）即使表現不佳、還是想要聽到好消息。我用銷售績效的例子來說明以下架構。

	1、你優秀的表現	2、把你的表現和別人比較	3、團體合作時，你的表現	4、儘管表現不佳，還是有好消息
A、僅此一次	你成功賣出許多產品。	你今天的業績超越其他同事。	由於你的貢獻，整個銷售團隊業績亮麗。	雖然你沒有賣出任何產品，但開發了許多潛在顧客。
B、最棒的一次	你這禮拜賣出的產品超過以前——你個人的最佳紀錄。	你賣出的產品超過任何人——創下新紀錄。	貴團隊創下公司新紀錄，你是最大功臣。	雖然你沒賣出任何產品，但你這次開發的潛在顧客比以前都多。
C、和上次比較	你本週的業績比上週多出20%。	過去一個月以來，你的業績進步幅度遠高於任何人。	你幫助銷售團隊超越上個月的業績。	雖然你沒賣出任何產品，但你這個月開發的潛在顧客比上個月還多。
D、達到里程碑	你賣掉整批產品，達到重要的里程碑。	你是唯一創下百萬業績的人。	貴團隊在你的幫助之下，業績達到百萬的門檻。	雖然你沒賣出任何產品，你已經在本公司待滿一年了。
E、前途看好	過去一季以來，你的業績每週增加。	你的業績比任何人都進步的快。	你協助整個團隊提高成交效率。	雖然你沒賣出任何產品，你開發潛在客戶的能力越來越進步。
F、努力不懈	你在銷售產品上努力不懈。	你比其他同事都還要努力不懈。	你的努力不懈幫助團隊裡的每個人成功。	雖然你沒賣出任何產品，但你非常努力、並確實遵循流程。
G、本來會更糟	至少你的業績足敷開支。	負責銷售本產品的其他人都早已放棄，只有你堅持下去。	雖然貴團隊本週沒有成交任何生意，但你幫助大家學到很多。	雖然你沒賣出任何產品，你在嚴重感冒後強勢回歸。

	1、你優秀的表現	2、把你的表現和別人比較	3、團體合作時，你的表現	4、儘管表現不佳，還是有好消息
H、不畏挑戰	儘管你剛跨入新的銷售領域，但業績非常亮眼。	儘管上週沒有總部的支援，你的業績還是超越其他同事。	儘管貴團隊人數很少，你還是幫助大家成功。	雖然你沒賣出任何產品，但你沒有因此卻步。

100 種慶祝與感覺「發光」的方式

讓自己感覺「發光」並讓新習慣在腦中扎根的慶祝方式有很多。

以下是我旗下的小習慣專業教練所建議的慶祝方式，你以許會看到許多不適合你的做法，有些似乎瘋狂透頂，沒有關係，你不需要一百種慶祝方式，你只需要一種。如果你能找到超過一種那更好。

參考以下做法，找出適合你的慶祝方式。

1. 揮舞拳頭，說：「吡！」
2. 以牆壁或桌面為鼓、打出快樂的節奏
3. 想像你媽媽給你大擁抱
4. 微微點頭
5. 假裝投進三分球
6. 想像煙火在你身後燃放
7. 露齒大笑
8. 雙手比讚
9. 畫個笑臉、全心感受它
10. 哼幾秒活力充沛的曲子
11. 想起你最喜歡的老師對你說：「做得好！」
12. 舉起雙臂，說：「勝利！」
13. 想起你最好的朋友為你高興
14. 短暫按摩你的肩膀或頸部

15. 心想：吼！我快要改變成功了

16. 想像打開一份美麗的感謝禮物

17. 說：「這就對了！」

18. 來幾下甩手舞。

19. 拋出想像的五彩紙屑

20. 說：「我做得好！」

21. 握拳，說：「吼！」

22. 對鏡中的自己笑

23. 握拳，說：「真厲害！」

24. 聽到人群歡呼

25. 說：「太棒了！」

26. 雙手合掌表示感激

27. 彈指，說：「過關！」

28. 雙手貼臀、挺胸

29. 對自己說：「吼，我超會創造習慣的。」

30. 驕傲又雀躍地在房內昂首闊步

31. 說出或心想：「幹得好！」

32. 握拳輕打心臟部位三次

33. 想像老師頒獎給你

34. 想到你孩子對你微笑

35. 以不同方式揮舞拳頭

36. 跳一段慶祝舞

37. 心想：吼，我做到了！

38. 想像巧克力的美味

39. 看著某個亮黃色的東西

40. 快樂地搓弄雙手

41. 想像你父親說：「哇，太優秀了！」

42. 雙手握拳互擊、然後手打開做爆炸狀

43. 給自己擊掌

44. 腦中響起喇叭聲

45. 用瑪莎・史都華（Martha Stewart）般的語氣說：「好加在」

46. 彈指

47. 想像接獲你被新工作錄取的消息

48. 說：「你做到了！」

49. 抬起下巴、對遠方微笑

50. 想像全場觀眾鼓掌

51. 說：「真好！」然後點頭

52. 停頓、深呼吸，感恩你的成功

53. 舉起雙手說：「吥！吥！吥！」

54. 重複豎起大拇指

55. 說：「我愛死它了！」

56. 高唱：「Celebrate good times, come on!」（慶祝美好時光，來吧！）

57. 讚美自己：「我真會……」

58. 用口哨吹輕快的曲子

59. 吐一口氣說：「吥！」

60. 驕傲地拍拍肩膀。

61. 為自己簡短鼓掌。

62. 想像你愛的人給你一個大擁抱。

63. 說：「吥————！」

64. 心想：做得好！

65. 擺個強力姿勢

66. 想像看到愛人時、你的面部表情。

67. 雙手高舉、跳起來。

68. 做個肌肉男的姿勢。

69. 深吸一口氣，想到精力進入你身體

70. 做幾秒的「騷靈手指」（十指迅速揮動）

71. 說：「達陣！」並像裁判一樣舉起雙臂

72. 聞聞花朵（當然是眼前就有的）

73. 想像身處你最喜愛的海灘

74. 優雅地一鞠躬

75. 和孩子擊掌

76. 想像吃角子老虎中獎的聲音

77. 看著鏡子說：「我真為你驕傲」

78. 捶打胸膛

79. 把這句話唱出來：「ㄔㄥˊ成，ㄍㄨㄥ功！這就是我拼成功的方式！」

80. 唱：「Hey now, you're a rock star」（嘿，現在你是搖滾巨星。）

81. 想到和你的狗相處時的美好感覺

82. 擺出尤賽恩‧波特（Usain Bolt）贏得短跑後的姿勢

83. 與自己擊掌

84. 想像內心在笑

85. 做出《功夫小子》（Kung Fu Kids）的姿勢

86. 燦笑，說「哇！哇！」

87. 拍拍自己的背

88. 彈指好幾次

89. 伸展雙臂、想像自己擁抱改變

90. 小聲說：「感謝你，上帝。」

91. 學電影明星飛吻

92. 快速轉一圈

93. 說：「真好！」

94. 想像你有個狗尾巴、快樂地搖它。

95. 比出和平手勢，說（或心想）：「勝利！」

96. 碰拳、鞠躬

97. 在浴室鏡子前與自己擊掌

98. 想像周遭散發香氣

99. 大笑

100. 學《摩登原始人》說「呀吧噠吧度！」

「300 個小習慣配方」——15 種人生情境和挑戰

更多配方請見 TinyHabits.com/1000recipes。

職業婦女的小習慣

1. 我聽到鬧鐘響起之後，我會立刻把它關掉（不按貪睡鈕）。

2. 我早上下床之後，我會說：「今天會是很棒的一天！」

3. 我走進廚房之後，我會喝一大杯水。

4. 我打開咖啡機之後，我會拿出便當盒。

5. 我把雞蛋煮上之後，我會拿出我的維他命。

6. 我打開浴室水龍頭之後，我會做三下深蹲（也許可以更多下）。

7. 我把床鋪好之後，我會把髒衣服放進洗衣機、設好定時裝置。

8. 我的孩子上學之後，我會拿出我工作上的待做清單。

9. 我扣上安全帶之後，我會按下有聲書播放鍵。

10. 我開進辦公室停車場之後，我會停在最遠的停車格。

11. 我在辦公桌前坐下之後，我會把手機設成飛航模式。

12. 我整理好文件夾之後，我會走去跟其他組員打招呼。

13. 我早上開完會回到我的位子之後，我會列出當天的最優先事項。

14. 我吃完午餐之後，我會繞著辦公大樓至少走一圈。

15. 我下班前關電腦之後，我會快速整理一下桌面。

16. 我開出辦公室停車場之後，我會轉而開向健身房。

17. 我下班進門之後，我會給孩子們一個擁抱。

18. 我啟動洗碗機之後，我會收好流理台上至少一項物品。

19. 我對孩子們道晚安之後，我會想一個我愛的人、也許打個電話給他。

20. 我上床之後，我會翻開聖經至少讀一段。

睡得更好的小習慣

1. 我早上聽到鬧鐘響起之後，我會立刻起床、不按貪睡鈕。

2. 我早上穿上鞋子之後，我會走到外面沉浸於自然光當中。

3. 我吃完午餐之後，我會走到外面曬曬太陽。

4. 我決定要睡個午覺之後，我會定鬧鐘、不讓自己睡超過 30 分鐘。

5. 我看到時間已過下午三點之後，我會喝水而不喝咖啡。

6. 我下班回家之後，我會把手機拿到廚房充電、而不是臥室。

7. 我把晚餐放進烤箱之後，我會吃鎂補充劑。

8. 我晚上啟動洗碗機之後，我會關暗屋內燈光。

9. 我晚上打開第一盞燈之後，我會戴上防藍光眼鏡。

10. 我晚上開電視之後，我會吃退黑激素。

11. 我看完《危險邊緣》（Jeopardy!）電視節目之後，我會開始我的睡前儀式。

12. 我看到時鐘已過晚上 8 點之後，我會停止使用 3C 產品、也不再看螢幕。

13. 我晚上鎖上門之後，我會把室溫調降到攝氏 21 度。

14. 我晚上用牙線清潔牙齒之後，我會打開白噪音機。

15. 我打開白噪音機之後，我會拉上窗簾、讓房間全黑。

16. 我拉上窗簾之後，我會在臥室噴點薰衣草芳香劑。

17. 我上床還睡不著之後，我會打開小燈讀點書。

18. 我半夜想要起床之後，我會躺回床上等 15 秒。

19. 我晚上一直看時鐘之後，我會把時鐘轉向、讓我看不到。

20. 我晚上開始擔心某個問題之後，我會說：「明天再說。」

活躍老人的小習慣

1. 我泡好茶之後，我會拿出我的藥。

2. 我早上拿到報紙之後，我會做三下深呼吸。

3. 我看完報紙之後，我會放我最喜歡的專輯、跟著跳一下舞。

4. 我坐下吃早餐之後，我會吃藥。

5. 我洗完早餐的碗盤之後，我會穿上走路鞋。

6. 我出門散步之後，我會打電話給一個兄弟姊妹。

7. 我走上散步步道之後，我會拿出相機、照一張相片。

8. 我從外面回家之後，我會開信箱。

9. 我打開花園鐵門之後，我會停下腳步，說：「每一天都是上天的禮物。」

10. 我戴上園藝手套之後，我會拔三根雜草。

11. 我看到一棵美麗的開花植物之後，我會剪下幾朵花插在花瓶裡。

12. 我脫下走路鞋之後，我會在玻璃杯裡倒滿水。

13. 我坐在沙發上之後，我會打開我的相片 app。

14. 我打開一張相片準備編輯之後，我會做一項調整。

15. 我打開浴室水龍頭之後，我會想一件關於我身體的正面想法。

16. 我關掉水龍頭之後，我會抓著安全扶手走出淋浴間。

17. 我掛上我的毛巾之後，我會在我乾燥的皮膚上擦一層護膚霜。

18. 我穿上內衣內褲之後，我會伸展一次、雙手摸到腳趾。

19. 我男友到我家之後，我會給他一句由衷的讚美。

20. 我們打開跳舞音樂之後，我會小聲說：「旁若無人地盡情跳舞吧！」

照顧者的小習慣

1. 我晚上查看媽媽的狀況之後，我會在她耳邊小聲地說一個字，不管她是否聽到。

2. 我的鬧鐘響起之後，我會下床，說：「今天無論如何會是個很棒的一天。」

3. 我餵完狗之後，我會讀一小段新約聖經。

4. 我端早茶給媽媽之後，我會請她告訴我一件她最喜愛的事物。

5. 我看到我先生做早餐之後，我會在我們坐下來用餐前給他一個大擁抱。

6. 我看到我先生開車去上班之後，我會坐下來做三次深呼吸。

7. 我看到今天媽媽有約診之後，我會先提醒她、以免臨時措手不及。

8. 我拿來擦澡用品之後，我會在開始之前先握著媽媽的手、對她微笑。

9. 我寫電子郵件問醫生問題之後，我會在我的照護日記裡記錄下來。

10. 我幫助媽媽做復健之後，我會稱讚一件她做得很棒的事情。

11. 我給媽媽吃藥之後，我會記錄在我的照護日記裡。

12. 我看到媽媽早上又睡著之後，我會打開一本好書、試著沉浸在書中世界。

13. 我開始換繃帶之後，我會講述以前全家一起做的好玩的事情。

14. 我登入臉書之後，我會貼一則我擔任照顧者所面臨最大的挑戰。

15. 我聽到我母親批評我的照顧或廚藝之後，我會這麼說：「媽，您有權發表意見，」然後就不多說。

16. 我大哭一場之後，我會去洗把臉，看著鏡子，說：「你做得到。」

17. 我對健保系統感到挫折之後，我會想出一位朋友、打電話給他訴苦。

18. 我鄰居過來讓我有機會喘口氣之後，我會擁抱她、說我很快就會振作起來。

19. 我的孩子問我：「外婆還好嗎？」之後，我會分享一件她真實的狀況。

20. 我晚上打理好媽媽上床之後，我會收拾廚房或臥室一件物品——並告訴自己這樣已經夠整齊了。

新手主管的小習慣

1. 我坐下來吃早餐之後，我會打開行事曆 app 檢視當天行程。

2. 我穿好衣服之後，我會唸一句積極肯定的話語。

3. 我走進辦公室之後，我會對每一個見到的人微笑打招呼。

4. 我關上辦公室門開一對一會議之後，我會問我同事一個具體的問題，以了解他的近況。

5. 我發現有同事感到挫折之後，我會指出她一項優點。

6. 我開完一對一會議之後，我會強調我同事的一項正面貢獻。

7. 我被上司交付新專案之後，我會在 Slack 上創造一個新頻道。

8. 我宣布員工週會開始之後，我會問一個有趣的問題做為開場白，請組員輪流簡短回答。（例如：你上次造訪的城市是哪裡？你家裡一再重複播放的專輯是什麼？）

9. 我發現會議主題陷入抽象概念之後，我會說：「我想確認一下，我們設計的是 X，對不對？」

10. 我們討論完所有議程項目之後，我會問同事們有沒有其他要討論的事項。

11. 會議結束之後，我會請組員們把他們的執行項目上傳到群組。

12. 我蓋上便當盒之後，我會穿上我的走路鞋。

13. 我吃完午餐回到辦公室之後，我會走到某位組員的座位，問：「我今天如何能幫到你？」

14. 我外出開會之後，我會對櫃台的同事說句正面評論。

15. 員工有問題來找我之後，我會說：「你覺得最佳的發展方向是什麼？」

16. 我完成新員工的相關文件之後，我會把他們的生日加到我的行事曆。

17. 我接獲書面讚美之後，我會把這封電子郵件或文件移到我的績效審核檔案。

18. 我下班關電腦之後，我會把歸檔桌面上的一種文件。

19. 我整理好公事包之後，我會把檔案櫃鎖上。

20. 我關上辦公室門之後，我會一面走到捷運站、一面想一件我今天做到的成就。

大學生活成功的小習慣

1. 我聽到鬧鐘響起之後，我會先單腳落地、努力起床。

2. 我走進淋浴間之後，我會說：「今天會是很棒的一天。」

3. 我打開咖啡機之後，我會收拾我宿舍裡的一件物品。

4. 我把書放入背包之後，我會從冰箱裡拿個健康零食放進去。

5. 我坐上腳踏車之後，我會戴上頭盔（它會弄亂我的頭髮也沒關係）。

6. 我走進圖書館之後，我會坐在遠離其他人的角落。

7. 我拿出作業之後，我會把手機設成飛航模式。

8. 我一、三、五早上課程結束之後，我會打電話給我媽媽或我奶奶。

9. 我坐下來吃午餐之後，我會打開 LinkedIn 閱讀護理新聞，了解最新專業消息。

10. 小組討論結束之後，我會衷心感謝組員。

11. 我坐下來拿出筆電上課之後，我會關掉網路。

12. 我走進大學書店之後，我會遠離賣糖果的角落（誘惑太大！）

13. 我穿戴好攀岩的設備之後，我會在胸前畫個十字架、感謝我人生中的種種挑戰。

14. 我在餐廳拿起餐盤之後，我會多裝一點蔬菜和蛋白質。

15. 我把晚餐餐盤放在回收旋轉帶之後，我會到安靜的休息室、打開拉米特（Ramit）的個人理財新書。

16. 朋友問我要不要上夜店之後，我會微笑、說：「謝謝你，但今晚不行。」

17. 教授寄電子郵件給我之後，我會立刻回覆，即使簡單寫個「收到，謝謝您」也好。

18. 我的報告或考試得到好成績之後，我會照相傳給我媽媽和奶奶。

19. 我週日上教堂回家之後，我會坐下來研究一個理工科的實習機會。

20. 我感到挫折（任何原因）之後，我會重讀我申請大學時所寫的生涯規劃。

在家工作的父親的小習慣

1. 我早上雙腳落地之後，我會說：「這會是很美好的一天。」

2. 我走進廚房之後，我會喝一杯現搾檸檬水。

3. 我倒我的第一杯咖啡之後，我會穿上跑步鞋。

4. 我淋浴擦乾身體之後，我會擦一點乳液。

5. 我看到孩子們坐下來吃早餐之後，我會問他們：「你們希望今天發生什麼好事？」

6. 我注意到我太太在清理廚房之後，我會擁抱她、並說謝謝。

7. 我吃完維他命之後，我會去餵狗。

8. 我太太和孩子們出門之後，我會坐下來冥想三個深呼吸。

9. 我打開電腦之後，我會上 Basecamp 查看工作團隊最新報告。

10. 我看到組員完成專案之後，我會立刻傳個簡單的訊息或表情符號。

11. 我選好當日優先事項之後，我會開啟我的 Pomodoro 計時器。

12. 我的電話響起之後，我會一面講電話、一面到外面走路。

13. 我掛上電話之後，我會做幾個伏地挺身或深蹲。

14. 我收拾好午餐碗盤之後，我會到門外走一圈（也許順便打電話給我父母）。

15. 我結束小組會議之後，我會寄待辦事項提醒給每一個人。

16. 我的孩子到家之後，我會要他們分享一件當天的驚喜。

17. 我看到太陽下山之後，我會戴上防藍光眼鏡。

18. 我看到晚上第一個電視廣告之後，我會拿出我的瑜伽滾輪。

19. 我關掉電視之後，我會拔掉插頭、直到隔天晚上才會再插上。

20. 我打開浴室水龍頭之後，我會想一件當天進行順利的事情。

減輕壓力的小習慣

1. 我早上起床之後，我會打開一扇窗戶、深呼吸幾次。

2. 我打開浴室水龍頭之後，我會默念感激的禱告。

3. 我倒好咖啡或茶之後，我會坐在我的靜坐墊上面。

4. 我送小孩上校車之後，我會對一位鄰居表達感謝之意。

5. 我坐下來喝咖啡之後，我會打開我的日記。

6. 我開始運動之後，我會說：「步步安樂」（一行禪師 Thich Nhat Hanh）。

7. 我發現在我離開前還有 X 時間之後，我會設定手機計時器。

8. 我上班吃完午餐之後，我會走到外面。

9. 我到達預約診所之後，我會把手機拿開、專心於令我開心的想法。

10. 我收拾好公事包之後，我會花五分鐘整理辦公室。

11. 我坐上火車之後，我會開啟我的靜坐 app。

12. 我收到學校家長會的志工電子郵件之後，我會回覆：「抱歉，最近我沒有空，但請您之後再來問我。」

13. 家人讓我沮喪之後，我會獨自走到信箱。

14. 我遛完狗之後，我會搜尋剛剛看到的某隻鳥或某個植物的名稱。

15. 我清洗晚餐碗盤之後，我會沖一杯花草茶。

16. 我哄孩子上床之後，我會點起蠟燭、關掉大燈。

17. 我放洗澡水之後，我會滴入幾滴精油。

18. 我穿上睡衣之後，我會先擺好隔天上班需要的一件物品。

19. 我上床之後，我會閉上眼睛、唸誦「嗡——」。

20. 我上床躺在枕頭上之後，我會想一件當天值得感恩的事情。

有益工作團隊的小習慣

1. 我們到達辦公室之後，會把車停在最遠的停車位。

2. 我們打開電腦之後，會查看語音留言。

3. 我們起草機密資訊電子郵件之後，我們會再度確認只有必要人士才會收到。

4. 我們提交季報之後，會和負責的組員擊掌（在心裡想像或親自去做都行）。

5. 我們接獲顧客的負面評價之後，會對他這麼說：「謝謝您的寶貴意見。我們會告知整個團隊。」

6. 我們接獲顧客的正面評價之後，會把這封電郵印出來、貼在休息室的榮譽板上。

7. 我們排定小組會議之後，會寄出電子郵件請大家提供討論事項。

8. 我們上完廁所回到位子上之後，會清理桌上的一件物品。

9. 我們到達會議現場之後，會把手機設成勿擾模式。

10. 我們開會結束之後，會把會議室的椅子推進去。

11. 我們把會議白板擦乾淨之後，會檢查桌上是否有垃圾或廢紙。

12. 有員工提出問題之後，我們會說：「你覺得最佳的發展方向是什麼？」

13. 我們察覺會議快結束之後，會問：「今天會議讓你們感到意外的

一件事是什麼?」請每位組員回答。

14. 我們拿走最後一件辦公用品之後,會寄電郵給行政部門、詳細描述需要補充的物品。

15. 我們選定每月聚餐的日期之後,會寄出誰要帶什麼菜的登記表。

16. 我們在休息室吃完東西之後,會把枱面擦乾淨。

17. 新進員工來上班之後,我們會帶他們參觀辦公室、介紹給每個人認識。

18. 我們關掉電腦之後,會歸檔一疊文件。

19. 我們把電腦關機之後,會鎖上檔案櫃。

20. 我們關上辦公室之後,會確認所有的燈、電扇和暖氣都關掉了。

更有生產力的小習慣

1. 我打開一天行事曆之後,會拿出一份需要用的檔案。

2. 我坐在辦公桌前之後,會把手機設成勿擾模式。

3. 我關上辦公室門之後,會收拾一件物品。

4. 我讀完電子郵件之後,會關掉電郵瀏覽頁。

5. 我開啟新的 Word 文件之後,會隱藏其他在使用的程式。

6. 我發現自己無意間在瀏覽社群媒體之後,會立刻登出。

7. 我坐下來開會之後,會在記事本寫下職稱、日期和與會人士。

8. 我注意到我電話講太久之後,會說以下這句話:「和你聊天很愉快,但我必須結束談話了。還有其他要事還沒談到嗎?」

9. 我讀到重要電子郵件之後,會把它存到指定專案匣。

10. 我讀到無法立即處理的電子郵件之後,會標記成未讀。

11. 我讀到有時效性的電子郵件之後,會回覆以下內容:「收到。我會詳細審閱、盡快回覆您。」

12. 我關掉電腦之後,會準備好一份明天需要的檔案。

13. 我收拾公事包之後,會檢視我的白板和行事曆。

14. 我離開辦公室之後，會想一件當天成功的事情。

15. 我走進家門之後，會把鑰匙掛上。

16. 我走進廚房之後，會把手機插上充電器。

17. 我換下上班服之後，會掛上或整理其中一件衣服。

18. 我拿到帳單之後，會把它放進待付信封裡。

19. 我拿出整疊帳單之後，會拿出裝有支票、筆、信封和郵票的小籃子。

20. 我晚上開始洗澡之後，會想：我怎麼會這麼有效率？

保持大腦健康的小習慣

1. 我早上雙腳落地之後，會簡短禱告。

2. 我打開浴室水龍頭之後，會伸展全身。

3. 我按下咖啡機開關之後，我會對牆打乒乓球。

4. 我喝完咖啡之後，我會打開我的瑜伽墊。

5. 我攤開報紙之後，我會寫一題猜字遊戲。

6. 我準備早餐之後，我會加入幾片酪梨。

7. 我坐上公車或火車之後，我會看一張夏威夷語閃卡。

8. 我離開家去散步之後，我會按下播客的播放鍵。

9. 我聽完一集播客之後，我會想出一項心得。

10. 我發現腦海出現負面想法之後，我會問自己這是不是事實。

11. 我打開行事曆規劃一週行程之後，我會選一道有咖哩的菜來煮。

12. 我列好購物清單之後，我會再加一種水果或蔬菜。

13. 我走進超市之後，我會先走到生鮮區。

14. 我準備午茶點心之後，我會泡杯綠茶。

15. 我辦完事回到家之後，我會打開 Duolingo app。

16. 我下午覺得餓之後，我會吃一把藍莓。

17. 我打開烤箱之後，我會播放古典音樂專輯。

18. 我傍晚吃維他命之後，我會撥弄我的烏克麗麗。

19. 我坐在沙發吃晚餐之後，我會打開我的感恩筆記本。

20. 我睡前訂好鬧鐘之後，我會讀一段聖經。

強化親密關係的小習慣

1. 我鋪好床之後，我會給另一半一個擁抱。

2. 我用完牙線之後，我會用白板筆在鏡子上寫幾句情話。

3. 我喝咖啡休息完之後，我會傳一段感激的簡訊給另一半。

4. 我聽完內容很棒的播客之後，我會把該集的連結寄給我最好的朋友。

5. 我看到鄰居之後，我會對他揮手、問他：「有什麼好消息？」

6. 我和朋友坐下來喝咖啡之後，我會問一個關於她人生的具體問題。

7. 我在超市看到卡片專賣區之後，我會選一張「思念你」的卡片寄給我愛的人。

8. 我在網路上看到當天是某個密友的生日，我會寄個簡短的語音簡訊祝他快樂。

9. 我發現當月收支平衡之後，我會稱讚另一半在這方面所做的一項貢獻。

10. 我上班或辦事返家之後，我會擁抱另一半和孩子們。

11. 我聽到另一半抱怨身體疼痛之後，我會主動幫他按摩背部。

12. 我聽到另一半度過壓力很大的一天之後，我會這麼說：「有我在。」

13. 我晚餐時感謝上帝賜予我們食物之後，我會在禱告中表達對另一半和家人的感激。

14. 我離開教堂之後，我會在回家的路上打電話給我的父母。

15. 我特地安排拜訪家人之後，我會用電子郵件寄上照片以示感謝。

16. 我離開密友的聚會之後，我會寄個簡短的感謝函。

17. 我親手烤點心之後，我會送一些給鄰居或朋友。

18. 我收到孩子送的禮物之後，我會傳個簡訊，說：「收到 X 了。哇，真體貼。謝謝你！」

19. 我為我和另一半規劃一日旅遊之後，我會問他有沒有任何特別想看或想做的事情。

20. 我收拾好週末旅行的行李之後，我會為我要造訪的人準備一份驚喜。

保持專注的小習慣

1. 我走進辦公室之後，我會把手機設成飛航模式、並把它放在背包裡。

2. 我放下背包之後，我會挑一件我想立刻進行的要事。

3. 我挑出重要事項之後，我會清理桌面、移除所有分心事物。

4. 我清理桌面之後，我會設定計時四十五分鐘。

5. 我定時之後，我會戴上耳機、讓別人知道我不能被打擾。

6. 我戴上耳機之後，我會關掉電腦上不必要的程式。

7. 我的計時器響起之後，我會列出下一項任務是什麼，然後休息一下。

8. 我坐在外面休息之後，我會靜坐三個呼吸或更長的時間。

9. 我回到辦公室之後，我會重新倒杯咖啡。

10. 我檢查緊急訊息之後，我會開啟電子郵件自動回覆裝置，讓人知道我暫時無法收發信件。

11. 我決定去吃午餐之後，我會寫下我案子的下一步（我回來後立刻要做的事）。

12. 我在餐廳坐下之後，我會檢查是否有任何緊急訊息。

13. 我收拾好餐具之後，我會到外面走一走、重新充電。

14. 我午餐後再度查看緊急訊息之後，我會開啟電子郵件自動回覆裝置，讓人知道我暫時無法收發信件。

15. 我挑好下一件要做的案子之後，我會迅速列出執行步驟。

16. 有人要我跟他們一起外出辦事之後，我會說：「我現在沒空，抱歉。」

17. 我吃完下午點心之後，我會定好計時器，小睡十分鐘。

18. 我走進我們的專案會議室之後，我會關上門、掛上「請勿打擾」的牌子。

19. 專案會議開始之後，我會開始做筆記（讓我跟上案子的進展）。

20. 我下班走出辦公室之後，我會說：「我怎麼那麼會保持專注？」

終止壞習慣的小習慣

1. 我刮鬍子之後，我會在一個指甲塗上防咬甲液。

2. 我把東西放進車裡之後，我會把手機放進後車廂。

3. 我準備好上床之後，我會把手機放在其他房間充電、以防我在床上滑臉書。

4. 我晚上讓電腦休眠後，我會把桌上的紙張掃到箱子裡、以免堆太多雜物。

5. 我離家去上班之後，我會避開有速食店的路線。

6. 我吃完晚餐之後，我會立刻刷牙、以防晚上吃零食。

7. 我開始煮晚餐之後，我會給自己倒杯不含酒精的飲料。

8. 我吃完零食之後，我會蓋好蓋子、放回廚櫃裡。

9. 我喝完一杯酒之後，我會把洗碗精倒進酒杯裡。

10. 我抵達派對地點之後，我會把香煙留在車裡。

11. 我到達辦公室之後，我會把手機設成飛航模式。

12. 我坐上車之後，我會把手機轉成勿擾模式。

13. 我吃完晚餐之後，我會把桌上的殘渣掃到我的盤裡、以防我再吃第二盤。

14. 我吃完主餐之後，我會在剩下的薯條撒上胡椒粉。

15. 我抵達派對地點之後，我會告訴主人：「我今晚不喝酒。」
16. 我從吃角子老虎機器前站起身之後，我會把剩下的銅板給朋友，說：「不要再讓我賭博了，好嗎？」
17. 我到達餐廳之後，我會把手機關機。
18. 我在餐廳坐下之後，我會說：「我不要麵包、也不要薯條，謝謝。」
19. 我上完廁所之後，我會把馬桶座放下。
20. 我晚上關電視之後，我會把無線網路也關掉。

商務旅行的小習慣

1. 我在家印出登機證之後，我會在我的 iPad 下載有聲書和電影。
2. 我收好行李之後，我會列出隔天早上出門前要做的事情。
3. 我通過安檢之後，我會買一份科布沙拉帶上飛機吃。
4. 我到達登機門之後，我會伸展雙腿和肩膀。
5. 我在我的機位坐下之後，我會戴上耳機、打開 TED 演講。
6. 空姐給我不健康的零食之後，我會說：「不用了，謝謝。」
7. 飛機降落在目的地之後，我會傳有表情符號的簡訊給我太太、告知飛機降落了。
8. 我走進旅館房間之後，我會拿出商務資料和大部分的衣服。
9. 我看到旅館房間準備的零食之後，我會把它藏在櫃子或抽屜裡。
10. 我在旅館房間取出行李之後，我會尋找健身房、先知道它在哪裡。
11. 我掛上「請勿打擾」牌之後，我會打開我手機的白噪音 app。
12. 我上床之後，我會打電話給我太太。
13. 早上我的鬧鐘響起之後，我會起床、打開窗簾。
14. 我用完牙線之後，我會對自己微笑，說：「今天會是很棒的一天。」
15. 我坐下來喝咖啡之後，我會拿出筆記本、為會議作準備。
16. 我在會議上聽到與會者的姓名之後，我會記下來並使用。

17. 我回程通過安檢之後，我會去店裡買個小禮物給孩子們。
18. 我在登機門前坐下之後，我會傳簡訊給我太太告知班機狀況。
19. 我在回程班機坐下之後，我會列出此次旅程要感謝的人員名單。
20. 我走進家門之後，我會立刻打開行李箱以方便取出行李。

行為設計準則

　　我花了十多年的時間才弄懂設計行為改變時的最重要原則。我終於找到了答案，我把它們稱為我的準則。證據很明顯：如果你不做這兩件事，你的產品或服務就無法長久吸引顧客。

　　這兩項準則也適合個人用來設計改變。如我在書中所說明，我們都需要兩件事：(1) 幫助我們去做我們早就想做的事，以及 (2) 幫助我們自己感覺成功。

　　如果你想要更多工具和資源——例如個案研究、工作表單和教學大綱——請上 TinyHabits.com/resources。

福格準則 1：

幫助人們去做他們早就想做的事

福格準則 2：

幫助人們感覺成功

天下財經 432

設計你的小習慣
TINY HABITS

作　　者／BJ・福格 博士（BJ Fogg, PhD）
譯　　者／劉復苓
封面設計／FE 設計
內頁排版／林婕瀅
責任編輯／吳瑞淑

發 行 人／殷允芃
出版部總編輯／吳韻儀
出 版 者／天下雜誌股份有限公司
地　　址／台北市 104 南京東路二段 139 號 11 樓
讀者服務／（02）2662-0332　傳真／（02）2662-6048
天下雜誌 GROUP 網址／ http://www.cw.com.tw
畫撥帳號／ 01895001 天下雜誌股份有限公司
法律顧問／台英國際商務法律事務所・羅明通律師
製版印刷／中原造像股份有限公司
總 經 銷／大和圖書有限公司　電話／（02）8990-2588
出版日期／ 2021 年 3 月 31 日第一版第一次印行
定　　價／ 400 元

書號：BCCF0432P
ISBN：978-986-398-660-7（平裝）

直營門市書香花園　台北市建國北路二段 6 巷 11 號　（02）25061635
天下網路書店 shop.cwbook.com.tw
天下雜誌出版部落格──我讀網 books.cw.com.tw/
天下讀者俱樂部 Facebook www.facebook.com/cwbookclub

本書如有缺頁、破損、裝訂錯誤，請寄回本公司調換

國家圖書館出版品預行編目（CIP）資料

設計你的小習慣 / BJ. 福格（BJ Fogg）著；劉復苓譯. -- 第一版.
-- 臺北市：天下雜誌股份有限公司, 2021.04
　面；　公分 . -- （天下財經；432）
譯自：Tiny habits : the small changes that change everything.
ISBN　978-986-398-660-7（平裝）
1. 習慣　2. 生活指導　3. 成功法
176.74　　　　　　　　　　　　　　110002751